Martin Berger

Mein ELSTER - Grundsteuererklärung

Ein Ratgeber zur neuen Grundsteuererklärung für Wohnungseigentümer- und Eigenheimbesitzer

1. Auflage 2022

Bibliografische Information der Deutschen Nationalbibliothek

Die Deutsche Nationalbibliothek verzeichnet diese Publikation in der Deutschen Nationalbibliografie; detaillierte bibliografische Daten sind im Internet über dnb.d-nb.de abrufbar.

Impressum:
© Dr. Martin Berger
1. Auflage 2022
Herstellung und Verlag: BoD – Books on Demand, Norderstedt
ISBN: 9783756889204

Vorwort

Die neue Erklärung zur Feststellung des Grundsteuerwerts[1] (nachfolgend Grundsteuererklärung genannt) stellt für viele Grundstückseigentümer eine Herausforderung dar. Die Grundsteuererklärung müssen alle Grundstückseigentümer und Erbbauberechtigten abgeben, die zum 1.1.2022 Grundstückseigentümer bzw. Erbbauberechtigte waren. Ursprünglich musste die Erklärung bis 31. Oktober 2022 abgegeben werden. Bis Mitte September 2022 haben jedoch gerade einmal ca. 20% der Abgabeverpflichteten eine entsprechende Grundsteuererklärung abgegeben[2]. Daher hat der Gesetzgeber die Frist nun bis zum 31. Januar 2023 verlängert.

Obwohl sich die neue Grundsteuer erst ab 1.1.2025 auswirkt, kann die nicht fristgerechte Abgabe der Grundsteuererklärung zum 31.01.2023 Konsequenzen haben: Zwangsgelder, ungünstige Schätzungen und Verspätungszuschläge können die Finanzämter festsetzen.

Sie sollten daher rechtzeitig bis zum 31.01.2023 Ihre Feststellungserklärung abgeben oder einen Frsitverlängerungsantrag stellen. Scheuen Sie sich nicht vor der Erstellung der Grundsteuererklärung. Es ist einfacher, als Sie denken.

Dieser Ratgeber richtet sich an Wohnungseigentümer, Grundstückseigentümer und Hausbesitzer, ohne auf land- und forstwirtschaftliche Flächen näher einzugehen.

Schritt für Schritt werden die Anmeldeprozesse und Eingabemasken der einzelnen Bundesländer vorgestellt.

Dr. jur. Martin Berger   **Leipzig, Dezember 2022**

---

[1] Hauptfeststellung zum 1.1.2022.
[2] Pressemitteilung Hessisches Ministerium der Finanzen vom 31.08.2022; BMF-Sprecherin, in Spiegel vom 12.09.2022, https://www.spiegel.de/wirtschaft/grundsteuer-erklaerung-nicht-einmal-jeder-fuenfte-hat-bisher-die-grundsteuer-erklaerung-abgegeben

Inhaltsverzeichnis

1. Allgemeine Hinweise

Grundsätzlich müssen Sie Ihre Grundsteuererklärung mit **Mein ELSTER** (auch ELSTER Online genannt) oder mit einer Software eines kommerziellen Drittanbieters abgeben. Für Privateigentümer steht auch eine **vereinfachte elektronische Version** zur Verfügung (https://www.grundsteuererklaerung-fuer-privateigentum.de).

Die Abgabe der Grundsteuererklärung in **Papierform** ist nur in Ausnahmefällen zulässig, wird jedoch von den Finanzverwaltungen der Länder für Privatpersonen großzügig akzeptiert. Die dafür notwendigen Formulare können Sie in Ihrem Finanzamt abholen oder im Internet auf den Seiten der Landesfinanzverwaltungen herunterladen.

Beachten Sie aber: Für die **einzelnen Bundesländer** gibt es **unterschiedliche Berechnungsmodalitäten** und damit **unterschiedliche Formulare!**

Die Bundesländer Bayern, Baden-Württemberg, Hamburg, Hessen und Niedersachsen haben Ihre eigene Berechnungsmethode und damit auch eigene Formulare erschaffen.

Die restlichen Bundesländer (Sachsen, Sachsen-Anhalt, Thüringen, Mecklenburg-Vorpommern, Brandenburg, Berlin, Bremen, Schleswig-Holstein, Rheinland-Pfalz, Nordrhein-Westfalen und Saarland) sind dem einheitlichen Bundesmodell gefolgt.

Für die Steuererklärung ist die besondere amtliche Form zwingend vorgeschrieben. Sie müssen also die amtlichen Formulare verwenden. Selbst gestaltete Erklärungen bzw. Phantasieformulare werden nicht akzeptiert werden. Auch müssen die amtlichen Formulare gut lesbar sein. Können die Erklärungen (unlesbar bzw. Phantasieformular) nicht verarbeitet werden, gilt die Steuererklärung als nicht abgegeben. Das kann weitreichende Folgen haben (z.B. Verspätungszuschläge, Schätzungen, etc.).

Dazu stellt Ihnen die Finanzverwaltung die kostenlose Onlineanwendung **Mein ELSTER** zur Verfügung. Die Onlineanwendung Mein ELSTER setzt jedoch einen einmaligen, aber etwas umständlichen Anmeldungsprozess voraus. Mit Mein ELSTER können Sie Ihre Steuererklärung einfach am PC ausfüllen. Die Daten werden nach Eingabe automatisch auf Schlüssigkeit und Vollständigkeit überprüft und im Anschluss verschlüsselt über das Internet an das jeweilige Finanzamt übertragen. Nachfolgend möchte ich Ihnen die Onlineanwendung ELSTER näherbringen.

2. Die Registrierung bei Mein ELSTER

Um mit der Onlineanwendung Mein ELSTER (nachfolgend ELSTER genannt) arbeiten zu können, müssen Sie zunächst registriert sein. Sofern Sie sich bisher noch nicht registriert haben, müssen Sie zunächst den Registrierungsprozess durchlaufen.

Sie sind bereits registriert, wenn Sie Ihre Steuererklärung bisher mit ElsterFormular authentifiziert (mittels Softwarezertifikat) übertragen haben. Das Softwarezertifikat ist eine ca. 11 KB große Datei namens: Benutzername_elster_Datum.xx.xx.pfx

Wenn Sie sich nicht sicher sind, ob Sie ein entsprechendes Softwarezertifikat bereits erhalten haben, so öffnen Sie einfach Ihren Dateimanager und tragen im Suchfeld *.pfx ein. Wenn eine pfx-Datei mit Elster im Dateinamen gefunden wird, sollten Sie bereits über ein passendes Softwarezertifikat verfügen. Zum Einloggen benötigen Sie dann noch ein Passwort für das Softwarezertifikat.

Wenn Sie zum ersten Mal ELSTER nutzen möchten und bisher kein Zertifikat erhalten haben, müssen Sie sich zunächst registrieren. Gehen Sie dazu auf die Webseite: **www.elster.de**
Erstellen Sie sich zunächst ein Benutzerkonto. Klicken Sie dazu auf „Benutzerkonto erstellen".

Nun erhalten Sie einige Hinweise zum Anmeldeprozess. Klicken Sie jeweils auf „Weiter".

10

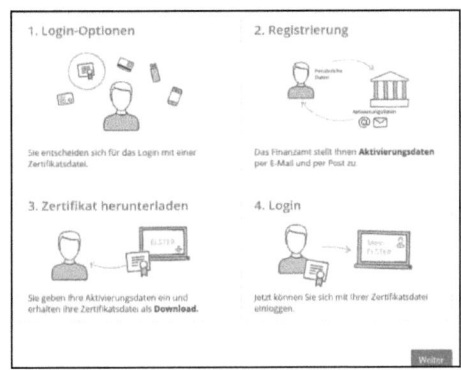

Bei der Anmeldung stehen Ihnen verschiedene Optionen zur Verfügung. Die gebräuchlichste Variante ist das Einloggen mittels Zertifikationsdatei. Neben der Möglichkeit des Login mittels Zertifikatsdatei stehen Ihnen weitere Login-Varianten zur Verfügung:

- mittels elektronisch lesbarem Personalausweis (Sie benötigen zusätzlich ein Lesegerät, einen freigegebenen Personalausweis, die AusweisApp2 und eine Personalausweis-PIN)
- Sicherheitsstick (kostenpflichtig, ca. 48 EUR)
- Signaturkarte (kostenpflichtig, Kartenlesegerät zzgl. ca. 50-150 EUR)

Wählen Sie die empfohlene und kostenlose Zugangsmöglichkeit „Zertifikatsdatei" aus.

Wie wollen Sie sich in Mein ELSTER einloggen?

Login-Optionen können später in den Kontoeinstellungen wieder geändert oder erweitert werden.

⌄ Zertifikatsdatei (empfohlen)

Zertifikatsdatei ⓖ auf Ihrem Computer oder in ElsterSmart

Voraussetzungen

- Keine zusätzliche Hardware

Kostenlos   Auswählen

⟩ Personalausweis (Komfortzugang)

⟩ Sicherheitsstick (Interessant z. B. für Unternehmer)

⟩ Signaturkarte (Interessant z. B. für Steuerberater)

Im nächsten Schritt müssen Sie angeben, dass Sie das Benutzerkonto für sich und ggf. für Ihren Ehepartner anlegen wollen.

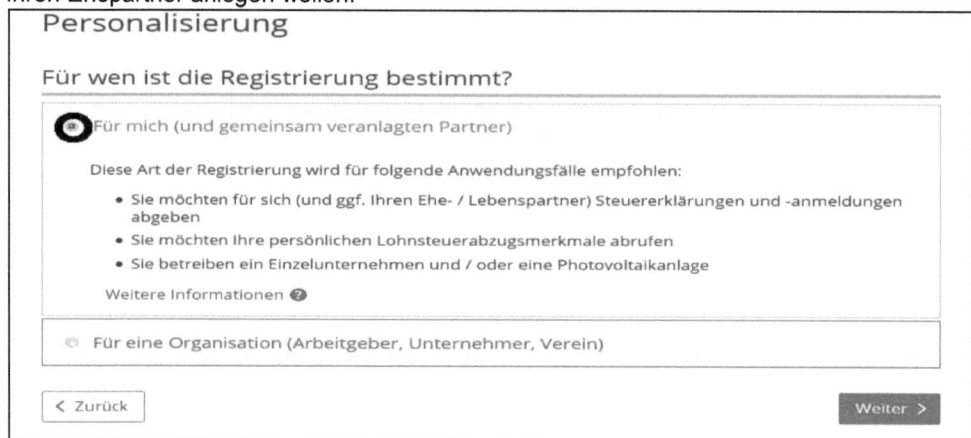

Im nächsten Schritt müssen Sie angeben, dass Sie sich mit Ihrer Identifikationsnummer registrieren wollen. Dieser Schritt ist für die Abgabe einer Steuererklärung zwingend notwendig. Die Identifikationsnummer finden Sie auf allen Schreiben des Finanzamtes. Diese besteht aus elf Ziffern und darf nicht mit der Steuernummer verwechselt werden. Klicken Sie daher auf „Mit steuerlicher Identifikationsnummer" und auf „Weiter".

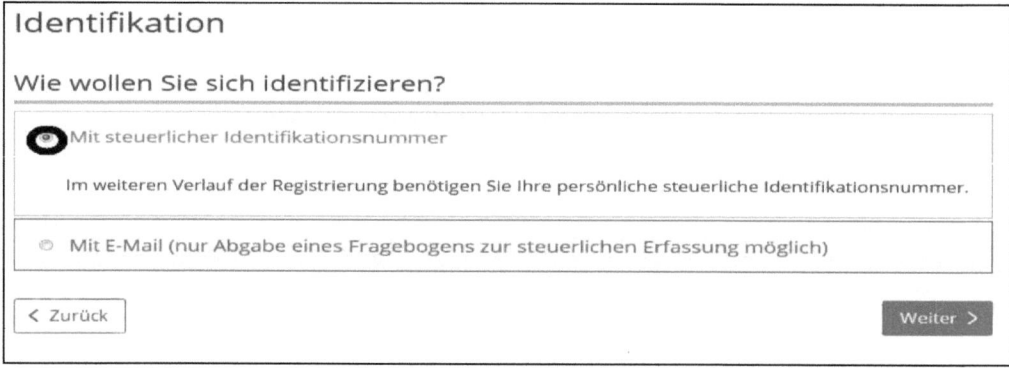

Nun müssen Sie im Feld -persönliche Daten- Ihre E-Mailadresse, Ihr Geburtsdatum und Ihre Identifikationsnummer eintragen.

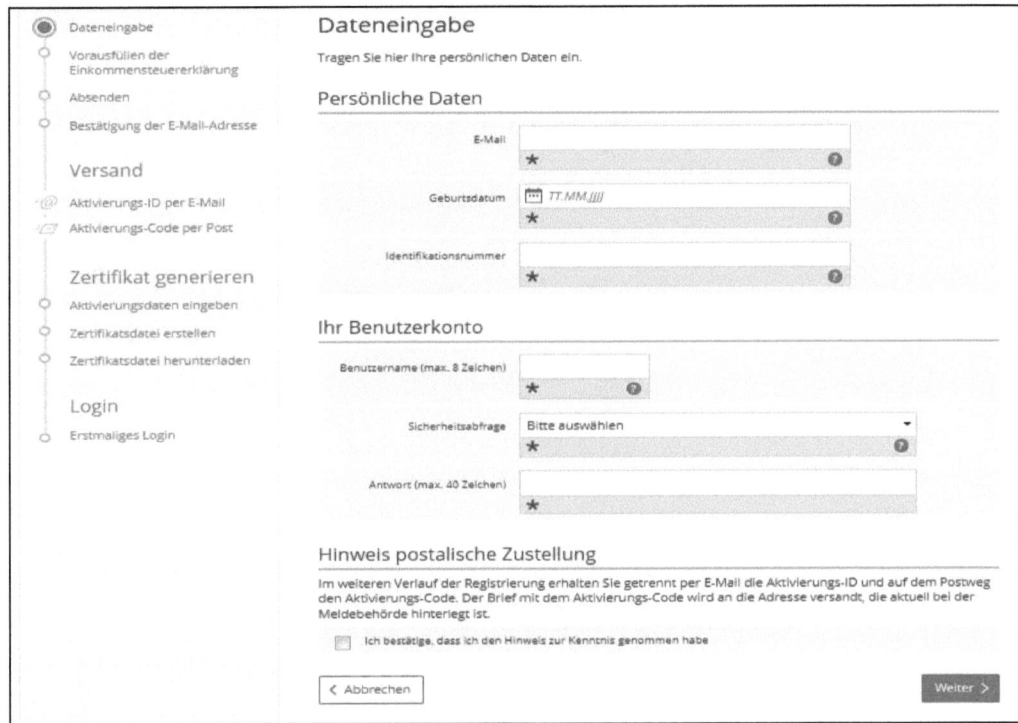

Die Identifikationsnummer finden Sie u.a. links oben auf Ihrem letzten Einkommensteuerbescheid oder auf der Jahreslohnabrechnung des Arbeitgebers. Tragen Sie diese ohne Leerzeichen ein. Im zweiten Feld -Ihr Benutzerkonto- müssen Sie einen fiktiven Namen für Ihr künftiges Benutzerkonto vergeben. Der Name darf maximal 8 Zeichen enthalten. Wählen Sie nun eine Sicherheitsfrage aus der Klappleiste aus und tragen Sie die passende Antwort in das Feld "Antwort" ein. Vergessen Sie nicht unten das Kästchen bei "Hinweis postalische Zustellung" anzuklicken. Klicken Sie zum Abschluss auf „Weiter".

Auf der nächsten Seite können Sie sich über die sog. vorausgefüllte Steuererklärung informieren lassen. Ihnen wird mitgeteilt, dass Sie mit der Registrierung bei Elster auch einen Abrufcode für elektronische Belege erhalten. Sie bekommen per Briefpost zusätzlich einen sog. **Abrufcode** übersandt, mit Hilfe dessen Sie die eDaten, die dem Finanzamt bereits vorliegen, abrufen und automatisch in Ihre Steuererklärung einfließen lassen können. Dieser Service erspart Ihnen viel Arbeit und Rechercheaufwand.

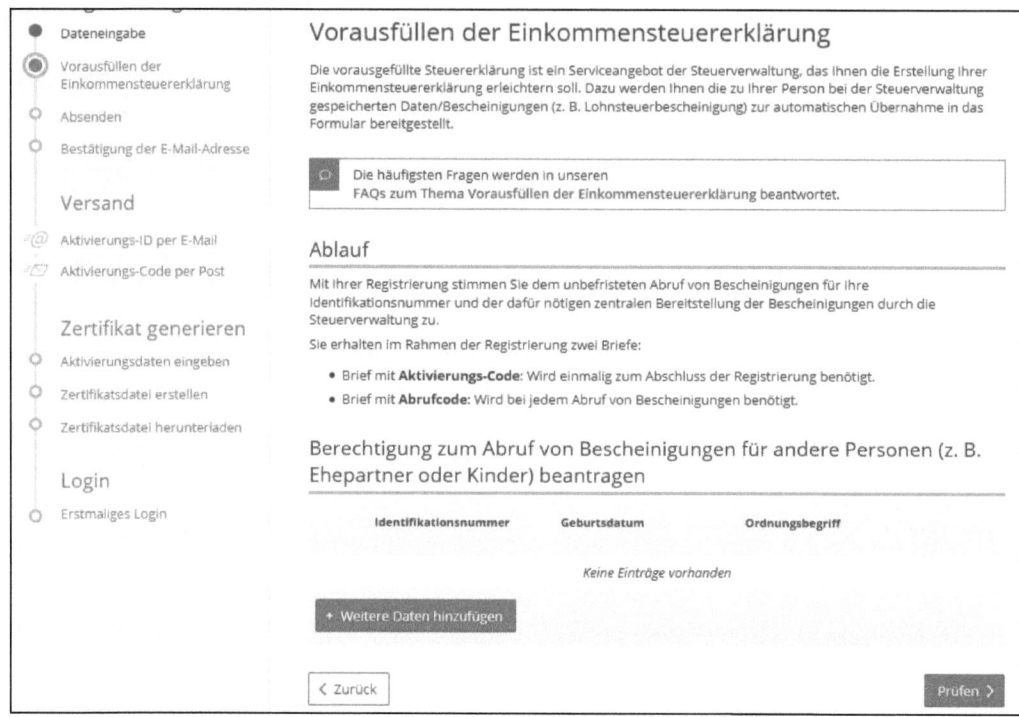

Wollen Sie auch für andere Personen Bescheinigungen abrufen (z.B. Ehepartner oder Ihre Kinder), so können Sie das hier auch beantragen. Klicken Sie dazu auf die Schaltfläche „+Weitere Daten hinzufügen". Wenn Sie keine weiteren Belegabrufcodes beantragen wollen, dann klicken Sie nur auf „Prüfen".

Sofern Sie auf weitere Daten hinzufügen geklickt haben erscheint nun folgendes Fenster:

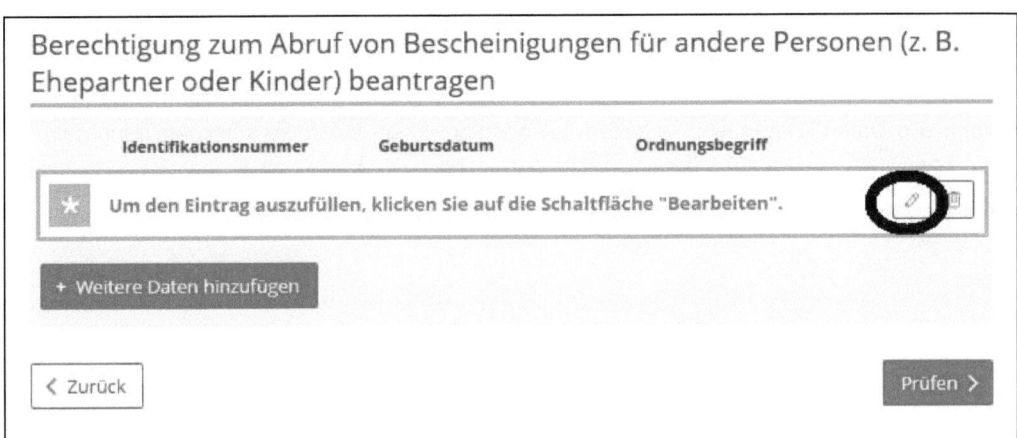

Klicken Sie nun auf das Stiftsymbol. Es öffnet sich eine neue Eingabemaske:

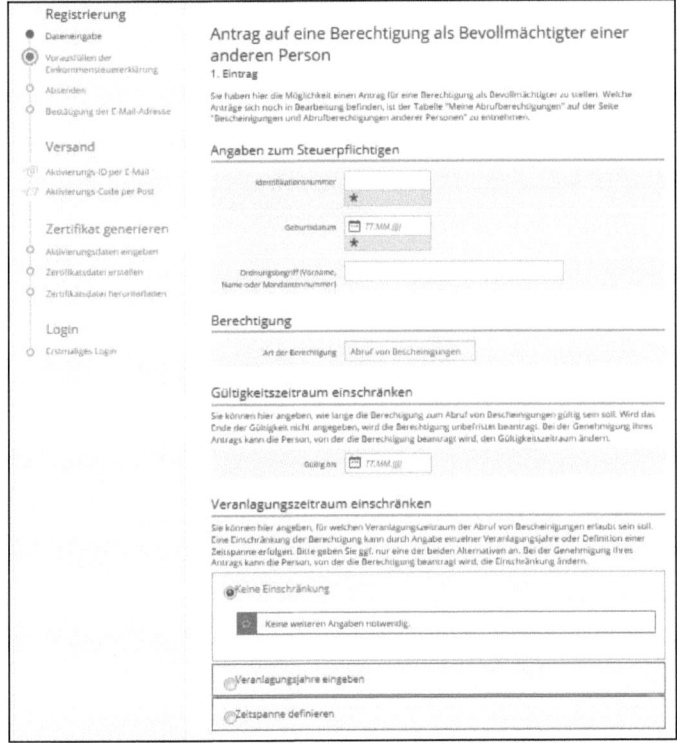

Geben Sie nun die Identifikationsnummer der weiteren Person, deren Geburtsdatum, deren Namen ein. Erklären Sie, ob Sie den Abrufcode zeitlich unbeschränkt oder beschränkt beantragen wollen. Nach Abschluss der Eingabe klicken Sie unten auf: << Vorausfüllen der Einkommensteuererklärung. Nun können Sie für weitere Personen Abrufcodes beantragen

(„+Weitere Daten hinzufügen") oder mit Klicken auf die Schaltfläche „Prüfen" den Anmeldevorgang abschließen.

Wenn alle Daten korrekt sind, erhalten Sie nochmal einen Überblick über Ihre Eingaben, die Sie sich auch ausdrucken können. Schließen Sie mit einem Klick auf die Schaltfläche „Absenden" den Anmeldeprozess ab.

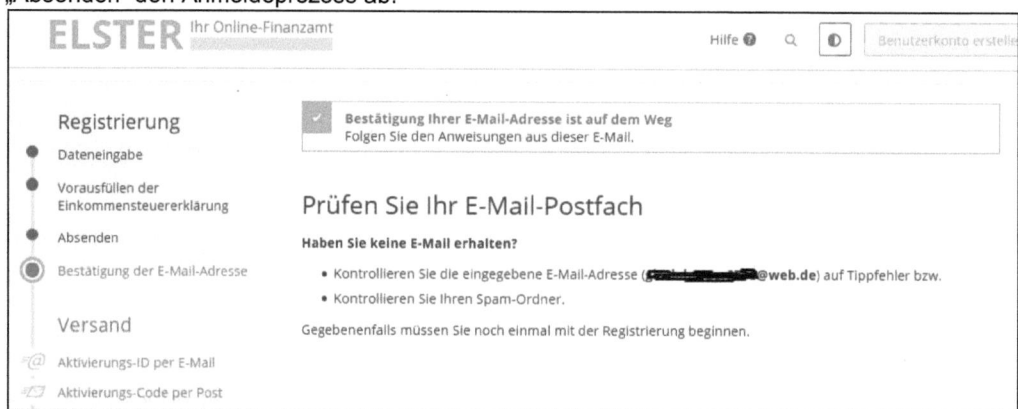

Sie erhalten nun innerhalb von wenigen Sekunden eine E-Mail von "portal@elster.de".

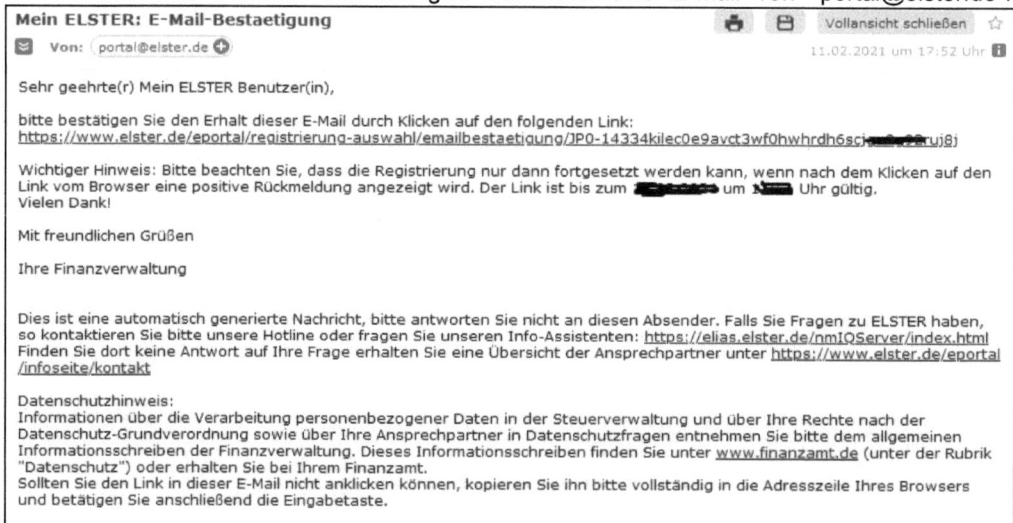

Wenn Sie nach einer halben Minute keine E-Mail erhalten haben, dann schauen Sie bitte im Spamordner nach. Oftmals landet diese E-Mail im Spam. Diese E-Mail enthält einen Link, den Sie innerhalb einer Woche anklicken müssen. Wenn Sie diesen Link angeklickt haben, wird Ihnen folgendes Bild angezeigt:

16

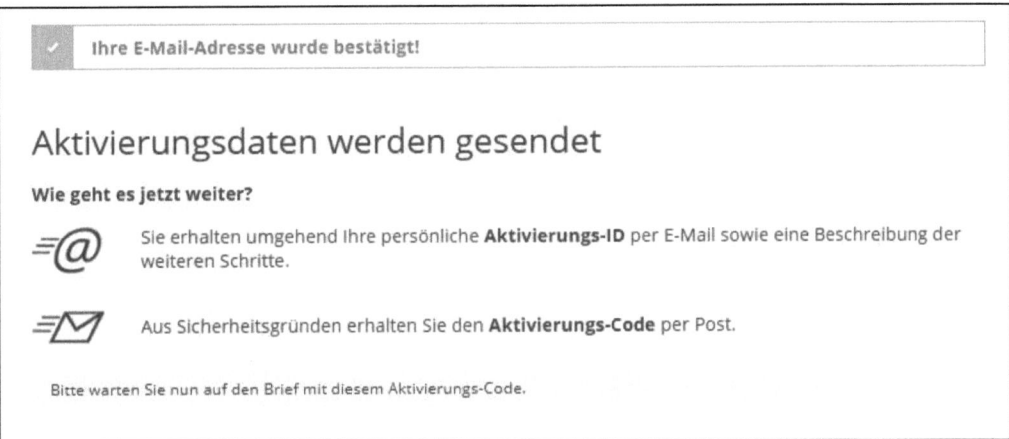

Sie bekommen unmittelbar danach eine weitere E-Mail von "portal@elster.de". In dieser E-Mail ist nun Ihr Benutzername, Ihre Aktivierungs-ID (eine 18-stellige Ziffer) und ein Link enthalten. Diese Daten müssen Sie gut aufbewahren!

In den nächsten 3-7 Tagen erhalten Sie vom Rechenzentrum der Finanzverwaltung Ihres Bundeslandes einen Aktivierungscode per Briefpost zugesandt. Den Abrufcode erhalten Sie in einem separaten Brief ca. 7-12 Tage nach Beantragung ebenfalls per Post. Erst mit Erhalt des ersten Briefes können Sie mit Mein Elster arbeiten. Wenn Sie Daten für die vorausgefüllte Steuererklärung abrufen wollen, dann müssen Sie auch auf den zweiten Brief warten. Nachdem Sie den ersten Brief mit Ihrem persönlichen Aktivierungscode erhalten haben,

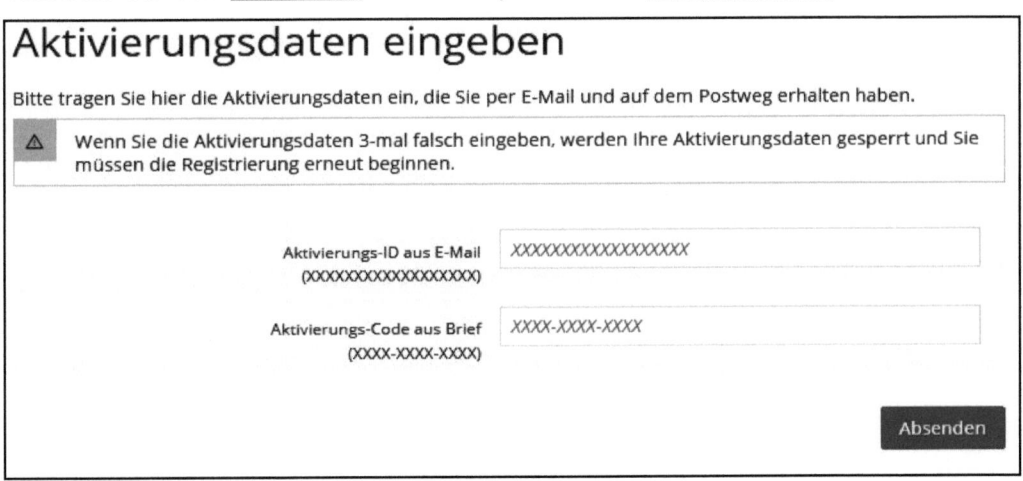

müssen Sie den Registrierungslink https://www.elster.de/eportal/registrierung-

17

auswahl/aktivierung/JP0 anklicken, den Sie am Registrierungstag in der zweiten E-Mail mit der Absenderkennung: portal@elster.de zusammen mit der Registrierungs-ID erhalten haben. Nun werden Sie aufgefordert, Ihre Aktivierungs-ID aus der E-Mail und den Aktivierungs-Code aus dem Brief einzugeben. Nach der Eingabe klicken Sie bitte auf "Absenden".

☑ Aktivierungsdaten bestätigt

Zertifikatsdatei erstellen

Mit diesem Passwort melden Sie sich bei ELSTER an.

Passwort festlegen		👁
Passwort wiederholen		👁
Name der Zertifikatsdatei	benutzer_elster_21.02.2021_10.28.pfx	

Im nächsten Schritt wird die Zertifikatsdatei für Ihr Konto erstellt.

Zurück zur Eingabe   Erstellen

Nun müssen Sie noch ein persönliches Passwort festlegen. Bei der Eingabe zeigt Ihnen das

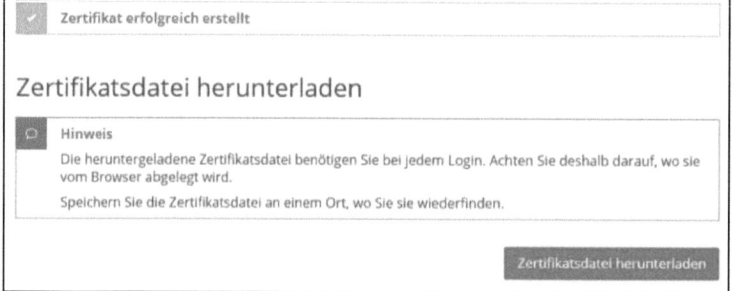

☑ Zertifikat erfolgreich erstellt

Zertifikatsdatei herunterladen

ℹ Hinweis
Die heruntergeladene Zertifikatsdatei benötigen Sie bei jedem Login. Achten Sie deshalb darauf, wo sie vom Browser abgelegt wird.
Speichern Sie die Zertifikatsdatei an einem Ort, wo Sie sie wiederfinden.

Zertifikatsdatei herunterladen

Programm an, ob das von Ihnen gewählte Passwort sicher, mäßig sicher oder unsicher ist. Mäßig sicher ist das Passwort, wenn es orange gekennzeichnet wird. Keine Sorge, auch

ein mäßig sicheres Passwort wird von Elster akzeptiert. Das Passwort müssen Sie zur Sicherheit wiederholen. Klicken Sie nun auf "Erstellen".

Nun müssen Sie das Zertifikat herunterladen. Bitte klicken Sie dazu auf "Zertifikat herunterladen".

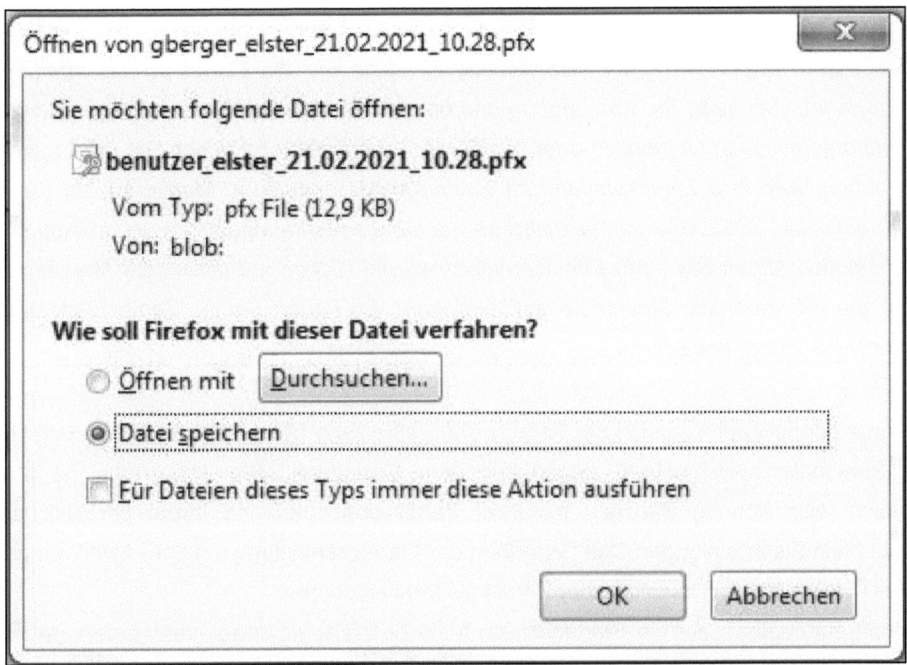

Speichern Sie dazu die Zertifikatsdatei an einem bekannten Speicherort ab. Meistens wird die Datei zunächst im Download-Ordner Ihres Browser abgespeichert. Das ist nicht optimal, da dieser Ordner oftmals gelöscht wird und Sie die Datei nicht wiederfinden. Kopieren Sie die Zertifikationsdatei in einen Ordner Ihrer Wahl.

Anwendertipp:

Im ersten Schritt legen Sie sich einen Finanzamtsordner an. Öffnen Sie dazu Ihren 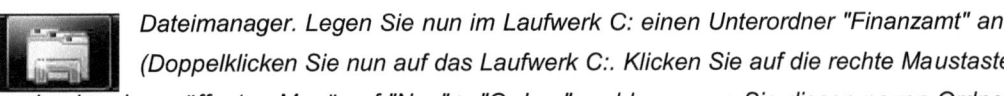 *Dateimanager. Legen Sie nun im Laufwerk C: einen Unterordner "Finanzamt" an. (Doppelklicken Sie nun auf das Laufwerk C:. Klicken Sie auf die rechte Maustaste und gehen im geöffneten Menü auf "Neu"-> "Ordner" und benennen Sie diesen neuen Ordner "Finanzamt".)*

Im zweiten Schritt kopieren Sie Ihre Zertifikatsdatei in diesen Finanzamtsordner. Gehen Sie dazu in den Downloadordner Ihres Browsers, kopieren Sie die Zertifikationsdatei. Gehen Sie mit dem Mauspfeil auf die Zertifikatsdatei (nur einmal anklicken) und drücken Sie die rechte

Maustaste. Klicken Sie nun auf "Kopieren". Gehen Sie danach in den Finanzamtsordner und klicken hier auf "Einfügen".

Falls Sie die Zertifikatsdatei nicht im Downloadordner Ihres Browsers finden können, müssen Sie die Suchfunktion verwenden. Im Dateimanager finden Sie oben rechts das Feld "Computer durchsuchen". Dort tragen Sie ".pfx" ein. Wichtig ist, dass Sie die Suche auf den ganzen Computer beziehen. Schauen Sie dazu ggf. in das obere mittlere Feld. Dort muss sinngemäß stehen: "Suchergebnisse in Computer" oder "Diesen PC durchsuchen". Wenn Sie alles richtig eingestellt haben, wird Ihre Zertifikatsdatei im Suchergebnis angezeigt. Markieren Sie diese Datei (durch einfaches Anklicken). Danach klicken Sie auf die rechte Maustaste und klicken auf "Kopieren". Danach öffnen Sie Ihren Finanzamtsordner und klicken auf die rechte Maustaste. Nun klicken Sie mit der linken Maustaste auf "Einfügen". So haben Sie die Zertifikatsdatei in Ihren Ordner "Finanzamt" kopiert.*

Die heruntergeladene Zertifikationsdatei ist nun drei Jahre lang gültig. Die Zertifikationsdatei hat eine „Personalausweisfunktion" gegenüber dem Finanzamt. Die Aktivierung ist nun abgeschlossen. Nun können Sie sich mit Ihrer Zertifikationsdatei und Ihrem persönlichen Passwort bei Mein Elster einloggen.Das Schreiben der Finanzverwaltung mit dem Aktivierungs-Code können Sie nach dem Download der Zertifikatsdatei entsorgen.

Falls Sie nicht automatisch auf die Startseite von Mein ELSTER weitergeleitet werden, geben Sie in Ihre Browserzeile www.elster.de ein.

Klicken Sie nun auf "Login" oder "Jetzt einloggen".

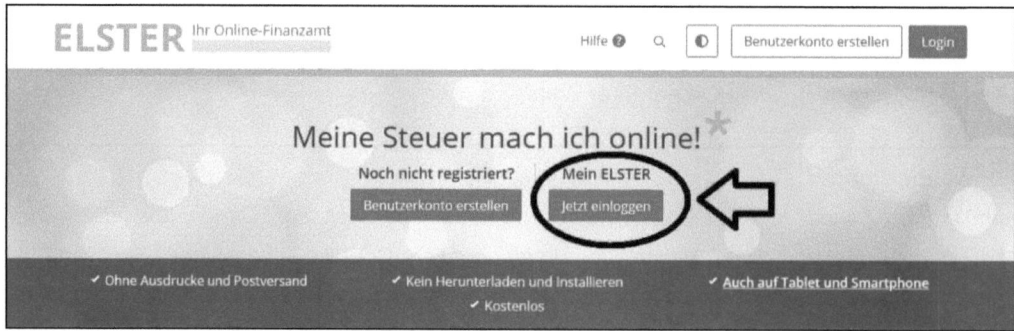

Wenn Sie zum Einloggen das Softwarezertifikat verwenden, müssen Sie zunächst die Zertifikatsdatei auswählen.

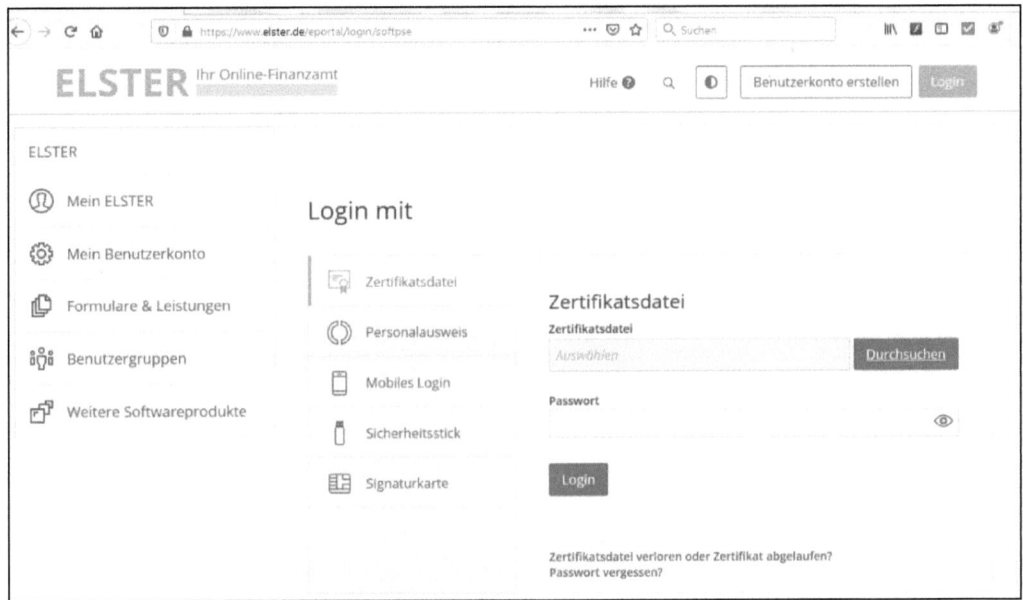

Dazu klicken Sie auf die Schaltfläche "Durchsuchen" und geben im Dateimanager den Speicherort an, an dem Sie die Zertifikatsdatei abgespeichert haben.

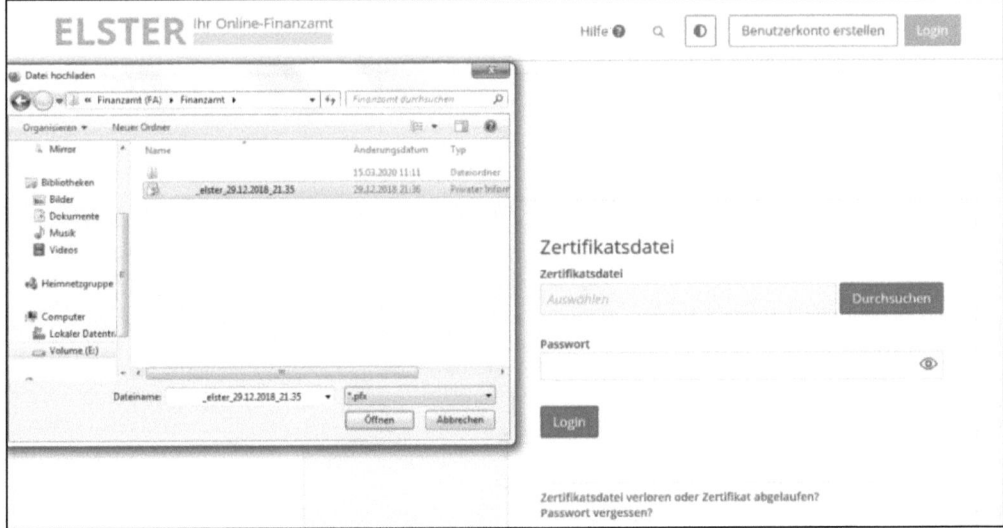

Klicken Sie dazu einfach die pfx-Datei in Ihrem Finanzamtsordner mit Doppelklick an. Wenn Sie die Datei nicht gleich finden, so nutzen Sie die Suchfunktion des Dateimanagers, indem Sie *.pfx in das Suchfeld eingeben. Nachdem Sie die pfx-Datei ausgewählt haben, müssen Sie nur noch das dazugehörige Passwort eintragen und auf die Schaltfläche "Login" klicken.

ELSTER Ihr Online-Finanzamt
Hilfe
Benutzerkonto erstellen
Login
ELSTER
Mein ELSTER
Mein Benutzerkonto
Formulare & Leistungen
Benutzergruppen
Weitere Softwareprodukte
Login mit
Zertifikatsdatei
Personalausweis
Mobiles Login
Sicherheitsstick
Signaturkarte
Zertifikatsdatei
Zertifikatsdatei
benutzer_elster_29.12.2018_21.35.pfx
Durchsuchen
Passwort
••••••
Login
Zertifikatsdatei verloren oder Zertifikat abgelaufen?
Passwort vergessen?

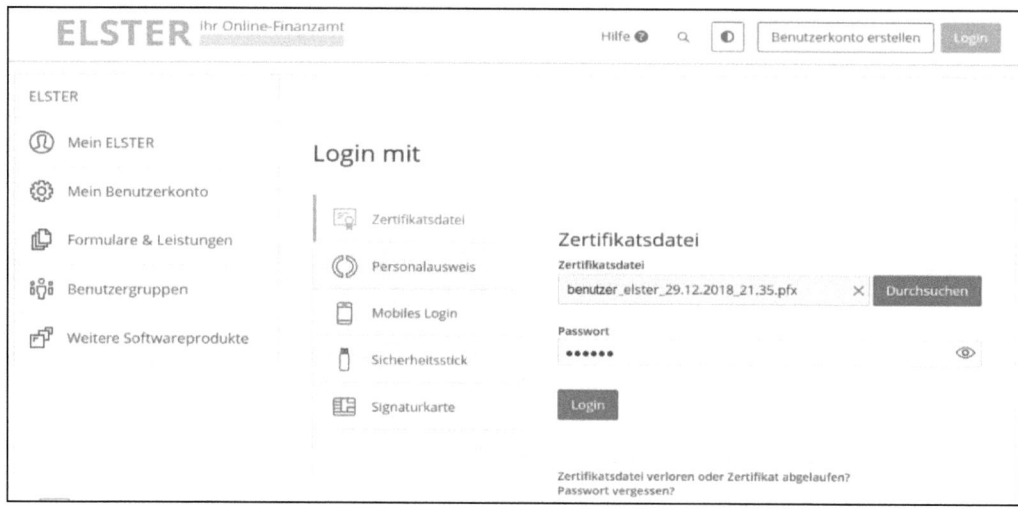

Nach dem erstmaligen Einloggen werden Sie zunächst aufgefordert Ihr Profil zu vervollständigen.

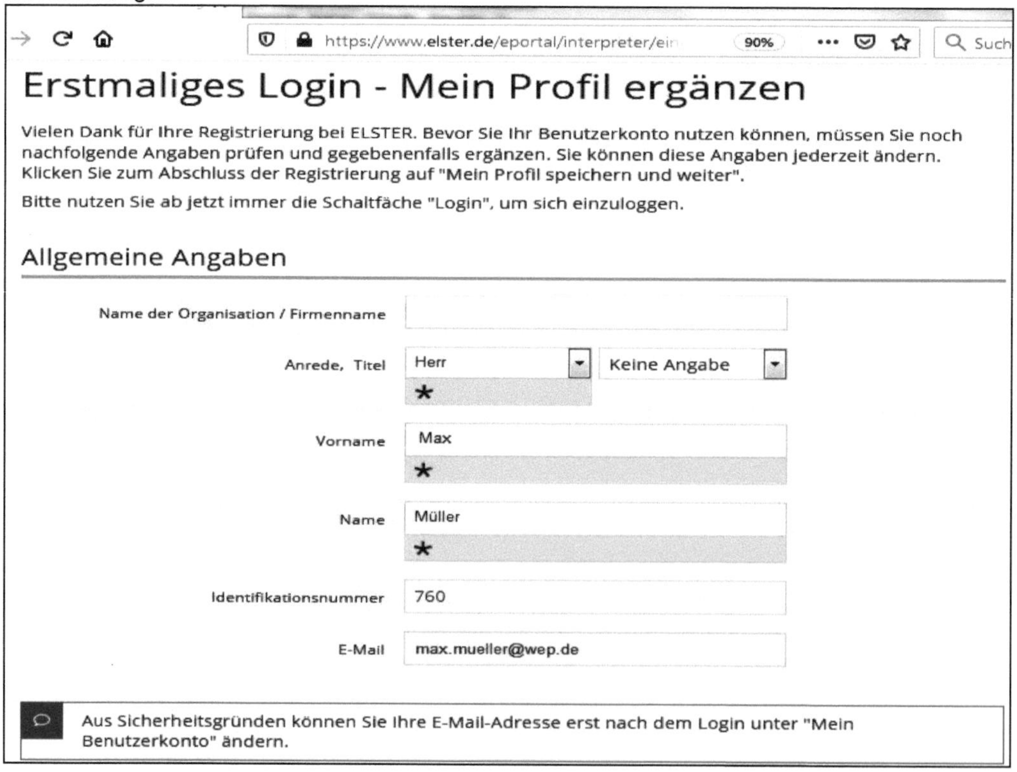
https://www.elster.de/eportal/interpreter/ei
90%
Such
Erstmaliges Login - Mein Profil ergänzen
Vielen Dank für Ihre Registrierung bei ELSTER. Bevor Sie Ihr Benutzerkonto nutzen können, müssen Sie noch nachfolgende Angaben prüfen und gegebenenfalls ergänzen. Sie können diese Angaben jederzeit ändern. Klicken Sie zum Abschluss der Registrierung auf "Mein Profil speichern und weiter".
Bitte nutzen Sie ab jetzt immer die Schaltfäche "Login", um sich einzuloggen.
Allgemeine Angaben
Name der Organisation / Firmenname
Anrede, Titel
Herr
Keine Angabe
Vorname
Max
Name
Müller
Identifikationsnummer
760
E-Mail
max.mueller@wep.de
Aus Sicherheitsgründen können Sie Ihre E-Mail-Adresse erst nach dem Login unter "Mein Benutzerkonto" ändern.

Ihre Meldedaten sind bereits eingetragen. Sofern Sie bereits eine aktuelle Steuernummer haben, tragen Sie diese bitte unten bei Steuernummer ein. Regelmäßig müssen keine weiteren Ergänzungen vorgenommen werden. Die letzte Frage richtet sich nur an Steuerberater. Diese lassen Sie frei. Klicken Sie nun auf [Mein Profil speichern und weiter]

Nun müssen Sie die Benutzergruppe auswählen. Als Arbeitnehmer oder Rentner wählen Sie "Privatperson".

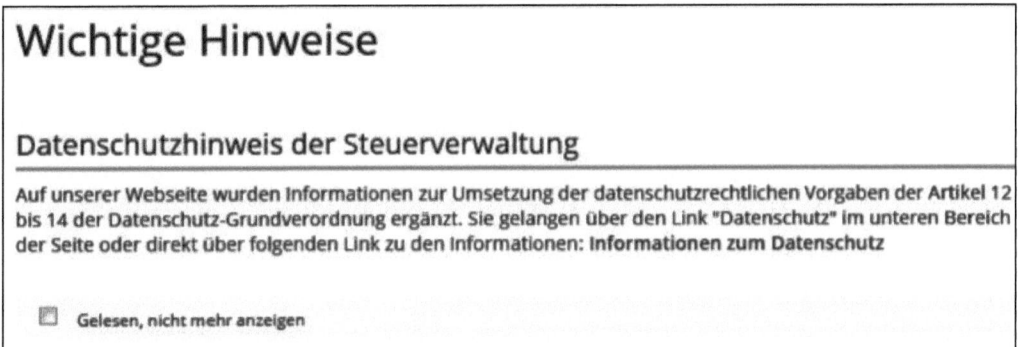

Nun erhalten Sie noch wichtige Hinweise zum Datenschutz. Setzen Sie im vorgesehenen Feld Ihr Häkchen bei "Gelesen, nicht mehr anzeigen".

Wichtige Hinweise

Datenschutzhinweis der Steuerverwaltung

Auf unserer Webseite wurden Informationen zur Umsetzung der datenschutzrechtlichen Vorgaben der Artikel 12 bis 14 der Datenschutz-Grundverordnung ergänzt. Sie gelangen über den Link "Datenschutz" im unteren Bereich der Seite oder direkt über folgenden Link zu den Informationen: Informationen zum Datenschutz

☐ Gelesen, nicht mehr anzeigen

Klicken Sie auf "Bestätigen und Weiter". Nun haben Sie die Registrierung abgeschlossen.

3. Die Hintergründe zur Grundsteuerreform im Überblick

Obwohl die Grundsteuerbescheide von den Kommunen (z.B. Städte, Landkreise oder Gemeinden) erstellt werden, aufgrund dessen Sie die Grundsteuer bezahlen müssen (sog. Folgebescheid), erstellen die Finanzämter die für die Kommunen bindende Berechnungsgrundlage (sog. Grundlagenbescheid) zum Wert des Grundstücks (sog. Einheitswert). Vereinfacht ausgedrückt ermitteln die Finanzämter einen bestimmten Wert Ihres Grundstücks (wirtschaftlicher Einheit). Dieser Wert bildet für die Kommunen die Grundlage für die Berechnung der Grundsteuer.

Diese Wertfeststellung (sog. Hauptfeststellung) fand in den alten Bundesländern letztmalig umfassend für alle wirtschaftliche Einheiten (Grundstücke) zum 1.1.1964[3] und in den neuen Bundesländern[4] zum 1.1.1935 statt und gilt bis heute grundsätzlich fort, d.h. die Berechnungsgrundlage für den (Einheits-) Wert Ihres Grundstücks basiert auf den Wertverhältnissen aus dem Jahr 1964 bzw. 1935!

Mehrere Anläufe des Gesetzgebers, das Bewertungsrecht neu zu regeln, scheiterten. Durch zahlreiche Urteile des Bundesverfassungsgerichts[5] im Jahr 2018 wurde dem Gesetzgeber aufgegeben, das Bewertungsrecht neu zu regeln, da es mindestens seit 2002 unvereinbar mit dem Gleichheitssatz des Grundgesetzes sei. Der Gesetzgeber wurde verpflichtet, bis spätestens zum 31.12.2019 eine gesetzliche Neuregelung zu schaffen. Bis zu diesem Zeitpunkt gestattete das Bundesverfassungsericht die verfassungswidrigen Regelungen der Einheitsbewertung weiterhin anzuwenden.

Mit dem Gesetz zur Reform des Grundsteuer- und Bewertungsrechts[6] ist der Gesetzgeber dieser Vorgabe gerade noch rechtzeitig nachgekommen. Die rechtzeitige Verkündigung der Neuregelung hat dem Bundesverfassungsgericht zur Folge, dass das alte Bewertungsrecht bis zum 31.12.2024 weiterhin angewendet werden darf[7].

Das bedeutet, obwohl die Hauptfeststellung zur neuen Grundsteuer zum 1.1.2022 erfolgt, werden sich die neuen Wertfeststellungen zum Grundstück (wirtschaftliche Einheit) erst ab dem 1.1.2025 auswirken.

---

[3] Vgl. Gesetz zur Änderung des BewG vom 13.8.1965 (BGBl I 1965, 851).
[4] Die Ermittlung der Einheitswerte in den neuen Bundesländern erfolgt nicht auf den Einheitswerten vom 1.1.1964, sondern es gelten weiterhin die Bestimmungen des BewG der DDR in der Fassung vom 18.9.1970 (GBl. Sonderdruck Nr. 674), der Durchführungsverordnung zum Reichsbewertungsgesetz vom 2.2.1935 (RGBl. I 1935, 81) sowie der Rechtsverordnung der Präsidenten der Landesfinanzämter über die Bewertung bebauter Grundstücke vom 17.12.1934 (RStBl. 1934, 1641ff.).
[5] Urteile des BVerfG vom 18.04.2018, Az.: 1 BvL 11/14; 1 BvR 889/12; 1 BvR 639/11; 1 BvL 1/15; 1 BvL 12/14 in BGBl. 2018 I S. 531.
[6] Gesetz zur Reform des Grundsteuer- und Bewertungsrechts vom 26.11.2019, BGBl. I 2019 S. 1794.
[7] BVerfG, Urteil vom vom 18.04.2018, Rz. 167 ff. (169), Az.: 1 BvL 11/14.

Der Bundesgesetzgeber hat eine einheitliche Regelung (sog. Bundesmodell) getroffen, jedoch den einzelnen Bundesländern mit einer Grundgesetzänderung (konkurrierende Gesetzgebung des Bundes) die Möglichkeit gegeben, eigene alternative Regelungen zu treffen. Davon haben Bayern[8], Baden-Württemberg[9], Hessen[10], Niedersachsen[11] und Hamburg[12] Gebrauch gemacht. Sachsen[13] und das Saarland[14] wenden zwar das Bundesmodell an, weichen jedoch bei der Berechnung (Steuermesszahl) leicht vom Bundesmodell ab. Da die Berechnungsmethode dem Bundesmodell entspricht, wird nachfolgend nicht weiter unterschieden.

4. Die Berechnungsmodelle

Das Bundesmodell sieht zwei Berechnungsmodelle vor – das Ertragswert und Sachwertverfahren.

Das **Ertragswertverfahren** gilt für Ein- und Zweifamilienhäuser, Mietwohngrundstücke (Mietshäuser) und Wohnungseigentum (Eigentumswohnungen) –somit hauptsächlich für Wohngrundstücke. Beim Ertragswertverfahren steht der fiktive pauschalisierte Ertrag der Immobilien für die Werteinschätzung im Vordergrund. Hier ist nicht der maßgebliche Ertrag relevant, sondern ein nach standardisierten Grundsätzen ermittelter fiktiver Ertrag, der bei gleichen Gebäuden üblich ist.

Das **Sachwertverfahren** gilt hingegen für Geschäftsgrundstücke, Gemischt-genutzte Grundstücke, Teileigentum und Sonstige bebaute Grundstücke –somit hauptsächlich für Nichtwohngrundstücke. Beim Sachwertverfahren dienen die pauschalen Herstellungskosten der Gebäude als zentraler Berechnungsmaßstab.

---

[8] Bayerisches Grundsteuergesetz (BayGrStG) vom 10. Dezember 2021 (GVBl. S. 638, BayRS 611-7-2-F).
[9] Landesgrundsteuergesetz Baden-Württemberg vom 4.11.2020, verkündet als Artikel 1 des Gesetzes zur Regelung einer Landesgrundsteuer vom 4. November 2020 (GBl. S. 974).
[10] Hessisches Grundsteuergesetz (HGrStG), vom 15. Dezember 2021, GVBl. 2021, 906.
[11] Niedersächsisches Grundsteuergesetz (NGrStG) vom 7. Juli 2021, Nds. GVBl. 2021, 502.
[12] Hamburgisches Grundsteuergesetz (HmbGrStG) vom 24. August 2021, HmbGVBl. Nr. 56 vom 31.08.2021 S. 600; 22.06.2022 S. 399.
[13] Sächsisches Gesetz zur Umsetzung der Grundsteuerreform vom 3. Februar 2021 (SächsGVBl. S. 242). Sachsen weicht lediglich bei der Steuermesszahl vom Bundesmodell ab und wendet eine Steuermesszahl von 0,36 Promille an (bei unbebauten Grundstücken, sowie bei Einfamilienhäuser, Zweifamilienhäuser, Mietwohngrundstücke und Wohnungseigentum an (bei Teileigentum, Geschäftsgrundstücke, gemischt genutzte Grundstücke und sonstige bebaute Grundstücke abweichend 0,72 Promille) vgl. . Sächsisches Gesetz über die Festsetzung der Steuermesszahlen bei der Grundsteuer (Sächsisches Grundsteuermesszahlengesetz – SächsGrStMG) ebenfalls vom 3.2.2021.
[14] Gesetz Nr. 2040 zur Einführung einer Landesgrundsteuer (Saarländisches Grundsteuergesetz, GrStG-Saar) vom 15. September 2021, Amtsblatt I 2021, 2372. Das Saarland weicht lediglich bei der Steuermesszahl vom Bundesmodell ab und wendet eine Steuermesszahl von 0,64 Promille bei unbebauten Grundstücken und bei Teileigentum, Geschäftsgrundstücke, gemischt genutzte Grundstücke und sonstige bebaute Grundstücke sowie von 0,34 Promille für Einfamilienhäuser, Zweifamilienhäuser, Mietwohngrundstücke und Wohnungseigentum an.

Bemessungsgrundlage in **Bayern** ist das **Flächenmodell**. Maßgeblich ist die Grundstücksfläche und ggf. die Gebäudefläche, wobei der Gebäudezweck unterschiedlich stark bewertet wird.

In **Baden-Württemberg** wird das **Bodenwertmodell** angewendet. Maßgeblich ist hier der reine Bodenwert, wobei Gebäude außer Betracht bleiben. Um Wohngrundstücke zu privilegieren, wird allerdings ein Abschlag von 30% vorgenommen.

In **Hessen** kommt hingegen das **Flächen-Vaktor-Verfahren** zum Ansatz. Maßgeblich ist hier hauptsächlich die Grundstücks- und Gebäudefläche. Damit handelt es sich um ein wertunabhängiges Grundsteuermodell. Der Bodenrichtwert bleibt aber dennoch nicht ganz unbetrachtet, da er zur Bildung eines sog. Faktors dient, der den konkreten Bodenrichtwert des Grundstücks ins Verhältnis zum durchschnittlichen flächengewichteten Bodenrichtwert der Kommune bildet. Bodenrichtwerte müssen in Hessen allerdings nicht ermittelt werden. Das übernimmt automatisch die Finanzverwaltung.

In **Niedersachsen** kommt ein **Flächen-Lage-Modell** zur Anwendung, was dem hessischen Modell ähnelt. Maßgeblich ist auch hier die Grundstücks- und Gebäudefläche, wobei der Bodenrichtwert des Grundstücks ins Verhältnis zu dem Bodenrichtwert im Gemeindedurchschnitt gesetzt wird.

Hamburg wendet hingegen das **Wohnlage-Modell** an. Neben Grundstücksgröße, Gebäudefläche und Nutzungsart der Immobilie stellt die Wohnlage des Grundstücks einen Berechnungsfaktor dar. Ob sich das Wohngrundstück in einer guten oder normalen Wohnlage befindet, wird aus einem gesonderten Wohnlageverzeichnis ermittelt.

5. Begriffserläuterungen

Aktenzeichen	Das Einheitswertaktenzeichen finden Sie auf dem Einheitswert- und dem Grundsteuermessbescheid. In Schleswig-Holstein, Hamburg, Bremen und Berlin gibt es nur eine Steuernummer.
Bauerwartungsland	Bauerwartungsland sind Grundstücksflächen, die planungsrechtlich noch nicht bebaut werden können, bei denen aber damit zu rechnen ist, dass dies in absehbarer Zeit so sein wird.
Baujahr	Als Baujahr eines Gebäudes gilt der Zeitpunkt, in dem es bezugsfertig war.
Blatt, (Grundbuch-)	Das Grundbuchblatt umfasst alle zusammenhängenden Grundstücke eines Grundstückseigentumers. Das Grundbuchblatt können Sie dem Deckblatt

	und der Kopfzeile des Grundbuchauszugs entnehmen.
Bodenrichtwert	Der Bodenrichtwert ist eine statistische Kaufpreissammlung der Kommunen. Den Bodenrichtwert können Sie der Datenbank entnehmen. Öffnen Sie dazu: www.bodenrichtwerte-boris.de Beachten Sie: Mehrere Grundstücke werden dabei zonal zusammengeschlossen.
Einfamilienhaus	Einfamilienhäuser sind Wohngrundstücke, die eine Wohnung enthalten und kein Wohnungseigentum sind (§ 249 Abs. 2 S.1 BewG). Ein Grundstück gilt auch dann als Einfamilienhaus, wenn es zu weniger als 50 Prozent der Wohn- und Nutzfläche zu anderen als Wohnzwecken mitbenutzt und dadurch die Eigenart als Einfamilienhaus nicht wesentlich beeinträchtigt wird (§ 249 Abs. 2 S.2 BewG). Das heißt, dass auf dem Grundstück ein Gebäude steht, welches lediglich über eine Wohnung verfügt, die keine „Eigentumswohnung" nach dem Wohnungseigentumsgesetz darstellt. Wird ein Teil dieses Gebäudes (oder eines Anbaus) zu selbstständigen oder gewerblichen Zwecken selbst oder durch Dritte genutzt ist das unschädlich, sofern deren Fläche unter 50 Prozent der Gesamtfläche liegt und der gewerbliche Gebäudeteil auch optisch nicht zu dominant das Grundstück prägt, d.h. es muss noch als normales Einfamilienhaus zu erkennen sein.
Einheitswertaktenzeichen	Das Einheitswert-Aktenzeichen finden Sie auf dem Einheitswert- und Grundsteuermessbescheid. In manchen Bundesländern gibt es statt dem Einheitswert-Aktenzeichen eine Steuernummer. Dies gilt für Berlin, Bremen, Hamburg und Schleswig-Holstein.
Flur	Unter einer Flur versteht man einen Teil einer Gemarkung. Sie beschreibt die Nutzfläche einer Siedlung innerhalb einer Gemeinde. Beachten Sie: Nicht jede Gemarkung ist nochmal in Flure unterteilt. Ob es eine Flur gibt, können Sie dem Grundbuchauszug entnehmen.
Flurstück	Ein Flurstück ist ein einzelnes Grundstück. Die Nummer eines Flurstücks besteht aus Zähler und Nenner. Bsp: 1446/7 oder 765/b. Die Flurstücksnummern können Sie der Seite 2 des Grundbuchauszugs entnehmen.
Gebäude	Ein Gebäude ist ein Bauwerk auf eigenem oder fremdem Grund und Boden, das Menschen oder Sachen durch räumliche Umschließung Schutz

	gegen äußere Einflüsse gewährt, den Aufenthalt von Menschen gestattet, fest mit dem Grund und Boden verbunden, von einiger Beständigkeit und standfest ist.
Gemarkung	Unter Gemarkung oder Gemeindeflur bezeichnet man eine gesamte Fläche einer Gemeinde oder bei großen Städten auch Gemeindeteile (Stadtteile, Ortsteile etc.). Es können aber auch verschiedene Orte zu einer Gemarkung zusammengefasst sein. Die Gemarkung können Sie dem Deckblatt des Grundbuchauszugs entnehmen.
Gemischt genutzte Grundstücke	Gemischt genutzte Grundstücke sind Grundstücke, die teils Wohnzwecken, teils eigenen oder fremden betrieblichen oder öffentlichen Zwecken dienen und <u>nicht</u> Ein- und Zweifamilienhäuser, Mietwohngrundstücke, Wohnungseigentum, Teileigentum oder Geschäftsgrundstücke sind (§ 249 Abs. 8 BewG.)
Geschäftsgrundstücke	Geschäftsgrundstücke sind Grundstücke, die zu mehr als 80 Prozent der Wohn- und Nutzfläche eigenen oder fremden betrieblichen oder öffentlichen Zwecken dienen und nicht Teileigentum sind (§ 249 Abs. 7 BewG.
Grundbuchauszug	Ein Grundbuchauszug ist eine Kopie aus einem bestimmten Grundbuchblatt.
Grundbuchblatt	Jedes Grundstück erhält im Grundbuch ein Grundbuchblatt. Dort ist vermerkt, welche Flurstücke zu einem Grundstück gehören, wer Eigentümer ist und welche Belastungen (z.B. Grundschuld, Hypotheken) auf dem Grundstück liegen.
Grundstücksfläche	Die Grundstücksfläche ist die Größe des Grundstücks. Sie wird in m^2 angegeben. Diese können Sie dem Grundbuchauszug auf S.2 oder dem Kaufvertrag entnehmen.
Kernsanierung	Eine Kernsanierung eines Gebäudes liegt vor, wenn es so umfassend modernisiert wird, dass alles außer der tragenden Substanz erneuert wird und die technischen Anlagen komplett erneuert werden.
Lage des Grundstücks	Hier müssen Sie die Postanschrift des Grundstücks (Ort, Straße, Hausnummer und Postleitzahl) angeben. Diese Daten können Sie dem Grundbuchauszug oder dem alten Einheits- und Grundsteuermessbescheid entnehmen.
Mietwohngrundstück	Sind mit Mietshäusern mit mehr als 2 Wohnungen bebaute Grundstücke,

	die zu mehr als 80 Prozent der Wohn- und Nutzfläche Wohnzwecken dienen und damit nicht mit Ein- oder Zweifamilienhäuser oder mit Eigentumswohnungen nach dem Wohnungseigtentumsgesetz bebaut sind (vgl. § 249 Abs. 4 BewG).
Nutzfläche	Sind Flächen, die insbesondere eigenen oder fremden betrieblichen Zwecken dienen und die keine Wohnflächen sind (Büros, Werkstätten, Verkaufsflächen).
Rohbauland	Rohbauland sind Flächen, die für eine Bebauung bestimmt sind, aber deren Erschließung noch nicht gesichert ist oder die nach Lage, Form oder Größe für eine Bebauung unzureichend sind.
Teileigentum	Teileigentum ist das Sondereigentum an nicht zu Wohnzwecken dienenden Räumen eines Gebäudes in Verbindung mit dem Miteigentum an dem gemeinschaftlichen Eigentum, zu dem es gehört (§ 249 Abs. 6 BewG).
Wirtschaftliche Einheit	Der Begriff der wirtschaftlichen Einheit ist der eigentliche Bewertungsgegenstand und nahezu deckungsgleich mit dem „Grundstück". Es handelt sich um wirtschaftlich zusammengehörige Gegenstände, die bei der Wertermittlung nach dem BewG einer einheitlichen Bewertung unterliegen (§ 2 BewG). Beim Grundvermögen ist die wirtschaftliche Einheit jedes Grundstück (§ 70 BewG).
Wohnfläche	Wohnflächen sind Flächen, die zu Wohnzwecken dienen inkl. dem häuslichen Arbeitszimmer.
Wohnung	Eine Wohnung ist in der Regel die Zusammenfassung mehrerer Räume, die in ihrer Gesamtheit so beschaffen sein müssen, dass die Führung eines selbständigen Haushalts möglich ist. Die Zusammenfassung der Räume muss eine von anderen Wohnungen oder Räumen, insbesondere Wohnräumen, baulich getrennte, in sich abgeschlossene Wohneinheit bilden und einen selbständigen Zugang haben. Daneben ist erforderlich, dass die für die Führung eines selbständigen Haushalts notwendigen Nebenräume (Küche, Bad oder Dusche, Toilette) vorhanden sind. Die Wohnfläche soll mindestens 20 Quadratmeter betragen. (§ 249 Abs. 10 BewG)
Wohnungseigentum	Eigentumswohnungen nach dem Wohnungseigentumsgesetz. Es ist das Sondereigentum an einer Wohnung in Verbindung mit dem

	Miteigentumsanteil an dem gemeinschaftlichen Eigentum, zu dem es gehört (§ 249 Abs. 5 BewG).
Zweifamilienhaus	Zweifamilienhäuser sind Wohngrundstücke, die zwei Wohnungen enthalten und kein Wohnungseigentum sind (§ 249 Abs. 3 S.1 BewG). Das heißt, dass auf dem Grundstück ein Gebäude steht, welches lediglich über zwei Wohnungen verfügt, die keine „Eigentumswohnungen" nach dem Wohnungseigentumsgesetz darstellen. Wird ein Teil dieses Gebäudes (oder eines Anbaus) zu selbstständigen oder gewerblichen Zwecken selbst oder durch Dritte genutzt ist das unschädlich, sofern deren Fläche unter 50 Prozent der Gesamtfläche liegt und der gewerbliche Gebäudeteil auch optisch nicht zu dominant das Grundstück prägt, d.h. es muss noch als normales Zweifamilienhaus zu erkennen sein (vgl. § 249 Abs. 3 S.2 BewG). Steht auf dem Grundstück allerdings ein Gebäude, welches drei oder mehr Wohnungen hat (ohne dass es Eigentumswohnungen nach dem Wohnungseigentumsgesetz sind), so handelt es sich um ein Mietwohngrundstück i.S.v. § 249 Abs. 4 BewG). Ein Grundstück gilt auch dann als Zweifamilienhaus, wenn es zu weniger als 50 Prozent der Wohn- und Nutzfläche zu anderen als Wohnzwecken mitbenutzt und dadurch die Eigenart als Zweifamilienhaus nicht wesentlich beeinträchtigt wird.

6. Das Erstellen der Feststellungserklärung (Grundsteuererklärung) mit MEIN ELSTER –

6.1. Die Feststellungserklärung dem Bundesmodell
(für Grundstücke die in Sachsen, Sachsen-Anhalt, Thüringen, Mecklenburg-Vorpommern, Brandenburg, Berlin, Bremen, Schleswig-Holstein, Rheinland-Pfalz, Nordrhein-Westfalen oder dem Saarland liegen).

Sie müssen für jede **wirtschaftliche Einheit** (für jedes Grundstück) eine eigene Grundsteuererklärung abgeben. Ein Grundstück kann sich dabei aus mehreren Flurstücken zusammensetzen, d.h. Sie müssen dabei nur eine Erklärung abgeben.

Loggen Sie sich zunächst bei www.elster.de ein, indem Sie auf „Login" klicken.

30

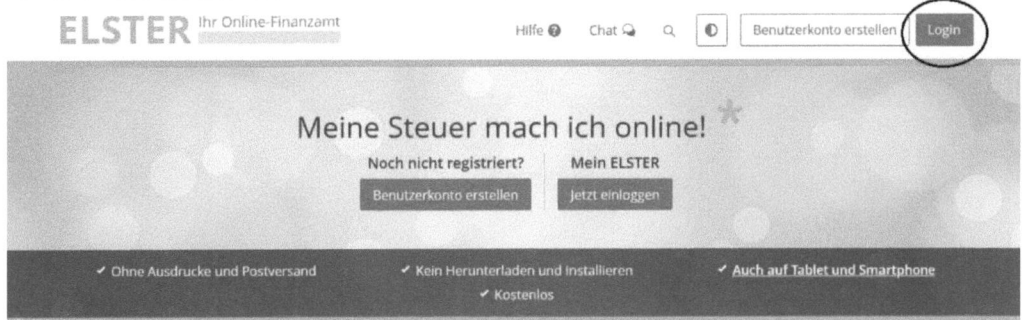

Nun werden Sie aufgefordert Ihr Zertifikat anzugeben. Dazu klicken Sie auf die Schaltfläche "Durchsuchen" und geben im Dateimanager den Speicherort an, an dem Sie die Zertifikatsdatei abgespeichert haben.

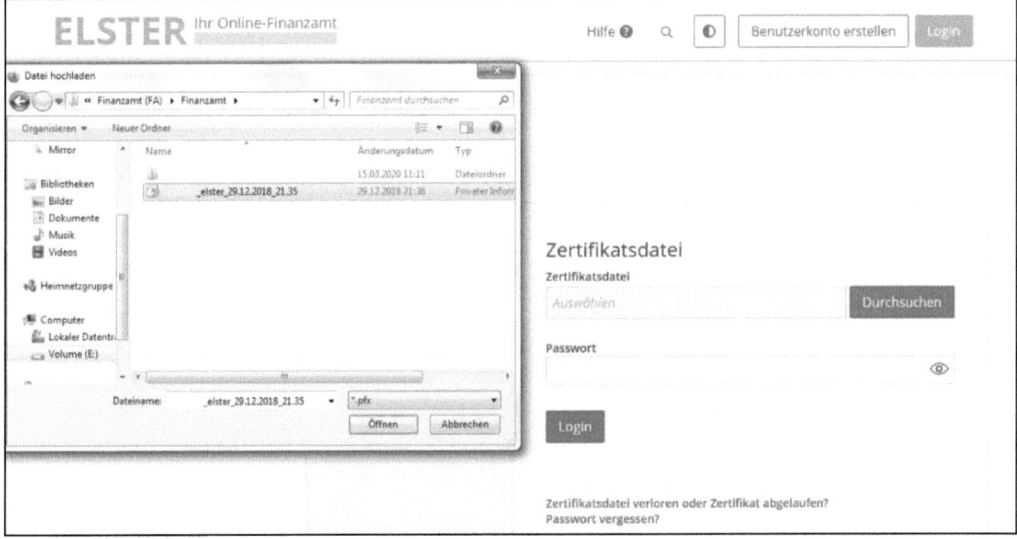

Klicken Sie dazu einfach die pfx-Datei mit Doppelklick an. Wie Sie die Datei nicht gleich finden, so nutzen Sie die Suchfunktion des Dateimanagers, indem Sie *.pfx in das Suchfeld eingeben. Nachdem Sie die pfx-Datei ausgewählt haben, müssen Sie nur noch das dazugehörige Passwort eintragen und auf die Schaltfläche "Login" klicken.

31

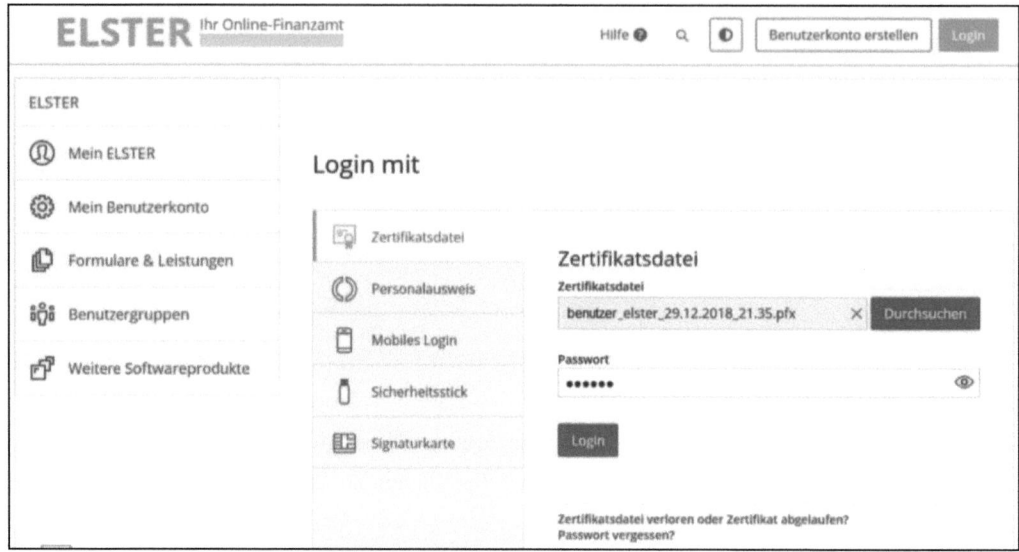

Falls Sie sich erstmals bei Elster eingeloggt haben, werden Sie aufgefordert Ihr Profil zu vervollständigen. Diesen Schritt können Sie allerdings überspringen. Danach gelangen Sie ins Hauptmenü.

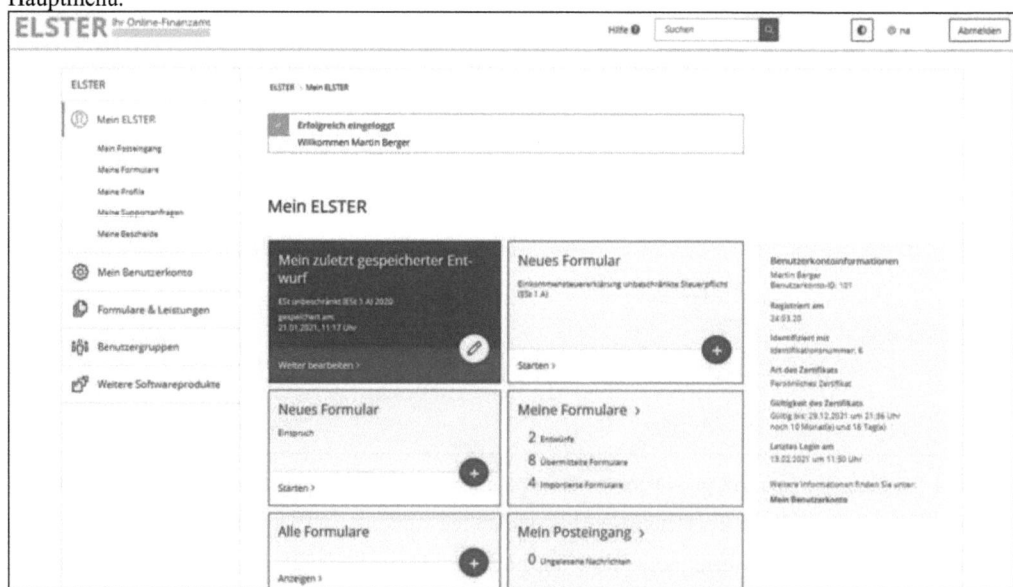

Klicken Sie nun in der linken Spalte auf die Schaltfläche „Formulare & Leistungen".

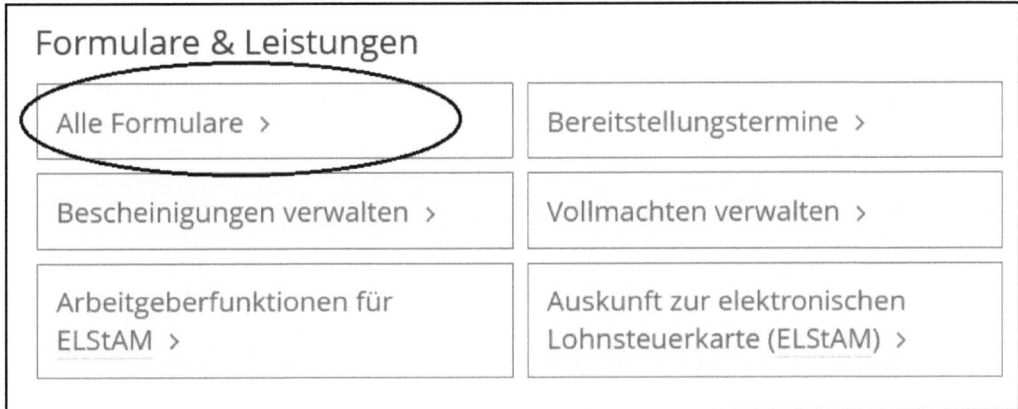

Wählen Sie nun „Grundsteuer" aus. Wählen Sie nun das Bundesland aus, in dem das Grundstück liegt. Für Sachsen, Sachsen-Anhalt, Thüringen, Mecklenburg-Vorpommern, Brandenburg, Berlin, Bremen, Schleswig-Holstein, Rheinland-Pfalz, Nordrhein-Westfalen oder Saarland wählen Sie „Grundsteuer für andere Bundesländer aus.

Folgend wird die Grundsteuererklärung nach dem Bundesmodell vorgestellt. Klicken Sie daher auf „andere Bundesländer". Nun werden Ihnen nochmal alle Bundesländer aufgelistet. Klicken Sie auf „Weiter".

Nun müssen Sie die richtigen Erklärungsvordrucke auswählen. In aller Regel müssen Sie den „Hauptvordruck (GW1) und die „Anlage Grundstück (GW2) auswählen. Setzen Sie dazu die Haken und klicken Sie danach auf „Weiter"

Anlagenauswahl   Welche Anlagen brauche ich ❓

Hauptvordruck (GW1)	☑
Anlage Grundstück (GW2)	☑
Anlage Land- und Forstwirtschaft (GW3)	☐
Anlage Tierbestand (GW3A)	☐

Sie können Ihre Auswahl auch später noch anpassen. Klicken Sie dazu auf der nächsten Seite auf die Schaltfläche "Anlagen hinzufügen/entfernen".

Weiter

Der Stichtag für die Hauptfeststellung lassen Sie auf 1.Januar 2022 eingestellt.

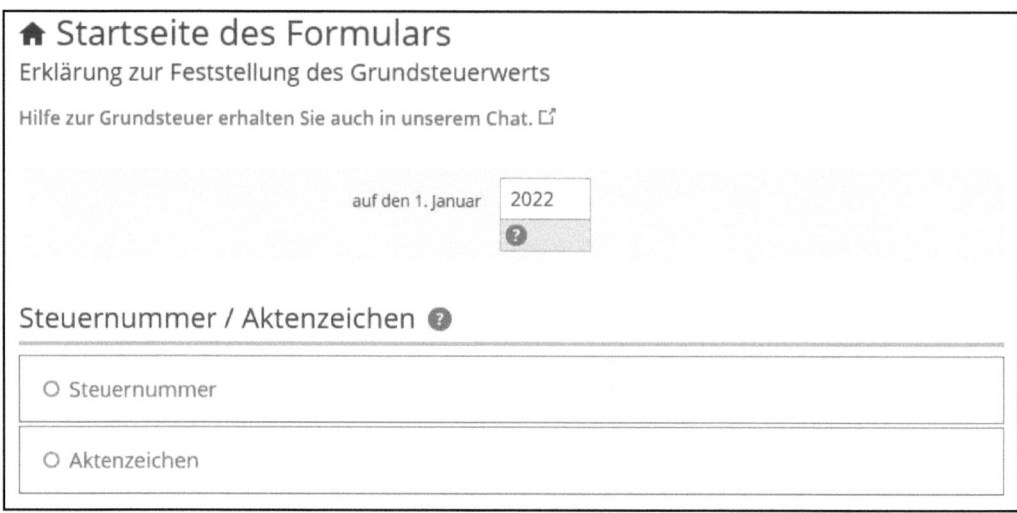

Klicken Sie nun Aktenzeichen an und tragen Sie dort das Bundesland des Grundstücks und das Einheitswertaktenzeichen ein, welches zu Ihrem Grundstück gehört. Das Aktenzeichen hat Ihnen das Finanzamt im Aufforderungsschreiben zur Abgabe der Grundsteuererklärung am Anfang des Jahres 2022 übersandt. Alternativ können Sie das Aktenzeichen auch dem alten Einheitswertbescheid des Grundstücks entnehmen.

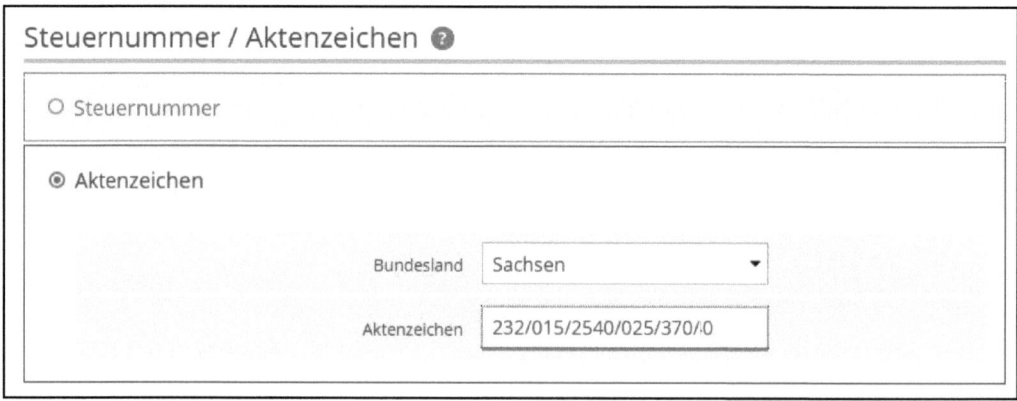

Klicken Sie anschließend auf „Weiter".

Nun gelangen Sie auf die Startseite des Hauptvordrucks (GW1). Dieser Hauptvordruck besteht aus 8 Unterseiten.

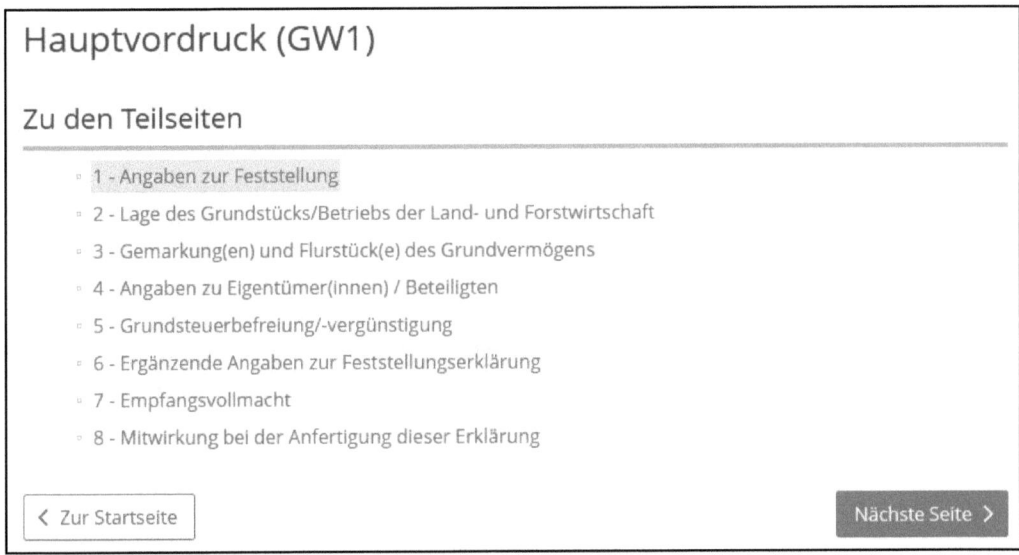

Auf **Unterseite 1** wählen Sie „Hauptfeststellung" aus. Als nächstes müssen Sie die Art der wirtschaftlichen Einheit angeben. Sie erstellen die Grundsteuererklärung für die wirtschaftliche Einheit (Grundstück), welche auch aus mehreren Teilgrundstücken bestehen kann (z.B. häufig bei Eigentumswohnungen).

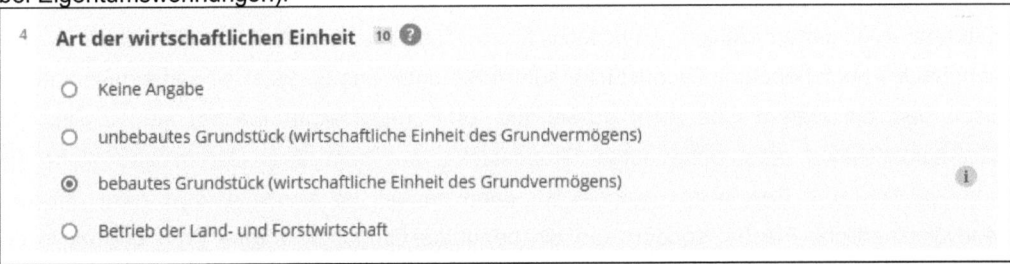

Eine **bebaute wirtschaftliche Einheit** ist ein Grundstück, auf dem sich ein benutzbares Gebäude befindet (Haus, Garage, Schuppen, Kiosk, ggf. bewohnbares Gartenhaus[15] etc. (§ 180 BewG). Ein Gebäude ist ein Bauwerk auf eigenem oder fremdem Grund und Boden, das Menschen oder Sachen durch räumliche Umschließung Schutz gegen äußere Einflüsse gewährt, den Aufenthalt von Menschen gestattet, fest mit dem Grund und Boden verbunden, von einiger Beständigkeit und standfest ist.

---

[15] BFH-Urteil vom 26.10.2021 IX R 5/21.

Problemkreis Gartengrundstücke

Gartengrundstücke können drei unterschiedliche Kategorien fallen. Gartengrundstücke können unbebaute Grundstücke darstellen, wenn auf ihnen keinerlei benutzungsfähiges Gebäude steht (weder Laube, Schuppen, etc. und das Grundstück nicht hauptsächlich zum Anbau von Gemüse/Obst oder Bäumen aktiv genutzt wird. Steht auf dem Grundstück eine verfallene Laube, die nicht mehr als Gebäude benutzbar ist, so gilt es ebenfalls als unbebaut.

Wenn das Gartengrundstück unter das Bundeskleingartengesetz (BKleingG) fällt (Laube nicht größer als 24m²[16] und hauptsächlich zum Anbau von Obst/Gemüse, etc. genutzt wird), und die Laube nicht dem dauerhaften Bewohnen von Menschen dient. Dann fällt das Grundstück unter „Land-und Forstwirtschaft".

Wenn das Gartengrundstück hingegen ein benutzbares Gebäude enthält und nicht unter das Bundeskleingartengesetz fällt und nicht hauptsächlich zum aktiven Anbau von Obst/Gemüse/Bäumen dient, so stellt es ein sonstiges bebautes Grundstück dar, sofern das Gebäude kein Wohngebäude ist (dann bebautes Grundstück/Einfamilienhaus).

Schreber-/Kleingärten zählen grundsätzlich zu den landwirtschaftlichen Flächen (weder unbebautes noch bebautes Grundstück), sofern Sie unter das Bundeskleingartengesetz fallen. Dazu darf die Gartenlaube nicht größer als 24m² (überdachte Fläche) sein[17]. Sind Sie Eigentümer eines grds. unbebauten Grundstücks, auf dem eine Gartenlaube steht, die grundsätzlich zum Bewohnen geeignet ist, dann handelt es sich allerdings nicht um eine landwirtschaftliche Fläche, sondern um ein bebautes Grundstück. Eine Wohnung ist in der Regel die Zusammenfassung mehrerer Räume, die in ihrer Gesamtheit so beschaffen sein müssen, dass die Führung eines selbständigen Haushalts möglich ist. Daneben ist erforderlich, dass die für die Führung eines selbständigen Haushalts notwendigen Nebenräume (Küche, Bad oder Dusche, Toilette) vorhanden sind. Die Wohnfläche soll mindestens 20 Quadratmeter betragen. (§ 249 Abs. 10 BewG). Liegen diese Wohnungsvoraussetzungen vor und ist die Laube größer als 24m² überdachte Fläche, dann kann das Gartengrundstück schon ein

---

[16] Ausnahmen können bestehen, wenn die Laube vor 1983 gebaut oder zu DDR-Zeiten gebaut wurde und danach nicht wesentlich verändert wurde).
[17] Siehe § 3 Abs. 2 Bundeskleingartengesetz.

bebautes Grundstück darstellen[18]. Grundsätzlich werden kleine Lauben aber nicht zum Bewohnen geeignet sein.

Regelmäßig wird das Grundstück mit einer Wohnung oder einem Haus (Einfamilienhaus, Zweifamilienhaus, Mehrfamilienhaus, etc.) „bebaut" sein. Wenn das der Fall ist, dann klicken Sie „bebaut" an. Danach klicken Sie auf „Weiter".

Auf **Unterseite 2** müssen Sie die **Adresse des Grundstücks** eintragen. Tragen Sie daher in Zeile 5 die Straße, in Zeile 6 die Hausnummer und in Zeile 7 Postleitzahl und Ort des Grundstücks ein. Hat das Grundstück keine Hausnummer, so tragen Sie eine „0" ein.

In Zeile 8 müssen Sie nur dann für den ungewöhnlichen Fall ein Häkchen setzen, wenn sich das gesamte Grundstück über mehrere Orte (Gemeinden) erstreckt. Das wird jedoch regelmäßig nicht der Fall sein

Auf **Unterseite 3** müssen Sie die Gemarkung und die Flurstücke des Grundstückes angeben.

Klicken Sie dazu zunächst auf die Schaltfläche „+ Gemarkung und Flurstück hinzufügen". Nun benötigen Sie den Grundbuchauszug für das Grundstück.

Beachten Sie!: Sie müssen hier für jedes Flurstück einen eigenen Eintrag vornehmen, sofern die wirtschaftliche Einheit (Grundstück) aus mehreren Flurstücken besteht.
Eigentumswohnungen erstrecken sich regelmäßig auf mehrere Flurstücke. Schauen Sie in das Wohnungsgrundbuch. Darin werden auf Seite 1 die einzelnen Flurstücke mit den einzelnen Flächenangaben zusammen mit Ihrem Miteigentumsanteil aufgeführt.

---

[18] BFH-Urteil vom 26.10.2021 IX R 5/21.

Nachfolgendes Beispiel eines Wohnungsgrundbuchauszug einer Eigentumswohnung, dessen Miteigentumsanteil sich auf zwei Flurstücke erstreckt. Jedes Flurstück ist einzeln anzulegen.

		Bezeichnung der Grundstücke und der mit dem Eigentum verbundenen Rechte		Größe
..d. Nr. der Grund- stücke	Bisherige lfd. Nr. d. Grund- stücke	Gemarkung (nur bei Abweichung vom Grundbuchbezirk angeben) Flurstück	Wirtschaftsart und Lage	m²
		a/b	c	
1	2	3		4
1		198/10.000 – Miteigentumsanteil an dem Grundstück		8 04
		Flst. 1642 b	Mustergasse 3	3 25
		Flst. 1642 c	Mustergasse 3a	
		verbunden mit dem Sondereigentum an der Wohnung nebst Kellerraum, im Aufteilungsplan mit Nr. 37 bezeichnet.		
		Für jeden Miteigentumsanteil ist ein Grundbuchblatt angelegt (Blatt 10378 bis Blatt 10443); der hier eingetragene Miteigentumsanteil ist durch die zu den anderen Miteigentumsanteilen gehörenden Sondereigentumsrechte beschränkt.		
		Veräußerungsbeschränkung: Zustimmung durch Verwalter;		

(Kopfzeile: ..uchamt Musterstadt / ..buch von Musterstadt / Blatt 10410 / Bestandsverzeichnis / Einlegebogen 1)

Im o.g. Beispiel müssten Sie zunächst das Flurstück: 1642b anlegen. (Danach das weitere Flurstück 1642c).

In Zeile 9 der Unterseite 3 tragen Sie die sog. **Gemarkung** ein. Unter einer Gemarkung versteht man eine zu einer Gemeinde gehörende Gesamtfläche sowie die Flächeneinheit im Liegenschaftskataster, d.h. die Gemarkung kann nach einer Gemeinde oder einen Ortsteil bzw. Stadtteil bezeichnet sein. Sie finden Sie auf dem Deckblatt des Grundbuchauszugs bzw. auf Seite 1 (Abteilung I) des Grundbuchauszugs. Im o.g. Beispiel „Musterstadt".

In Zeile 10 tragen Sie das **Grundbuchblatt** ein. Das finden Sie auf dem Deckblatt des Grundbuchauszugs (z.B. bei Eigentumswohnungen auf dem Wohnungsgrundbuch). Es handelt sich um eine Zahl. Das Grundbuchblatt steht auch auf jeder Seite des Grundbuchauszugs in der Kopfzeile. Im o.g. Beispiel „10410".

In Zeile 10 tragen Sie zudem die **Flur** bzw. das **Flurstück** ein. Sofern keine Flur bezeichnet ist, tragen Sie nur das Flurstück ein. Flurstücke bestehen aus einem Zähler und einem Nenner (Zahlenkombination oder Zahl und Buchstabe). Tragen Sie die Zahlenkombination bzw. Zwahlen-Buchstabenkombination in Feld 14 (Zähler) und den Buchstaben in Feld 15 (Nenner) ein. Im oben genannten Beispiel gibt es zwei Flurstücke 1642b und 1642c. Sie müssen jedes Flurstück einzeln angeben. Bei Zähler tragen Sie „1642" ein und bei Nenner „b".

Gemarkung beziehungsweise Flurstück ❓
1. Eintrag

9	Gemarkung	Musterstadt
		11
10	Grundbuchblatt	10410
		12 ℹ
10	Flur	
		13
10	Flurstück: Zähler, Nenner (falls vorhanden)	1642 b
		14 ℹ 15
10	Fläche	804
		16 ❓
11	Zur wirtschaftlichen Einheit gehörender Anteil: Zähler, Nenner	198 ℹ 10000
		ℹ 17 ❓ 18
11	Enthalten in der/den in Anlage Grundstück, Zeile 4 angegebenen Fläche(n) des (Teil-)Grundstücks:	1 - erste Fläche: Für dieses Flurstück gilt ▾
		19 ❓

In Feld 16 müssen Sie die Fläche des Flurstücks eintragen. Für das Flurstück 1642b tragen Sie „804" ein. In Zeile 11 tragen Sie den zur wirtschaftlichen Einheit gehörenden Anteil ein, im o.g. Beispiel in Feld 17 (Zähler): „198" und in Feld 18 (Nenner): „10000".

Gerade bei Wohnungseigentum (Eigentumswohnungen) müssen hier komplizierte Brüche eingetragen werden. Bei anderen Grundstücksarten (Einfamilienhäusern, etc.) wird die wirtschaftliche Einheit zumeist nicht aufgeteilt sein, so dass bei Zähler und Nenner jeweils eine „1" eintragen können.

In Feld 19 (Zeile 11) müssen Sie angeben, ob für dieses Flurstück der in der (folgenden) Anlage Grundstück angegebene Bodenrichtwert gilt. Diese Angabe ist zunächst etwas verwirrend, da Sie vermutlich noch keine Angaben in der Anlage Grundstück getätigt haben. Es handelt sich dabei um einen Vorgriff auf die Angabe des Bodenrichtwertes. Regelmäßig umfasst der Bodenrichtwert ganze Gebiete und damit bei mehreren Flurstücken auch alle Flurstücke einheitlich. In diesem Regelfall tragen Sie „1 - erste Fläche" ein. Nur im Ausnahmefall, wenn für mehrere Flurstücke der wirtschaftlichen Einheit unterschiedliche Bodenrichtwerte gelten, dann müssen Sie mehrere (unterschiedliche) Angaben zu den Bodenrichtwerten machen und in Feld 19 auf diese abweichenden Bodenrichtwerte in der Anlage Grundstück die Eintragungen „2 – zweite Fläche" oder „3-" wählen. Klicken Sie danach auf „Gemarkung und Flurstück übernehmen". Nun haben Sie das Flurstück angelegt. Sollten zur wirtschaftlichen Einheit (Grundstück) mehrere Flurstücke gehören, so klicken Sie auf „+Gemarkung und Flurstück hinzufügen" und wiederholen Sie o.g. Schritte der 3. Unterseite. Anderenfalls klicken Sie auf „Nächste Seite".

Auf der **4. Unterseite** müssen Sie nun Angaben zu den Eigentumsverhältnisses Ihres Grundstücks oder Ihrer Eigentumswohnung machen.

öffentlichen Rechts. Bei staatlichen oder kirchlichen Lehen handelt es sich um Stiftungen des öffentlichen Rechts und damit ebenfalls um Körperschaften des öffentlichen Rechts.

Wenn Sie Alleineigentümer sind, dann wählen Sie die „0". Sind Sie mit Ihrem Ehegatten oder dem (eingetragenem) Lebenspartner[19] (Mit)-Eigentümer, so wählen Sie die „4". Sind Sie mit einer sonstigen anderen Person (oder mehreren Personen) Grunstückseigentümer, so könnte eine Bruchteilsgemeinschaft oder eine Bruchteilsgemeinschaft („6") oder eine Grundstücksgemeinschaft („7") vorliegen. Die Abgrenzung zwischen Bruchteilsgemeinschaft und Grundstücksgemeinschaft (Gesamthandseigentum) ist nicht ganz so einfach.

Bei **Bruchteilseigentum** handelt es sich um eine Form des Miteigentums, bei der jeder Miteigentümer einen bestimmten Bruchteil oder einen zahlenmäßig definierten Anteil (auch Quote oder Bruchteil) an der Sache hat und über den jeder Miteigentümer frei verfügen darf. Bei der **Grundstücksgemeinschaft** (Gesamthandsgemeinschaft) hingegen, gehört allen beteiligten Personen ein gemeinsames Vermögen, welches einen gemeinsamen Zweck dient. Oftmals werden private Miteigentümer zu jeweils 1/2 im Grundbuch eingetragen. Im Zweifel ist von einer Bruchteilsgemeinschaft im Sinne von „6" auszugehen. Handelt es sich bei dem Grundstück um eine (noch nicht auseinandergesetzte) Erbschaft, bei der mehrere Personen Erbe geworden sind, so wählen Sie „5" aus.

Sofern Sie eine Erbengemeinschaft, Bruchteilsgemeinschaft oder sonstige Gemeinschaften ausgewählt haben, müssen Sie die Zeilen 33-39 ausfüllen, um weitere Angaben zur Gemeinschaft zu tätigen.

> Angaben zu Erbengemeinschaften, Bruchteilsgemeinschaften und Gemeinschaften ohne geschäftsüblichen Namen   ?

Klicken Sie dazu auf o.g. Feld „Angaben zu Erbengemeinschaften....". Nun öffnen sich die Zeilen 33-39.

---

[19] Lebenspartner bedeutet eine eingetragene homosexuelle Lebenspartnerschaf nach dem Lebenspartnerschaftsgesetz.

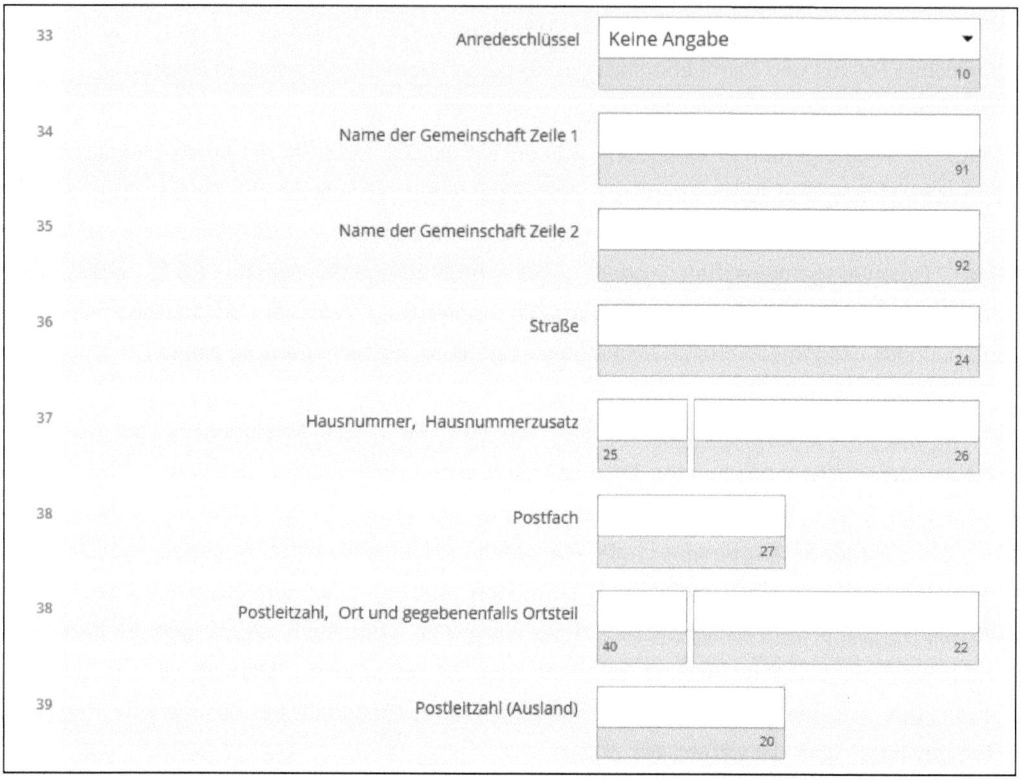

33	Anredeschlüssel	Keine Angabe ▼
		10
34	Name der Gemeinschaft Zeile 1	
		91
35	Name der Gemeinschaft Zeile 2	
		92
36	Straße	
		24
37	Hausnummer, Hausnummerzusatz	25 | 26
38	Postfach	
		27
38	Postleitzahl, Ort und gegebenenfalls Ortsteil	40 | 22
39	Postleitzahl (Ausland)	
		20

Wenn das Grundstück einer Gemeinschaft ohne geschäftsüblichen Namen (zum Beispiel Erbengemeinschaft, Gesellschaft bürgerlichen Rechts, Bruchteilsgemeinschaft) gehört, tragen Sie bitte den Anredeschlüssel und eine Bezeichnung der Gemeinschaft ein, zum Beispiel "Erbengemeinschaft nach Max Muster" oder "Grundstücksgemeinschaft Muster/Musterstraße"[20]. Anderenfalls überspringen Sie die Zeilen 33-39.

Tragen Sie jedoch auf jeden Fall jeden einzelnen Eigentümer der wirtschaftlichen Einheit (Grundstück) in die Zeilen 42 bis 51 ein. Diese Zeilen sind für jeden einzelnen Eigentümer auszufüllen. Legen Sie jeden Eigentümer einzeln an. Orientieren Sie sich dabei an den Eigentümern, die Sie dem Grundbuchauszug entnehmen können.

---

[20] Amtlicher Hinweistext zu Zeile 33-39.

42

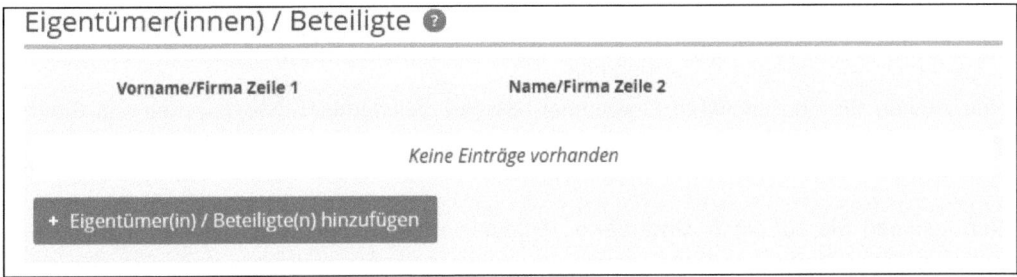

Klicken Sie dazu auf „+Eigentümer(in) / Beteiligte(n) hinzufügen". Nun gelangen Sie zu den Zeilen 42 bis 51. Tragen Sie in Zeile 42 Anrede, ggf. akademischen Titel und Geburtsdatum ein, in Zeile 43 den Vornamen (bzw. Firmennamen), in Zele 44 den Nachnamen (bzw. Firmennamen), in Zeile 45 die Straße, in Zeile 46 die Hausnummer ggf. inkl. Zusatz, sowie ggf. eine Telefonnummer (nicht notwendig), in Zeile 47 ggf. ein Postfach, sowie die Postleitzahl und Ort, in Zeile 48 bei ausländischen Adressen den Wohnort und das Land sowie in Zeile 49 das Wohnsitz- bzw. Betriebsstättenfinanzamt[21] des Eigentümers. In die Zeile 50 tragen Sie die (Einkommen[22]-)Steuernummer und die Identifikationsnummer des Eigentümers ein. Diese Nummern finden Sie auf dem letzten Einkommensteuerbescheid[23] des Eigentümers.

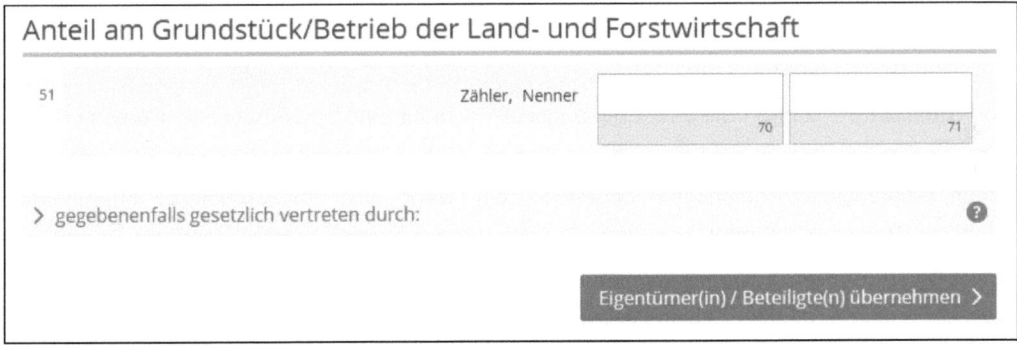

In Zeile 51 müssen Sie nun noch für den Eigentümer das Eigentumsverhältnis am Grundstück angeben, so wie es sich aus dem Grundbuchauszug ergibt (z.B. für hälftiges Eigentum im Feld 70 für Zähler 1 und im Feld 71 bei Nenner 2 (für 1/2)). Bei Alleineigentum tragen Sie 1 und 1 ein. Hat der Eigentümer einen gesetzlichen Vertreter (z.B. bei Minderjährigen die Eltern), so klicken Sie auf „gegebenfalls gesetzlich vertreten durch:" und tragen Sie in Zeile 52 bis 58 den

---

[21] Hier ist das für den Eigentümer zuständige Finanzamt (für Einkommensteuer) bzw. für die Firma zuständige Betriebsstättenfinanzamt gemeint.
[22] Bzw. bei Firmen die Körperschaftsteuernummer.
[23] Bei Firmen auf dem Körperschaftsteuerbescheid.

43

gesetzlichen Vertreter mit Name und Anschrift ein. Danach klicken Sie auf „Eigentümer(in)/Beteiligte(n) übernehmen".

Nun können Sie den nächsten Eigentümer anlagen. Wiederholen Sie dazu die o.g. Schritte. Wenn Sie alle Eigentümer eingetragen haben klicken Sie auf „Nächste Seite".

Nun kommen Sie auf die **5. Unterseite** „Grundsteuerbefreiung/-vergünstigung". Hier müssen Sie nur dann ein Häkchen setzen, wenn der Grundbesitz ganz oder teilweise von einem begünstigten Rechtsträger oder für steuerbegünstigte Zwecke verwendet wird oder wenn die Voraussetzungen für eine Ermäßigung der Steuermesszahl vorliegen. Eine **Grundsteuerbefreiung** kommt unter anderem für folgende Personen(-gruppen) oder Institutionen in Betracht: - juristische Personen des öffentlichen Rechts, - gemeinnützige oder mildtätige Körperschaften, Personenvereinigungen und Vermögensmassen und - Religionsgemeinschaften. Klicken Sie auf „Nächste Seite".

Auf der **6. Unterseite** haben Sie im Freitextfeld die Möglichkeit ergänzende Angaben vorzunehmen, z.B., wenn Sie sich bei einzelnen Angaben in der Grundsteuererklärung nicht sicher sind. Setzen Sie dann in Zeile 30 ein Häkchen und tragen Sie im Freitextfeld Ihre Informationen bzw. Unsicherheiten ein.

Auf **Unterseite 7** können Sie eine Empfangsvollmacht für eine bevollmächtigte Person erteilen, d.h. der Steuerbescheid geht dann dieser Person zu. Bei Bruchteilsgemeinschaften sollten Sie einen Empfangsbevollmächtigten benennen, d.h. wenn sich das Grundstück im Eigentum mehrerer Personen befindet, benennen Sie bitte eine gemeinsam bevollmächtigte Person. Die zur oder zum Empfangsbevollmächtigten benannte Person nimmt den Feststellungsbescheid und alle anderen mit dem Feststellungsverfahren im Zusammenhang stehenden Schreiben mit Wirkung für und gegen alle anderen Beteiligten in Empfang, § 183 Abgabenordnung[24].
Tragen Sie in Zeile 22 die Anrede, ggf. den akademischen Titel, in Zeile 23 den Vornamen (oder Firmennamen), in Zeile 24 den Familiennamen, in Zeile 25 Straße, in Zeile 26 die Hausnummer und ggf. den Hausnummernzusatz und in Zeile 27 ggf. ein Postfach sowie Ort und Postleitzahl ein. Zeile 28 müssen Sie nur ausfüllen, sofern es sich um eine Auslandsanschrift handelt. Klicken Sie danach „Nächste Seite".

---

[24] Amtlicher Hinweistext.

Auf **Unterseite 8** können Sie (freiwillig) Angaben zu Personen machen, die Ihnen bei der Steuererklärung geholfen haben. Beachten Sie dabei, dass entgeltliche Hilfe in Steuersachen nur Steuerberater und Rechtsanwälte, etc. leisten dürfen. Daneben darf nur für Angehörige unentgeltlich Hilfe geleistet werden[25]. Wenn Ihnen bei der Erstellung der Grundsteuererklärung ein Steuerberater oder Rechtsanwalt, etc. geholfen hat, so setzen Sie bitte in Zeile 59 ein Häkchen. In Zeile 60-63 tragen Sie die Anschrift der Hilfsperson ein. Die restlichen Zeilen auf Unterseite 8 können Sie ignorieren. Klicken Sie danach auf „Nächste Anlage".

Nun gelangen Sie zur **„Anlage Grundstück (GW2)"**. Diese Anlage besteht ebenfalls aus 8 Unterseiten. Falls Sie die Grundsteuererklärung für eine landwirtschaftliche Fläche abgeben möchten, so müssen Sie stattdessen die Anlage Land- und Forstwirtschaft (GW3) verwenden.

Anlage Grundstück (GW2) ❓

zur Erklärung zur Feststellung des Grundsteuerwerts

Zu den Teilseiten

- ✓   ▫ 1 - Angaben zur Grundstücksart
-    ▫ 2 - Angaben zu vollständigen Grundsteuerbefreiungen
-    ▫ 3 - Angaben zu vollständiger Grundsteuervergünstigungen
- ✓   ▫ 4 - Angaben zum Grund und Boden
-    ▫ 5 - Angaben bei Wohngrundstücken zum Ertragswert
-    ▫ 6 - Angaben bei Nichtwohngrundstücken zum Sachwert
-    ▫ 7 - Zusätzliche Angabe bei Wohnungs-/Teileigentum
-    ▫ 8 - Erbbaurecht/Gebäude auf fremdem Grund und Boden

Um auf die erste Unterseite zu gelangen, klicken Sie auf „Nächste Seite".

Auf der **1. Unterseite** müssen Sie Angaben zur Art des Grundstücks (wirtschaftliche Einheit) machen. Die korrekte Auswahl ist wichtig, da sich danach der Berechnungsmodus bestimmt.

---

[25] Vgl. § 6 Nr. 2 StBerG i.V.m. § 15 AO.

³ **Art des Grundstücks** 22 ❓

○ Keine Angabe

○ unbebautes Grundstück

○ Einfamilienhaus

○ Zweifamilienhaus

○ Mietwohngrundstück

◉ Wohnungseigentum

○ Teileigentum

○ Geschäftsgrundstück

○ gemischt genutztes Grundstück

○ sonstiges bebautes Grundstück

Im Standardfall dürfte es keine Probleme bereiten, eine korrekte Auswahl zu treffen. Die korrekte Auswahl hat maßgeblichen Einfluss auf die Berechnungsmethode (Ertragswertverfahren bzw. Sachwertverfahren) und damit auch auf das Ergebnis.

Ein **unbebautes Grundstück** ist ein Grundstück, auf denen sich keine benutzbaren Gebäude[26] befinden, § 246 Abs. 1 BewG. Die Benutzbarkeit beginnt im Zeitpunkt der Bezugsfertigkeit. Gebäude sind als bezugsfertig anzusehen, wenn den zukünftigen Bewohnern oder sonstigen Benutzern zugemutet werden kann, sie zu benutzen. Auf die Abnahme durch die Bauaufsichtsbehörde kommt es dabei nicht entscheidend.

Abgrenzungsprobleme können sich bei einzelnen „**Garten- und Erholungsgrundstücken**" ergeben. Diese können einerseits als „land- und forstwirtschaftliche Flächen" (Grundsteuer A) oder als unbebaute/Wohngrundstücke/Sonstige bebaute Grundstücke (Grundsteuer B) bewertet werden. Hier müssen regelmäßig drei typische Anwendungsfälle unterschieden werden:

Ein unbebautes Grundstück liegt nur dann vor, wenn sich darauf keine benutzbaren Gebäude[27] befinden. Eine Laube oder ein Geräteschuppen stellt bewertungsrechtlich ein benutzbares Gebäude dar, auch wenn es in Leichtbauweise errichtet wurde. Ein Gartengrundstück, welches nicht hauptsächlich dem Anbau von Obst/Gemüse, etc. dient, auf dem keinerlei benutzbares Gebäude steht (kein benutzbarer Schuppen/Laube, etc.) stellt ein unbebautes Grundstück dar.

Gärten, die unter den Anwendungsbereich des Bundeskleingartengesetzes[28] fallen (Vereinsgärten, Schrebergärten, etc.) zählen zumeist zu den land- und forstwirtschaftlich

---

[26] in Gebäude ist ein Bauwerk auf eigenem oder fremdem Grund und Boden, das Menschen oder Sachen durch räumliche Umschließung Schutz gegen äußere Einflüsse gewährt, den Aufenthalt von Menschen gestattet, fest mit dem Grund und Boden verbunden, von einiger Beständigkeit und standfest ist (R 7.1 Abs. 5 EStR; H 7.1 [Gebäude] EStH).

[27] in Gebäude ist ein Bauwerk auf eigenem oder fremdem Grund und Boden, das Menschen oder Sachen durch räumliche Umschließung Schutz gegen äußere Einflüsse gewährt, den Aufenthalt von Menschen gestattet, fest mit dem Grund und Boden verbunden, von einiger Beständigkeit und standfest ist (R 7.1 Abs. 5 EStR; H 7.1 [Gebäude] EStH).

[28] Gartengrundstück nicht größer als 400m²; Laube nicht zum dauerhaften Bewohnen geeignet und Fläche nicht größer als 24m² inkl. überdachter Terasse. Für Gartenlauben, die vor dem 1.04.1983 errichtet worden sind, gilt jedoch eine Ausnahme. Diese Lauben sind

genutzten Grundstücken, sofern die Laube 24 m² Grundfläche[29] – einschließlich eines überdachten Freisitzes nicht überschreiten[30]. Hier müssen Sie die Anlage GW3 (Anlage Land- und Forstwirtschaft) nutzen, sofern Sie Eigentümer des Grundstückes[31] sind. Die Lauben bleiben dann bei der Berechnung der Grundsteuer außen vor, sofern Sie nicht größer als 30m² sind.

Sind Sie hingegen Eigentümer eines Garten- und Erholungsgrundstückes, welches nicht unter den Anwendungsbereich des Bundeskleingartengesetzes fällt (sei es, weil Sie nichts im Garten anbauen, eine große Laube stehen haben oder ein kleines Häuschen, welches grundsätzlich nicht zum dauerhaften Bewohnen geeignet ist), so handelt es sich um ein „Sonstiges bebautes Grundstück). Steht auf dem Grundstück allerdings ein Gebäude, welches grundsätzlich zum Bewohnen geeignet ist, so handelt es sich um ein Einfamilienhaus. Irrelevant ist hingegen, ob es tatsächlich bewohnt wird bzw. oder ob dort jemand gemeldet sind.

Übersicht Gärten		
Gärten nach Bundeskleingartengesetz	**Gärten außerhalb Bundeskleingartengesetz mit Laube ohne dauerhafte Bewohnbarkeit**	**Gärten außerhalb Bundeskleingartengesetz mit Laube mit dauerhaften Bewohnbarkeit**
Laube nicht größer als 24m² inkl. überdachter Terasse; Grundstück dient hauptsächlich dem Anbau, etc. [Beachten Sie aber, dass Lauben, die vor dem 1.4.1983 nach gesetzlichen Normen gebaut wurden, nicht unter die 24m²-Beschränkung fallen, sofern		Es kommt nicht darauf an, ob Sie tatsächlich in der Laube wohnen oder hier gemeldet sind.

---

nach § 18 Abs. 1 BKleingG auch mit einer Fläche von mehr als 24 m² inklusive des überdachten Freisitzes nicht zu beanstanden, wenn diese bereits bei der Errichtung rechtlich erlaubt gewesen sind.

[29] Wurde die Laube vor 1983 errichtet und danach nicht wesentlich verändert, so ist eine Überschreitung der 24m²-Begrenzung unschädlich.

[30] Vgl. § 3 Bundeskleingartengesetz..Zusätzlich darf die Laube nicht zum dauerhaften Bewohnen geeignet sein.

[31] Sind Sie nur Eigentümer der Laube/Datsche nach altem DDR-Recht, ohne Eigentümer des Grundstücks zu sein, so müssen Sie keine Grundsteuererklärung abgeben. Dazu ist ausschließlich der Grundstückseigentümer verpflichtet.

die Laube danach nicht umgebaut wurde. Im Einzelfall sind also auch Lauben größer als 24m² nach dem BKleingG zulässig].		
Bewertung als landwirtschaftliche Fläche (Anlage GW3)	Bewertung als „Sonstiges bebautes Grundstück" (Anlage GW2)	Bewertung als „Einfamilienhaus" (Anlage GW2)

Bei einer land- bzw. forstwirtschaftlichen Nutzung der Laube spielt dann noch eine Rolle, ob die Laube größer als 30m² ist. Ist sie nicht größer als 30m² spielt sie bei der Berechnung keine Rolle.

Bei den unterschiedlichen **Grundstücksarten** bei bebauten Grundstücken unterscheidet man zwischen Wohnnutzung und Nicht-Wohnnutzung bzw. gemischter Nutzung.

Einfamilienhäuser nach § 249 Abs. 2 BewG sind Wohngrundstücke, die <u>eine Wohnung</u> enthalten und kein Wohnungseigentum[32] sind (§ 249 Abs. 2 S.1 BewG). Vereinfacht ausgedrückt sind alle Gebäude Einfamilienhäuser, die lediglich eine (benutzbare) Wohnung enthalten. Ob die Wohnung selbst bewohnt wird oder vermietet ist, spielt keine Rolle. Problematisch wird es, wenn ein Gebäudeteil oder ein Anbau bzw. Nachbargebäude auf dem Grundstück nicht zu Wohnzwecken, sondern für gewerbliche oder selbstständige Zwecke genutzt wird. Dann kommt es auf das Verhältnis dieser Flächen zueinander an. Ein Grundstück gilt nämlich auch dann als mit einem Einfamilienhaus bebaut, wenn es zu weniger als 50 Prozent der Wohn- und Nutzfläche zu anderen als Wohnzwecken mitbenutzt und dadurch die Eigenart als Einfamilienhaus nicht wesentlich beeinträchtigt wird (§ 249 Abs. 2 S.2 BewG). Das heißt, dass auf dem Grundstück ein Gebäude steht, welches lediglich über eine Wohnung verfügt, die keine „Eigentumswohnung" nach dem Wohnungseigentumsgesetz darstellt. Wird ein Teil dieses Gebäudes (oder eines Anbaus) zu selbstständigen oder gewerblichen Zwecken selbst oder durch Dritte genutzt ist das unschädlich, sofern deren Fläche unter 50 Prozent der Gesamtfläche liegt und der gewerbliche Gebäudeteil auch optisch nicht zu dominant das Grundstück prägt, d.h. es muss noch als normales Einfamilienhaus zu erkennen sein.

---

[32] Unter Wohnungseigentum sind „Eigentumswohnungen" nach dem Wohnungseigentumsgesetz gemeint.

48

Beispiel:

Auf einem Grundstück steht ein Einfamilienhaus mit einer Wohnfläche von 150m². Am Einfamilienhaus ist eine Einzelgarage mit 15m² angebaut. Am Einfamilienhaus ist zusätzlich ein Bungalow angebaut, der mit einer Fläche von 80m² vom Eigentümer als Architekturbüro genutzt wird, selbst aber mangels Küche nicht zum Bewohnen geeignet ist..

Die Grundfläche der Einzelgarage bleibt unberücksicht, da die Garage pauschal in die Berechnung einbezogen wird. Auch Kellerflächen bleiben unberücksichtigt, sofern sie nicht gewerblich oder durch die selbstständige Tätigkeit bspw. als Lagerflächen genutzt werden. Hier stehen 150m² Wohnfläche 50m² betriebliche Nutzung (selbstständige Tätigkeit) gegenüber. Die Gesamtfläche beträgt somit 200m². Die Fläche der betrieblichen Nutzung (selbstständige Tätigkeit) beträgt 50m² und nimmt daher einen Anteil von 25% an der Gesamtnutzfläche ein und damit weniger als 50% im Verhältnis zur Wohnfläche. Daher liegt hier ein Einfamilienhaus vor. Berechnungstechnisch gehört die betrieblich genutzte Fläche dann zur Wohnfläche!

Zweifamilienhäuser nach § 249 Abs. 3 BewG sind Wohngrundstücke, die zwei Wohnungen enthalten und kein Wohnungseigentum nach dem Wohnungseigentumsgesetz (sog. Eigentumswohnungen) sind (§ 249 Abs. 3 S.1 BewG). Das heißt, dass auf dem Grundstück ein Gebäude steht, welches lediglich über zwei Wohnungen verfügt, die keine „Eigentumswohnungen" nach dem Wohnungseigentumsgesetz darstellen. Wird ein Teil dieses Gebäudes (oder eines Anbaus) zu selbstständigen oder gewerblichen Zwecken selbst oder durch Dritte genutzt ist das unschädlich, sofern deren Fläche unter 50 Prozent der Gesamtfläche liegt und der gewerbliche Gebäudeteil auch optisch nicht zu dominant das Grundstück prägt, d.h. es muss noch als normales Zweifamilienhaus zu erkennen sein (vgl. § 249 Abs. 3 S.2 BewG).
Steht auf dem Grundstück allerdings ein Gebäude, welches drei oder mehr Wohnungen hat (ohne dass es Eigentumswohnungen nach dem Wohnungseigentumsgesetz sind), so handelt es sich um ein Mietwohngrundstück i.S.v. § 249 Abs. 4 BewG.
Ein Grundstück gilt auch dann als Zweifamilienhaus, wenn es zu weniger als 50 Prozent der Wohn- und Nutzfläche zu anderen als Wohnzwecken mitbenutzt und dadurch die Eigenart als Zweifamilienhaus nicht wesentlich beeinträchtigt wird.
Hat das Zweifamilienhaus jedoch mehr als 2 Wohnungen (Zweifamilienhaus mit ausgebauten Dachgeschoss mit Bad und Küchenanschluss), so handelt es sich nicht mehr um ein Zweifamilienhaus, sondern um ein Mietwohngrundstück.

Ein **Mietwohngrundstück** nach § 249 Abs. 4 BewG ist ein Grundstück, das zu mehr als 80 % (berechnet nach der Wohn- und Nutzfläche) Wohnzwecken dient und kein Ein- oder Zweifamilienhaus oder Wohnungseigentum ist. Landläufig bezeichnet man diese Gebäudeart auch als „Mehrfamilienhaus".

Grundsätzlich liegt ein Mietwohngrundstück vor, wenn ein Gebäude über mehr als 2 Wohnungen verfügt, welche keine Eigentumswohnungen nach dem Wohnungseigentumsgesetz darstellen.

Beispiel:

Ein typisches Zweifamilienhaus verfügt über zwei separate Wohnungen. Eine Wohnung wird von der Eigentümerin bewohnt und eine Wohnung ist fremdvermietet. Nun wird der Dachboden für die volljährige Tochter ausgebaut (Zimmer mit Küchenzeile und Bad und separaten Wohnungszugang, insgesamt 30m²). Hier verfügt das ursprüngliche „Zweifamilienhaus" mittlerweile über drei Wohnungen. Es liegt bewertungsrechtlich ein Mietwohngrundstück vor. Irrelevant ist dabei, ob die Wohnungen tatsächlich vermietet sind oder durch Familienmitglieder genutzt werden oder gänzlich leer stehen.

Beispiel:

Bei einem ursprünglichen Mehrfamilienhaus mit drei Wohnungen und drei Klingelschildern am Eingang ist die Dachwohnung unvermietet, da die Wasser- und Rohrleiten derart verschlissen sind, dass das Bad der Dachwohnung nicht mehr nutzbar ist[33]. Folglich wird aus dem ursprünglichen Mietwohngrundstück ein Zweifamilienhaus, da es nur noch über zwei bewohnbare Wohnungen verfügt.

Beispiel:

In einem Mehrfamilienhaus mit fünf Wohnungen (insgesamt 450m² Gesamtwohnfläche) befindet sich im Erdgeschoss ein Ladengeschäft mit 100 m² Fläche. Da die Wohnfläche hier knapp 82% ausmacht und mehr als zwei Wohnungen im Haus enthalten sind, liegt hier trotz 18%iger Nichtwohnnutzung ein Mietwohngrundstück vor.

---

[33] Beachten Sie jedoch, dass nicht jeder kleine Defekt zur Unnutzbarkeit einer Wohnung führt. Es bedarf dazu grober Mängel, damit eine Wohnung unbenutzbar wird.

Wohnungseigentum ist das Sondereigentum an einer Wohnung in Verbindung mit dem Miteigentumsanteil an dem gemeinschaftlichen Eigentum, zu dem es gehört, § 249 Abs. 5 BewG. Unter Wohnungseigentum versteht man die klassichen Eigentumswohnungen nach dem Wohnungseigentumsgesetz.

Teileigentum ist das Sondereigentum an nicht zu Wohnzwecken dienenden Räumen eines Gebäudes in Verbindung mit dem Miteigentum an dem gemeinschaftlichen Eigentum, zu dem es gehört, § 249 Abs. 6 BewG. Diese Grundstücksform kommt im privaten Bereich eher selten vor. Es ist mit dem Wohnungseigentum vergleichbar, jedoch handelt es sich beim Teileigentum gerade nicht um Wohnungen.

Geschäftsgrundstücke sind Grundstücke, die zu mehr als 80 Prozent der Wohn- und Nutzfläche eigenen oder fremden betrieblichen oder öffentlichen Zwecken dienen und nicht Teileigentum sind, § 249 Abs. 7 BewG.

Beispiel:
In einem Gründerzeithaus „Mehrfamilienhaus" mit acht Wohneinheiten (jede Wohneinheit 100m², insgesamte Gebäudefläche 800m²) wird lediglich eine Einheit bewohnt. Sieben Einheiten werden hingegen selbstständig/gewerblich genutzt (Zahnarzt, Hausarzt, Dentallabor, Büros, etc.).
Hierbei handelt es sich um ein Geschäftsgrundstück, da 700m² selbstständig/gewerblich genutzt werden. Das entspricht knapp 88% einer selbstständig/gewerblichen Nutzung und damit einem Geschäftsgrundstück.
Würden im o.g. Beispielfall zwei Einheiten bewohnt und 6 Einheiten beruflich genutzt, so wäre nur 75% der Gesamtnutzfläche selbstständig/gewerblich genutzt. Dann läge ein gemischt genutztes Grundstück vor.
Würden im o.g. Beispielfall eine Einheit selbstständig/gewerblich genutzt und sieben Einheiten bewohnt, dann läge hingegen ein Mietwohngrundstück vor.

Gemischt genutzte Grundstücke sind Grundstücke, die teils Wohnzwecken, teils eigenen oder fremden betrieblichen oder öffentlichen Zwecken dienen und nicht Ein- und Zweifamilienhäuser, Mietwohngrundstücke, Wohnungseigentum, Teileigentum oder Geschäftsgrundstücke sind, § 249 Abs. 8 BewG. Es handelt sich hierbei also um Grundstücke mit Gebäuden, deren selbstständig/gewerblicher Nutzungsanteil zwischen 20% und 80% und der Nutzungsanteil, der auf Wohnbebauung fällt, ebenfalls zwischen 20% und 80% liegt und zugleich keine Einfamilien-/Zweifamilienhäuser sind.

Alle übrigen bebauten Grundstücke fallen in die Kategorie „**Sonstige bebaute Grundstücke**", § 249 Abs. 9 BewG (z.B. Gartengrundstücke, die nicht unter das Bundeskleingartengesetz fallen, Clubhäuser, Vereinshäuser, Bootshäuser, studentische Verbindungshäuser, Turnhallen, Schützenhallen und Jagdhütten[34]).

Nachdem Sie nun die passende Nutzungsart gewählt haben, klicken Sie bitte auf „Nächste Seite".

Auf der **2. Unterseite** können Sie Steuerbefreiungen beantragen. Hier weicht Elster von den Papiererklärungen ab. Während Steuerbefreiungen oder Vergünstigungen über die Anlage GW-4 beantragt werden müssen, implimentiert Elster diese Anlage auf der Unterseite 2 und 3. Steuerbefreiungen haben für die überwiegende Anzahl der privaten Grundstückseigentümer keinerlei Relevanz. Grundsteuerbefreiungstatbestände gibt es für inländische juristische Person des öffentlichen Rechts, Bundeseisenbahnvermögen, einzelner Grundbesitz der Religionsgesellschaften, Bestattungsplätze, Krankenhäuser, Flächen des öffentlichen Verkehrs, Botschafen, etc[35]. Da diese Kategorie keine praktische Relevanz für Privatpersonen hat, wird auf eine Darstellung verzichtet. Klicken Sie daher auf „Nächste Seite".

Auf der **3. Unterseite** können Sie **Grundsteuervergünstigungen** geltend machen. Um die Auswahlmöglichkeit zu öffnen, müssen Sie auf „"Vergünstigungen des gesamten Grundbesitzes" klicken. Ihnen steht ggf. eine Grundsteuervergünstigung (Ermäßigung) zu, wenn Sie (1) eine Förderzusage nach § 13 Absatz 3 des Wohnraumförderungsgesetzes erhalten haben und die sich aus der Förderzusage ergebenden Bindungen im Hauptveranlagungszeitraum 2022 bestehen (§ 15 Absatz 2 GrStG); (2) für das Grundstück wurde eine Förderzusage nach dem Ersten oder Zweiten Wohnungsbaugesetz oder nach einem Wohnraumförderungsgesetz eines Landes erteilt und die sich aus der Förderzusage ergebenden Bindungen bestehen im Hauptveranlagungszeitraum (§ 15 Absatz 3 GrStG). Die Auswahlmöglichkeiten 3-5 betreffen keine Privatpersonen.

---

[34] Beispiele aus den amtlichen Hinweisen.
[35] Siehe §§ 3f. Grundsteuergesetz.

3 - Angaben zu vollständiger Grundsteuervergünstigungen

∨ Vergünstigung des gesamten Grundbesitzes

Für den gesamten Grundbesitz liegen die Voraussetzungen für eine Ermäßigung der Steuermesszahl vor.

10   **Art der Vergünstigung:** 63

   ◉   Keine Angabe

   ○   1 Für das Grundstück wurde eine Förderzusage nach § 13 Absatz 3 des Wohnraumförderungsgesetzes erteilt und die sich aus der Förderzusage ergebenden Bindungen bestehen im Hauptveranlagungszeitraum (§ 15 Absatz 2 GrStG).

   ○   2 Für das Grundstück wurde eine Förderzusage nach dem Ersten oder Zweiten Wohnungsbaugesetz oder nach einem Wohnraumförderungsgesetz eines Landes erteilt und die sich aus der Förderzusage ergebenden Bindungen bestehen im Hauptveranlagungszeitraum (§ 15 Absatz 3 GrStG).

   ○   3 Das jeweilige Grundstück wird einer Wohnungsbaugesellschaft zugerechnet, deren Anteile mehrheitlich von einer oder mehreren Gebietskörperschaft(en) gehalten werden und zwischen der Wohnungsbaugesellschaft und der Gebietskörperschaft oder den Gebietskörperschaften besteht ein Gewinnabführungsvertrag (§ 15 Absatz 4 Satz 1 Nummer 1 GrStG).

   ○   4 Das jeweilige Grundstück wird einer Wohnungsbaugesellschaft zugerechnet, die als gemeinnützig im Sinne des § 52 der Abgabenordnung anerkannt ist (§ 15 Absatz 4 Satz 1 Nummer 2 GrStG).

   ○   5 Das jeweilige Grundstück wird einer Genossenschaft oder einem Verein zugerechnet, für deren oder dessen Tätigkeit eine Steuerbefreiung nach § 5 Absatz 1 Nummer 10 des Körperschaftsteuergesetzes besteht und der Grundbesitz ist der begünstigten Tätigkeit zuzuordnen (§ 15 Absatz 4 Satz 1 Nummer 3 GrStG).

10   ☐   Auf dem Grundstück befindet sich ein Gebäude, das ein Baudenkmal im Sinne des jeweiligen Landesdenkmalschutzgesetzes ist. 65

Relevant für eine Steuervergünstigung könnte Kennziffer 65 sein, wenn das Gebäude ein Baudenkmal im Sinn des Landesdenkmalschutzgesetzes ist. Nachdem Sie eine Auswahl getroffen haben, klicken Sie auf „Nächste Seite".

Auf **Unterseite 4** müssen Sie Angaben zum Bodenrichtwert und zur Fläche des Grundstücks machen. Die Grundstücksfläche können Sie der rechten Spalte des Grundbuchauszug entnehmen.

Den Bodenrichtwert müssen Sie selbstständig ermitteln. Sie müssen daher für Ihr Bundesland (Belegenheitsort des Grundstücks) die jeweilige Datenbank aufrufen:

Bodenrichtwert-Datenbanken	
Baden-Württemberg	www.gutachterausschuesse-bw.de
Bayern	www.gutachterausschuesse-bayern.de *(in Bayern ist keine Recherche des Bodenrichtwertes nötig)*
Berlin	www.berlin.de/gutachterausschuss
Brandenburg	www.gutachterausschuesse-bb.de
Bremen	www.gutachterausschuss.bremen.de
Hamburg	www.hamburg.de/bsw/gutachterausschuss *(in Hamburg ist keine Recherche des Bodenrichtwertes nötig)*
Hessen	https://hvbg.hessen.de/immobilienwerte/boris-hessen *(in Hessen ist keine Recherche des Bodenrichtwertes nötig)*
Mecklenburg-Vorpommern	www.laiv-mv.de/Geoinformation/Wertermittlung
Niedersachsen	www.gag.niedersachsen.de *(in Niedersachsen ist keine Recherche des Bodenrichtwertes nötig)*
Nordrhein-Westfalen	www.boris.nrw.de
Rheinland-Pfalz	www.gutachterausschuesse.rlp.de
Saarland	www.saarland.de/lvgl/DE/themen-aufgaben/themen/zgga/zgga_node.html
Sachsen	www.boris.sachsen.de
Sachsen-Anhalt	www.lvermgeo.sachsen-anhalt.de/de/gutachterausschuss.html
Schleswig-Holstein	www.schleswig-holstein.de/gaa/DE/gaa_node.html
Thüringen	www.gutachterausschuss-th.de
Bundesweite Suche (nicht zugelassen für Grundsteuererklärung!)	www.bodenrichtwerte-boris.de

Geben Sie im jeweiligen Portal die Adresse des Grundstücks im jeweiligen Suchfeld ein. Anhand des Beispiels (Sachsen, Hellerstraße 8, Leipzig) können Sie sehen, dass das Grundstück innerhalb eines Bodenrichtwertbereichs von 650 EUR/m² liegt. Der Bodenrichtwert für dieses Grundstück beträgt daher 650 EUR/m².

Tragen Sie nun die Grundstücksfläche in die linke Spalte und den ermittelten Bodenrichtwert in die rechte Spalte ein und bestätigen Sie die Eingabe mit einem Klick auf das weiße Häkchen im blauen Kasten.

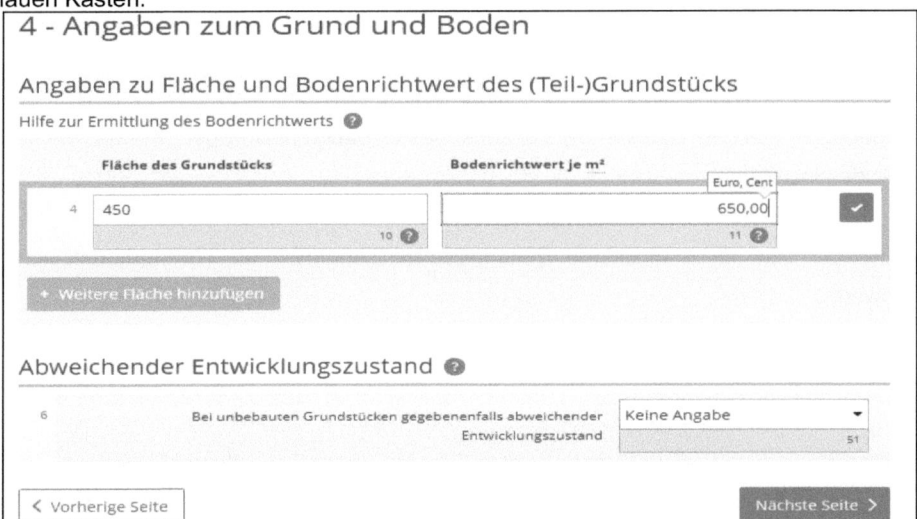

Relativ selten, aber es kommt vor: Sind für das Grundstück verschiedene Bodenrichtwerte anzuwenden, weil sich das Grundstück zum Beispiel über mehrere Bodenrichtwertzonen erstreckt, tragen Sie in der Zeile 4 die anteilige Fläche mit dem jeweiligen Bodenrichtwert ein[36]. Dann müssen Sie jedoch eine weitere Fläche hinzufügen und dort ebenfalls anteilig den abweichenden Bodenrichtwert eintragen. (Klicken Sie dazu auf „+Weitere Fläche hinzufügen").

Nur wenn Sie die Erklärung für ein „unbebautes Grundstück" abgeben und es sich um Bauerwartungsland oder Rohbauland handelt, müssen Sie in Zeile Eintragungen über die Klappleiste vornehmen. **Bauerwartungsland** sind Grundstücksflächen, die planungsrechtlich noch nicht bebaut werden können, bei denen aber damit zu rechnen ist, dass dies in absehbarer Zeit so sein wird. **Rohbauland** sind Flächen, die für eine Bebauung bestimmt sind, aber deren Erschließung noch nicht gesichert ist oder die nach Lage, Form oder Größe für eine Bebauung unzureichend sind.
Klicken Sie danach auf „Nächse Seite".

Auf der **5. Unterseite** müssen Sie Angaben zum Gebäude machen, wenn Sie vorher bei der Art des Grundstücks ein „Einfamilienhaus", „Zweifamilienhaus", „Mietwohngrundstück" oder „Wohnungseigentum" ausgewählt haben[37].

Haben Sie stattdessen vorher die Grundstücksarten[38] „Teileigentum", „Geschäftsgrundstück", „gemischt genutztes Grundstück" oder „sonstiges bebautes Grundstück" ausgewählt, so überspringen Sie die Unterseite 5, indem Sie ohne weitere Angaben auf „Nächste Seite" klicken.

Um Angaben zu machen, müssen Sie zunächst das Gebäude hinzufügen. Klicken Sie dazu auf „+Gebäude hinzufügen".

Nun gelangen Sie zu 4 einzelnen Teilunterseiten (Angaben zu Wohngrundstücken zum Ertragswert).

---

[36] Amtlicher Hinweistext.
[37] Diese Grundstücksarten werden nach dem Ertragswertverfahren bewertet.
[38] Diese Grundstücksarten werden stattdessen nach dem sog. Sachwertverfahren bewertet.

Angaben bei Wohngrundstücken zum Ertragswert ⓘ
1. Eintrag

Zu den Teilseiten

- 1 - Allgemeine Angaben
- 2 - Garagen- und Tiefgaragenstellplätze
- 3 - Angaben zu den Wohn- und Nutzflächen
- 4 - Bei Mietwohngrundstücken: weitere Nutzflächen, die keine Wohnflächen sind (ohne Zubehörräume wie zum Beispiel Kellerräume, Waschküche)

<   Vorherige Seite   Nächste Seite   >

Gehen Sie nun zur 1. Teilunterseite (Allgemeine Angaben), indem Sie auf „Nächste Seite" oder auf „1-Allgemeine Angaben" klicken. Hier müssen Sie in Zeile 8 und 9 Angaben zum Baujahr des Gebäudes machen. Wichtig dabei ist, ob das Gebäude vor 1949 erstmals bezugsfertig war. Ist das der Fall, so setzen Sie in Zeile 8 das Häcken. Wenn das Gebäude erst ab 1949 erstmals bezugsfertig war, so geben Sie stattdessen das Baujahr des Gebäudes an. Anhaltspunkte für das Baujahr/Bezugsfertigkeit können Sie ggf. dem Grundbuchauszug bzw. dem Kaufvertrag/Kaufexposé entnehmen.

Wenn allerdings zwischenzeitlich eine Kernsanierung erfolgt ist, dann müssen Sie in Zeile 9 das Jahr der Kernsanierung eintragen[39]. Eine Kernsanierung eines Gebäudes liegt vor, wenn es so umfassend modernisiert wird, dass alles außer der tragenden Substanz erneuert wird und die technischen Anlagen komplett erneuert werden.

Falls eine Abbruchverpflichtung besteht, tragen Sie dazu bitte das Jahr in Zeile 9 ein. Klicken Sie danach auf „Nächste Seite".

Auf der 2. Teilunterseite müssen Sie die Anzahl der **Garagen- und Tiefgaragenstellplätze** auf dem Grundstück angeben. Garagen und Tiefgaragenstellplätze werden bei der Berechnung der Grundsteuer nur pauschal betrachtet. Tragen Sie die Anzahl der Garagen- und Tiefgaragenstellplätze in Zeile 10 ein. Stellplätze im Freien oder Carports brauchen nicht angegeben werden. Die „Garage" muss mindestens von drei Seiten mit Mauern etc. abgeschlossen sein. Bei Wohnungseigentum (Eigentumswohnung) tragen Sie nur die Stellplätze ein, die zu diesem Eigentum gehören. Ein Stellplatz gehört auch dann noch zu

---

[39] Die Kernsanierung spielt für die Berechnung der Grundsteuer eine Rolle, da sich durch die Kernsanierung die wirtschaftliche Gesamtnutzungsdauer des Gebäudes und damit auch dessen Restnutzungsdauer wesentlich verlängert und die Grundsteuer damit höher ausfällt.

diesem Eigentum, wenn für ihn ein eigenes Grundbuchblatt angelegt wurde. Es kommt auch nicht darauf an, ob sich eine Garage auf dem Grundstück der Eigentumswohnungsanlage oder auf einem Grundstück in der näheren Umgebung befindet. Dies gilt auch für Stellplätze, an denen ein Sondereigentum eingeräumt wurde[40].

Sofern Sie Steuervergünstigungen für das Gebäude geltend machen können (s.o.), dann müssen Sie an dieser Stelle erneut Eintragungen vornehmen. (Steuerbefreiungen sind bei Privatpersonen nicht relevant). Klicken Sie ggf. auf die Schaltfläche „+Steuervergünstigung hinzufügen". Nun müssen Sie in Zeile 10 die Fläche bezeichnen, für die Sie die Vergünstigung beantragen, deren Fläche und unten den Grund auswählen. Hohe Relevanz hat die Steuervergünstigung Nr. 6, wenn auf dem Grundstück sich Gebäude oder Gebäudeteile im Sinne des jeweiligen Landesdenkmalschutzgesetzes (§ 15 Absatz 5 GrStG) befinden. Machen Sie Angaben und klicken Sie dann auf Steuerermäßigung übernehmen.

Danach klicken Sie auf „Nächste Seite".

Auf der 3. Teilunterseite müssen Sie bei Einfamilien-/Zweifamilienhäusern und bei Wohnungseigentum Angaben zu den Wohnungen machen. Dabei wird unterschieden zwischen Wohnungen mit einer Wohnfläche unter 60m² (Zeile 11); Wohnungen mit einer Wohnfläche von 60 – 100m² (Zeile 12) und Wohnungen mit einer Wohnfläche über 100m² (Zeile 13).
Wichtig dabei ist, dass Sie die Gesamtfläche (Wohn- und Nutzfläche) und die Anzahl der Wohnungen eintragen.Sollten auf die Wohnungen auch Steuerermäßigungen erfallen, so müssen Sie hier Angaben machen. Kellerräume zählen nicht mit zur Wohnfläche, sofern diese nicht zum Bewohnen geeignet sind. Die Wohnfläche ist nach der Wohnflächenverordnung zu ermitteln. Sie können die Wohnfläche regelmäßig den Bauunterlagen oder dem Mietvertrag entnehmen. Ist die Wohnfläche bis zum 31. Dezember 2003 nach der Zweiten Berechnungsverordnung ermittelt worden, kann auch diese für die Berechnung verwendet werden. Die Wohnfläche einer Wohnung umfasst die Grundflächen der Räume, die ausschließlich zu dieser Wohnung gehören. Das häusliche Arbeitszimmer gehört ebenfalls zur Wohnfläche.

---

[40] Amtlicher Hinweistext.

Die Grundflächen von Zubehörräumen sind hingegen nicht einzutragen. Zubehörräume sind bspw.Kellerräume, Abstellräume und Kellerersatzräume außerhalb der Wohnung, Waschküchen und Trockenräume, Bodenräume und Heizungsräume.

Nutzflächen sind in Abgrenzung zur Wohnflächen diejenigen Flächen, die selbst oder durch Dritte für berufliche (gewerbliche oder selbstständige Zwecke) genutzt werden (zum Beispiel Werkstätten, Verkaufsläden, außerhalb der Wohnung befindliche Büroräume), öffentlichen oder sonstigen Zwecken (zum Beispiel Vereinsräume) dienen und keine Wohnflächen sind. Bei Ein- und Zweifamilienhäusern müssen Sie diese Flächen zur Wohnfläche der jeweiligen Wohnung (Zeilen 11) hinzuaddieren[41]. Bei Mietwohngrundstücken tragen Sie solche Räume sowie die jeweilige Nutzung bitte unter „Weitere Nutzflächen" auf Teilunterseite 4 ein.

Zeile 14 hat für Privatpersonen keine höhere Relevanz. Hier tragen Sie Wohnräume ein, die nicht in Zeilen 11 bis 13 enthalten sind und die nicht unter den Wohnungsbegriff fallen (z.B. Studentenwohnheime in Gestalt eines Appartementhauses, etc.).
Klicken Sie nun auf „Nächste Seite".

Teilunterseite 4 gilt nur für „Mietwohngrundstücke[42]". Hier können Sie weitere Nutzflächen eintragen, die nicht in den Wohnflächen enthalten sind (alle Flächen, die betrieblich durch Sie oder Dritte genutzt werden) ohne Zubehörräume (wie Heizungskeller, Waschküche, etc.). Sofern solche betriebliche genutzten Flächen vorhanden sind, geben Sie diese Flächen unter „+Nutzfläche hinzufügen" an.

Weitere Nutzflächen

1. Eintrag

15	Lage der Räume	
15	Nutzung (zum Beispiel Büro, Lager; ohne Zubehörräume, die zu einer Wohnung gehören wie zum Beispiel Kellerräume, Waschküche)	
15	Nutzfläche	m²

---

[41] Vgl. amtlichen Hinweistext.
[42] Also Häuser, welche keine Ein- oder Zweifamilienhäuser sind und auch kein Wohnungseigentum (Eigentumswohnungen).

Beschreiben Sie dazu die Lage der Räume, deren Nutzung und tragen Sie deren Nutzfläche ein. Nach Beendigung der Eingaben klicken Sie auf „Nutzfläche übernehmen". Für jede einzelne Nutzfläche können Sie einzelne Angaben machen. Danach können Sie weitere Nutzflächen wie oben beschrieben anlegen.

Wenn Sie die Eingabe der Nutzflächen abgeschlossen haben, klicken Sie bitte auf „Gebäude übernehmen". Nun können Sie weitere Gebäude auf dem Grundstück anlegen. Klicken Sie ggf. dafür auf „+Gebäude hinzufügen". Anderenfalls klicken Sie auf „Nächste Seite".

Auf der **6. Unterseite** können Sie Angaben für Grundstücke machen, die unter die Grundstücksarten: „Teileigentum, Geschäftsgrundstück, gemischt genutztes Grundstück oder sonstiges bebautes Grundstück) fallen und nach dem Sachwert bewertet werden[43]. Diese Seite hat für Privatpersonen meistens geringe Relevanz.

Wenn Sie hier Angaben machen möchten, dann klicken Sie auf „+ Gebäude/Gebäudeteil hinzufügen". Falls ein Lageplan des Grundstücks vorhanden ist, dann tragen Sie die Nummer in Zeile 21 ein. Zusätzlich kreuzen Sie die passende Gebäudeart an. Nun tragen Sie das Baujahr des Gebäudes, ggf. das Jahr ein, in dem eine Kernsanierung stattgefunden hat, eine ggf. bestehende Abbruchverpflichtung und die Bruttogrundfläche ein. Tragen Sie bitte die Bruttogrundfläche in Quadratmetern für jede Gebäudeart gesondert ein.

Die amtlichen Hinweise führen zur Bruttogrundfläche aus:

Die Bruttogrundfläche ist die Summe der nutzbaren Grundflächen aller Grundrissebenen eines Bauwerks und der Grundflächen der äußeren Maße der Bauteile. Diese schließt die Bekleidung, zum Beispiel Putz und Außenschalen, ein. Bei den Grundflächen werden die folgenden Bereiche unterschieden: Bereich a: überdeckt und allseitig in voller Höhe umschlossen; Bereich b: überdeckt, jedoch nicht allseitig in voller Höhe umschlossen; Bereich

---

[43] Beispiele für Nichtwohngrundstücke zum Sachwert sind:Gemischt genutzte Grundstücke (Wohnhäuser mit Mischnutzung); Banken und ähnliche Geschäftshäuser, Bürogebäude, Verwaltungsgebäude, Gemeindezentren, Vereinsheime, Saalbauten, Veranstaltungsgebäude, Kindergärten (Kindertagesstätten), allgemeinbildende Schulen, berufsbildende Schulen, Hochschulen, Sonderschulen, Wohnheime, Internate, Alten- oder Pflegeheime, Krankenhäuser, Kliniken, Tageskliniken, Ärztehäuser, Beherbergungsstätten, Hotels, Verpflegungseinrichtungen, Sporthallen, Tennishallen, Freizeitbäder, Kur- und Heilbäder, Verbrauchermärkte, Kauf- und Warenhäuser, Autohäuser ohne Werkstatt, Betriebs- und Werkstätten ohne Hallenanteil; industrielle Produktionsgebäude, Massivbauweise, mehrgeschossige Betriebs- und Werkstätten mit einem hohen Hallenanteil; industrielle Produktionsgebäude, überwiegend Skelettbauweise, Lagergebäude ohne Mischnutzung, Kaltlager, Lagergebäude mit bis zu 25 Prozent Mischnutzung, Lagergebäude mit mehr als 25 Prozent Mischnutzung, Museen, Theater, Sakralbauten, Reithallen, ehemalige landwirtschaftliche Mehrzweckhallen, Scheunen und Ähnliches, Stallbauten, gewerblich genutzte oder vermietete Hochgaragen, Tiefgaragen und Nutzfahrzeuggaragen, Einzelgaragen, Mehrfachgaragen, Carports und Ähnliches. Garagen- und Tiefgaragenstellplätze die zu einer Wohnung gehören, zählen hier nicht dazu.

c: nicht überdeckt. Als Bruttogrundfläche sind nur die Grundflächen der Bereiche a und b maßgebend. Zur Bruttogrundfläche gehören zum Beispiel nicht: Flächen von Balkonen, Flächen von Spitzböden, Flächen von Kriechkellern, Flächen, die ausschließlich der Wartung, Inspektion und Instandsetzung von Baukonstruktionen und technischen Anlagen dienen Flächen unter konstruktiven Hohlräumen (zum Beispiel über abgehängten Decken).

Falls Fläche für den Zivilschutz genutzt wird, dann tragen Sie diese ebenfalls ein[44]. Steuerbefreiungen und Steuervergünstigungen können Sie ebenfalls eintragen und damit beantragen. Klicken Sie nun auf „Gebäude/Gebäudeteil übernehmen". Sie können nun weitere Gebäude bzw. Gebäudeteile hinzufügen, indem Sie auf die entsprechende Schaltfläche klicken. Danach klicken Sie auf „Nächste Seite".

Auf der **7. Unterseite** können zusätzliche Angaben bei Wohnungs- oder Teileigentum gemacht werden, wenn die Teilungserklärung bei einer neu entstehenden Eigentumswohnung erst im Grundbuch eingetragen werden soll. Diese Seite hat für Sie als Privatperson regelmäßig keine Relevanz, da Sie grundsätzlich die Eigentumswohnung erst erwerben, wenn die Teilung der Eigentumswohnungen durch den Bauträger/Bauherrn erfolgt ist. In Zeile 36 wäre daher das Datum des Antrags beim Grundbuchamt auf Aufteilung anzugeben.
Klicken Sie daher auf „Nächste Seite".

Die **8. Unterseite** gilt für Erbbaurechte und für sonstige Gebäude auf fremden Grund und Boden (Pachtverträge). Als Erbbauberechtigter (Nutzer des Grundstücks) müssen Sie die Grundsteuererklärung abgeben. Nehmen Sie daher als Erbbauberechtigter hier Eintragungen vor. Als Grundstückseigentümer (Erbbaurechtsgeber) müssen Sie hingegen keine Erklärung abgeben.

Bei Gebäuden auf fremden Grund und Boden (Pachtverträge) muss immer der Grundstückseigentümer (Verpächter) die Feststellungserklärung für die Grundsteuer abgeben.

Als Erbbauberechtigter müssen Sie in Zeile 37 ein Kreuzchen setzen, dass ein Erbbaurecht bestellt wurde. Verpächter, auf deren Grundstück fremde Gebäude stehen, müssen hingegen Zeile 38 ankreuzen. Klicken Sie nun auf die Schaltfläche:

---

[44] Für den Zivilschutz genutzte Gebäude, Gebäudeteile und Anlagen bleiben bei der Ermittlung des Grundsteuerwerts außer Betracht..

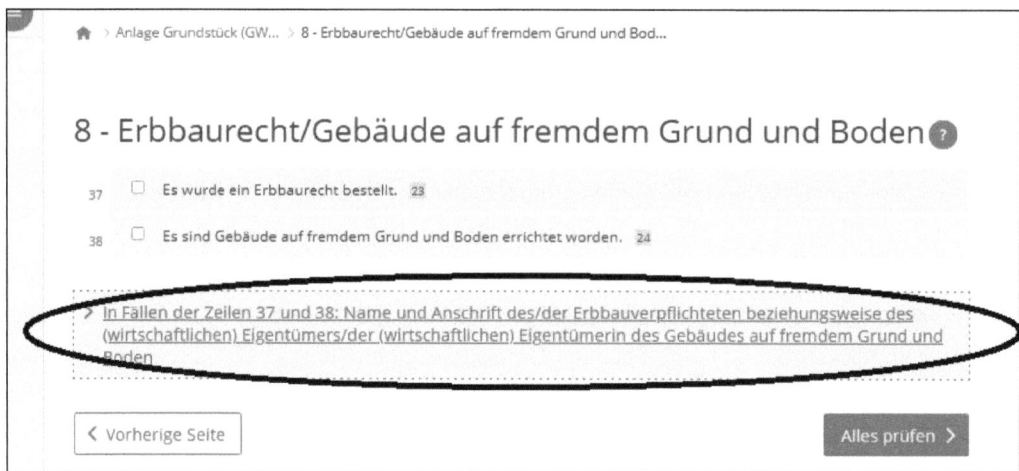

Nun öffnen sich die Zeilen 39 bis 44. Tragen Sie in Zeile 39 Namen und Anschrift des/der Erbbauverpflichteten beziehungsweise des (wirtschaftlichen) Eigentümers/der (wirtschaftlichen) Eigentümerin des Gebäudes auf fremdem Grund und Boden ein.

Wenn Sie alle Eintragungen gemacht haben, klicken Sie auf „Alles prüfen". Nun wird Ihre Feststellungserklärung zur Grundsteuer auf Fehler überprüft. Unplausible Eingaben werden Ihnen angezeigt und Sie werden zur Korrektur aufgefordert. Sofern keine Fehler gefunden wurden, wird Ihnen folgendes angezeigt:

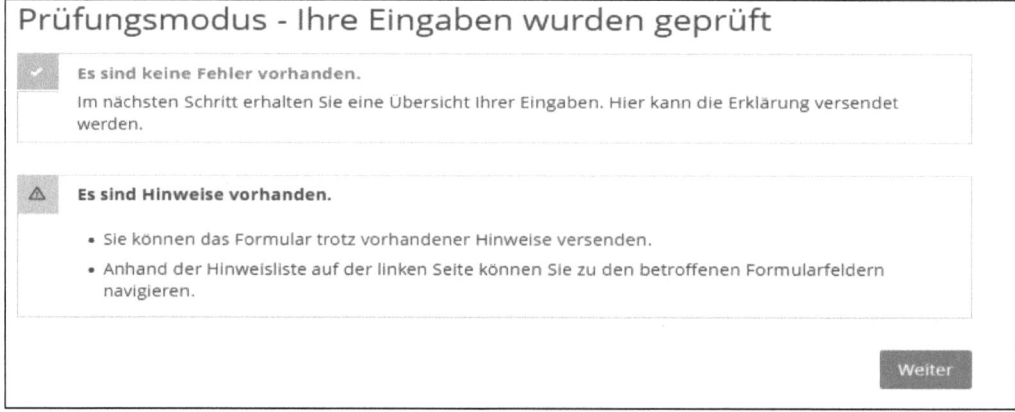

Klicken Sie nun auf „Weiter". Jetzt werden Ihnen nochmal alle Ihre Angaben tabellenförmig angezeigt. Nun können Sie die Erklärung „Absenden", indem Sie auf die gleichnamige Schaltfläche klicken. Nun sind Sie fertig.

6.2. Die Feststellungserklärung für Baden-Württemberg

Sie müssen eine Feststellungserklärung zur Grundsteuer abgeben, wenn Sie:

- Eigentümer/Eigentümerin eines Grundstücks sind (außer Erbbaurechtsverpflichtete)
- Erbbauberechtigte (=Nutzer des Grundstücks) für das Erbbaurechtsgrundstück
- Eigentümer/Eigentümerin eines Betriebs der Land- und Forstwirtschaft

Sind mehrere Personen Eigentümer (Miteigentümer), so muss eine gemeinsame Erklärung zusammen abgeben werden (Miteigentümer, Grundstücksgemeinschaften, Bruchteilsgemeinschaften, Erbengemeinschaften, etc). .

Welche Unterlagen benötigen Sie regelmäßig:

- Aktenzeichen des Grundstücks (16 Ziffern)[45]
- Adresse des Grundstücks[46] und der Eigentümer
- Angaben zur Gemarkung/Flurstück[47]
- Fläche des Grundstücks[48]
- Bodenrichtwert[49]
- Eigentumsanteil beim Wohneigentum[50]

Sie können den Fußnoten entnehmen, woher Sie diese o.g. Angaben erhalten.

Sie müssen für jede **wirtschaftliche Einheit** (für jedes Grundstück) eine eigene Grundsteuererklärung abgeben. Vereinfacht ausgedrückt: Sie müssen für jedes Aktenzeichen vom Finanzamt für Ihr Grundstück eine Feststellungserklärung abgeben.
Ein Grundstück kann sich dabei allerdings mehreren Flurstücken zusammensetzen, d.h. Sie müssen dabei nur eine Erklärung abgeben. Orientieren Sie sich dabei am Aktenzeichen, welches Ihnen das Finanzamt mitgeteilt hat.

---

[45] Sie haben in 2022 von Ihrem Finanzamt ein Schreiben erhalten, wo Sie zur Abgabe der Feststellungserklärung zur Grundsteuer für Ihr Grundstück/Eigentumswohnung aufgefordert worden sind. Diesem Schreiben können Sie ggf. das Aktenzeichen entnehmen. Alternativ können Sie das Aktenzeichen dem alten Einheitswertbescheid oder dem Bescheid über die Festsetzung des Grundsteuermessbetrags entnehmen. Auch auf dem Grundsteuerbescheid der Gemeinde können Sie das Aktenzeichen finden.
[46] Die Adresse des Grundstücks ist im Grundbuchauszug enthalten.
[47] Angaben zur Gemarkung, zur Flur und zum Flurstück sind dem Grundbuchauszug zu entnehmen.
[48] Auch die Fläche des Grundstücks ist der rechten Spalten des Grundbuchs auf den ersten Seiten zu entnehmen.
[49] Den Bodenrichtwert für Ihr Grundstück müssen Sie selbstständig ermitteln. Nutzen Sie dazu das Portal unter: www.gutachterausschuesse-bw.de .
[50] Den Eigentumsanteil bei der Eigentumswohnung können Sie dem Wohnungsgrundbuch/Teileigentumsgrundbuch entnehmen.

Loggen Sie sich zunächst bei www.elster.de ein, indem Sie auf „Login" klicken.

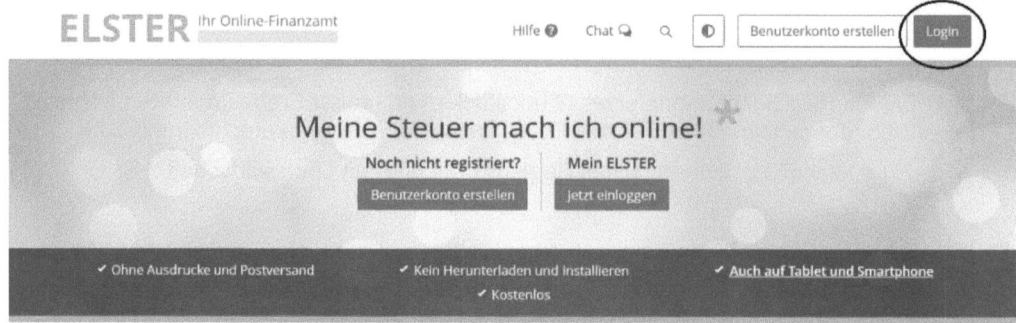

Nun werden Sie aufgefordert Ihr Zertifikat anzugeben. Dazu klicken Sie auf die Schaltfläche "Durchsuchen" und geben im Dateimanager den Speicherort an, an dem Sie die Zertifikatsdatei abgespeichert haben.

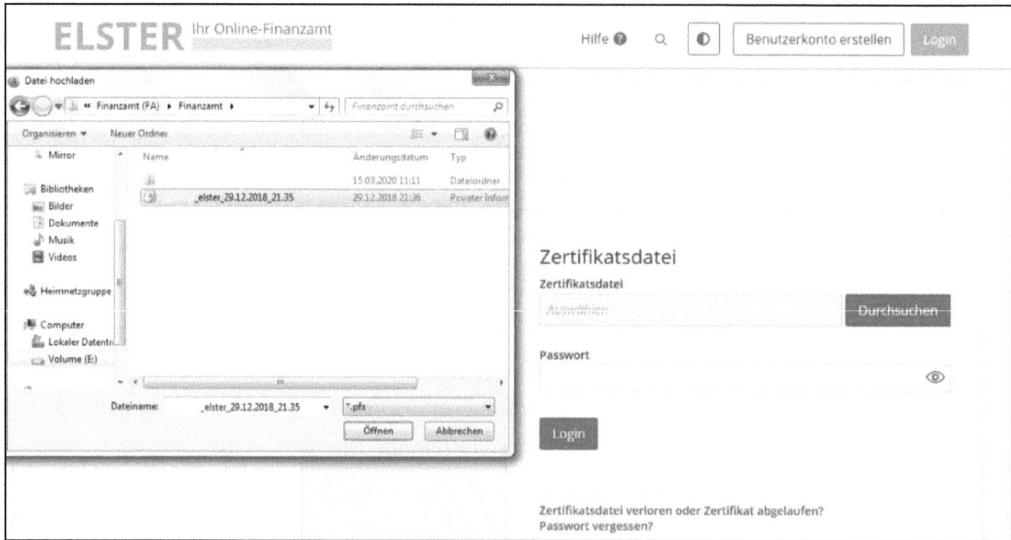

Klicken Sie dazu einfach die pfx-Datei mit Doppelklick an. Wie Sie die Datei nicht gleich finden, so nutzen Sie die Suchfunktion des Dateimanagers, indem Sie *.pfx in das Suchfeld eingeben. Nachdem Sie die pfx-Datei ausgewählt haben, müssen Sie nur noch das dazugehörige Passwort eintragen und auf die Schaltfläche "Login" klicken.

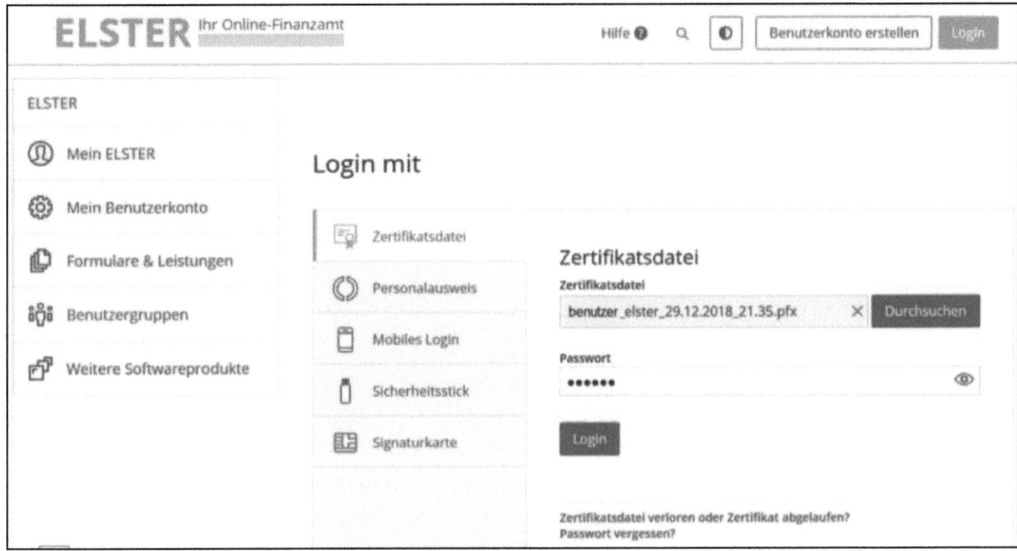

Falls Sie sich erstmals bei Elster eingeloggt haben, werden Sie aufgefordert Ihr Profil zu vervollständigen. Auch werden Sie gelegentlich über Neuerungen bei Mein ELSTER informiert. Diese Schritte können Sie allerdings überspringen. Danach gelangen Sie ins Hauptmenü.

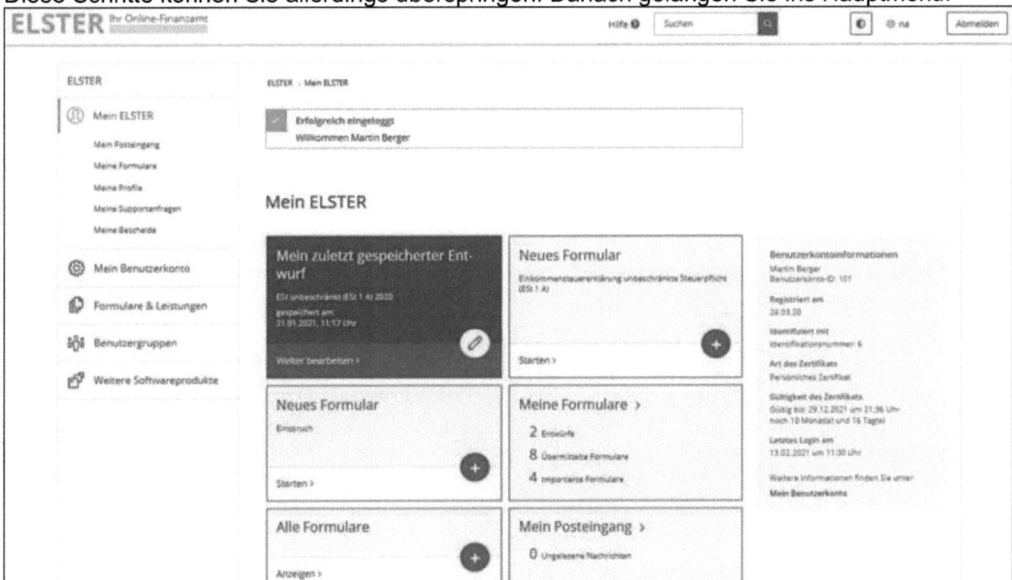

Klicken Sie nun in der linken Spalte auf die Schaltfläche „Formulare & Leistungen".

Formulare & Leistungen

Alle Formulare >

Bereitstellungstermine >

Bescheinigungen verwalten >

Vollmachten verwalten >

Arbeitgeberfunktionen für ELStAM >

Auskunft zur elektronischen Lohnsteuerkarte (ELStAM) >

Wählen Sie nun „Grundsteuer" aus. Wählen Sie nun „Grundsteuer für Baden-Württemberg" aus. Nun erhalten Sie erst wieder allgemeine Hinweise und weiterführende Hilfestellungen:

Allgemeine Hinweise

Geben Sie bitte eine Erklärung zur Feststellung des Grundsteuerwerts ab, wenn Sie vom Finanzamt dazu aufgefordert werden. Eine solche Aufforderung ist für die **Hauptfeststellung auf den 1. Januar 2022** durch eine öffentliche Bekanntmachung des Ministeriums für Finanzen Baden-Württemberg erfolgt.

Darüber hinaus geben Sie bitte ohne Aufforderung eine Erklärung bis zum 31. Januar des Folgejahres ab, wenn sich

- der Grundsteuerwert ändert (Wertfortschreibung),
- die Vermögensart ändert (Nachfeststellung),
- Tatsachen ergeben, die zu einer erstmaligen Feststellung (Nachfeststellung) führen können, z. B. der Wegfall einer Steuerbefreiung oder die Teilung eines Grundstücks.

Eine Feststellungserklärung ist abzugeben von:

- Eigentümerinnen oder Eigentümer eines Grundstücks
- Eigentümerinnen oder Eigentümer eines Betriebs der Land- und Forstwirtschaft
- Bei Grundstücken, die mit einem Erbbaurecht belastet sind:

Erbbauberechtigte unter Mitwirkung der Eigentümerin oder des Eigentümers des Grundstücks (Erbbauverpflichtete)

Bitte reichen Sie für **jedes Aktenzeichen** (wirtschaftliche Einheit) eine separate Erklärung ein. Nehmen Sie bitte alle Eintragungen vor, die für Ihr Grundstück bzw. Ihren Betrieb der Land- und Forstwirtschaft infrage kommen. Als Betrieb der Land- und Forstwirtschaft gelten auch einzelne land- und forstwirtschaftlich nutzbare Flurstücke. Sie stellen ebenfalls eine wirtschaftliche Einheit nach dem Landesgrundsteuergesetz dar

Verwenden Sie bitte Abkürzungen nur, wenn diese üblich und erforderlich sind.

Bitte reichen Sie zu Ihrer elektronischen Erklärung keine zusätzlichen Unterlagen in Papierform ein. Sollten zusätzliche Unterlagen erforderlich sein, wird das Finanzamt diese anfordern.

Weitere Informationen und Hilfen finden Sie im Internet unter www.grundsteuer-bw.de ⊏⊐.

Bei Fragen rund um das Thema Grundsteuer unterstützt Sie auch der virtuelle Assistent der Steuerverwaltung, den Sie unter www.steuerchatbot.de ⊏⊐ erreichen.

Klicken Sie danach auf „Weiter", danach auf „Ohne Datenübernahme fortfahren". Nun müssen Sie die richtigen Formular-Anlagen auswählen. Wählen Sie das Hauptformular GW1 und das Formular GW2 für das Grundstück aus. (GW3 benötigen Sie, wenn Sie einen Betrieb der Land- und Forstwirtschaft haben; GW3a für Tierbestand). Gärten[51] nach dem Bundeskleingartengesetz gelten als Betrieb der Land- und Forstwirtschaft. Gegebenenfalls benötigen Sie noch Anlage GW4, wenn Sie eine Grundsteuervergünstigung (bspw. bei einem denkmalgeschützten Haus) geltend machen können. Treffen Sie die Auswahl durch Ankreuzen:

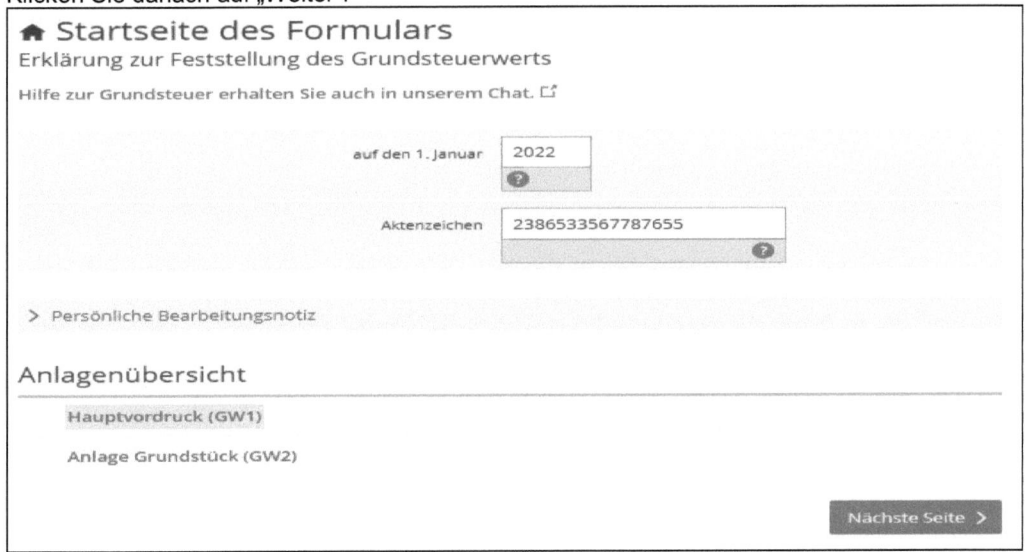

Regelmäßig ist die Wahl des Hauptvordruckes und der Anlage Grundstück ausreichend Klicken Sie danach auf „Weiter".

---

[51] Vgl. § 34 Abs. 1 LGrStG. Gartenlauben und Schuppen bis zu einer Gesamtfläche von 30m² bleiben außer Betracht.

Der Stichtag für die Hauptfeststellung lassen Sie auf 1.Januar 2022 eingestellt. Tragen Sie nun Ihr 16-stelliges Aktenzeichen ohne Schrägstriche ein. Das Aktenzeichen können Sie dem Informationsschreiben des Finanzamtes, dem alten Einheitswertbescheid oder ggf. dem Grundsteuerbescheid der Gemeinde entnehmen.

Unter dem Punkt „Persönliche Bearbeitungsnotiz" haben Sie die Möglichkeit einen Freitext an den Bearbeiter im Finanzamt zu schreiben. Nutzen Sie das Feld, wenn Sie sich bei einer Eingabe unsicher sind. Eine Texteingabe führt regelmäßig dazu, dass der Bearbeiter im Finanzamt Ihre Steuererklärung genauer anschaut.

Klicken Sie anschließend auf „Weiter".

Nun gelangen Sie auf die Startseite des Hauptvordrucks (GW1). Dieser Hauptvordruck besteht aus 8 Unterseiten.

Zu den Teilseiten

- 1 - Angaben zur Feststellung
- 2 - Lage des Grundstücks / Betriebs der Land- und Forstwirtschaft
- 3 - Gemarkung(en) und Flurstück(e) des Grundvermögens
- 4 - Eigentümer(innen) / Erbbauberechtigte / Beteiligte
- 5 - Grundsteuerbefreiung/ -vergünstigung
- 6 - Ergänzende Angaben zur Feststellungserklärung
- 7 - Empfangsvollmacht
- 8 - Mitwirkung bei der Anfertigung dieser Erklärung

Klicken Sie auf „Nächste Seite".

Auf **Unterseite 1** wählen Sie bei Grund der Feststellung „Hauptfeststellung" aus. Bei wirtschaftlicher Einheit kreuzen Sie „Grundstück" an. Wollen Sie hingegen für Ihren Betrieb der Land- und Forstwirtschaft eine Erklärung abgeben, so müssen Sie hier Ihr Kreuz setzen.

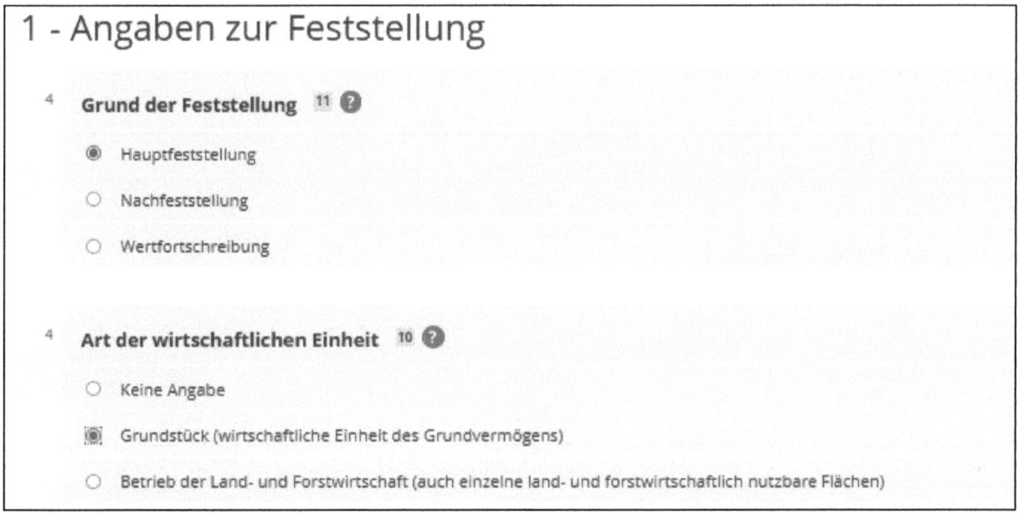

1 - Angaben zur Feststellung

⁴ **Grund der Feststellung** 11 ❓

◉ Hauptfeststellung

○ Nachfeststellung

○ Wertfortschreibung

⁴ **Art der wirtschaftlichen Einheit** 10 ❓

○ Keine Angabe

◉ Grundstück (wirtschaftliche Einheit des Grundvermögens)

○ Betrieb der Land- und Forstwirtschaft (auch einzelne land- und forstwirtschaftlich nutzbare Flächen)

Klicken Sie nun auf „Nächste Seite".

Auf der **2. Unterseite** müssen Sie nun die Adresse Ihres Grundstücks angeben. Tragen Sie nun in Zeile 5 die Straße, Hausnummer und ggf. Hausnummerzusatz ein. Falls das Grundstück keine Hausnummer hat, dann müssen Sie hier eine „0" eintragen. In Zeile 6 können Sie Zusatzangaben machen, z.B. eine Wohnungsnummer. In Zeile 7 tragen Sie den Ort und die Postleitzahl Ihres Grundstücks ein.

In Zeile 8 müssen Sie nur dann für den ungewöhnlichen Fall ein Häkchen setzen, wenn sich das gesamte Grundstück über mehrere Orte (Gemeinden) erstreckt. Das wird jedoch regelmäßig nicht der Fall sein. Klicken Sie nun auf „Nächste Seite".

Auf **Unterseite 3** müssen Sie die Gemarkung und die Flurstücke des Grundstückes angeben.

Beachten Sie!: Sie müssen hier für jedes Flurstück einen eigenen Eintrag auf Unterseite 3 vornehmen, sofern die wirtschaftliche Einheit (Grundstück) aus mehreren Flurstücken besteht. Eigentumswohnungen erstrecken sich regelmäßig auf mehrere Flurstücke. Schauen Sie in das Wohnungsgrundbuch. Darin werden auf Seite 1 die einzelnen Flurstücke mit den einzelnen Flächenangaben zusammen mit Ihrem Miteigentumsanteil aufgeführt.

Aber auch kleine Ein- oder Mehrfamilienhäuser können sich auf mehrere Flurstücke erstrecken.

Nachfolgendes Beispiel eines Wohnungsgrundbuchauszug einer Eigentumswohnung, dessen Miteigentumsanteil sich auf zwei Flurstücke erstreckt. Jedes Flurstück ist auf Unterseite 3 einzeln anzulegen.

		Grundbuchamt Musterstadt				Einlegebogen

Grundbuchamt Musterstadt
Grundbuch von Musterstadt   Blatt 10410   Bestandsverzeichnis   Einlegebogen 1

lfd. Nr. der Grund- stücke	Bisherige lfd. Nr. d. Grund- stücke	Bezeichnung der Grundstücke und der mit dem Eigentum verbundenen Rechte		Größe
		Gemarkung (nur bei Abweichung vom Grundbuchbezirk angeben) Flurstück	Wirtschaftsart und Lage	m²
		a/b	c	
1	2	3		4
1	—	198/10.000 - Miteigentumsanteil an dem Grundstück		8 04
		Flst. 1642 b	Mustergasse 3	3 25
		Flst. 1642 c	Mustergasse 3a	

verbunden mit dem Sondereigentum an der Wohnung nebst Kellerraum, im Aufteilungsplan mit Nr. 37 be- zeichnet.

Für jeden Miteigentumsanteil ist ein Grundbuchblatt angelegt (Blatt 10378 bis Blatt 10443); der hier eingetragene Miteigentumsanteil ist durch die zu den anderen Miteigentumsanteilen gehörenden Sonder- eigentumsrechte beschränkt.

Veräußerungsbeschränkung: Zustimmung durch Verwalter;

Klicken Sie dazu zunächst auf die Schaltfläche „+ Weitere Daten hinzufügen". Nun benötigen Sie den Grundbuchauszug für das Grundstück.

Gemarkung beziehungsweise Flurstück
1. Eintrag

9	Gemarkung	Musterstadt
		11 ?

10	Grundbuchblatt, Flur (falls vorhanden), Flurstück: Zähler, Flurstück: Nenner (falls vorhanden)	10410		1642	b
		? 12	? 13	? 14	? 15

10	Gesamtfläche des Flurstücks in m²	804
		16 ?

11	Zur wirtschaftlichen Einheit gehörender Anteil: Zähler, Nenner	198	10000
		17 ?	18 ?

11	enthalten in	1 - erste Fläche: Für dieses Flurstück gilt ▾
		?

In Zeile 9 tragen Sie die Gemarkung ein. Diese können Sie der Kopfzeile des Grundbuchauszugs entnehmen. In Zeile 10 übernehmen Sie das Grundbuchblatt (siehe Kopfzeile Grundbuchauszug) und das Flurstück, bestehend aus Zähler und Nenner. Die Flurstücksbezeichnung ist zumeist zweigliedrig und setzt sich aus „Zähler" (1. Teil der Bezeichnung) und Nenner (meistens zweiter Teil der Bezeichnung) zusammen und kann sowohl aus Ziffern als auch Buchstaben bestehen. Geben Sie zusätzlich die Gesamtfläche des Flurstücks an. In Zeile 11 ist bei einer Eigentumswohnung der Miteigentumsanteil am Grundstück einzutragen. Bei Wohnungseigentum sind das komplizierte Brüche (siehe Beispiel Grundbuchauszug). Im o.g. Beispiel gehören zur wirtschaftlichen Einheit (Eigentumswohnung) 198/10.000 des Flurstücks. Bei Ein- oder Mehrfamilienhäusern oder bei sonstigen Grundstücken müssen Sie regelmäßig eine „1" bei Zähler und bei Nenner eintragen. Dort liegt zumeist keine Aufteilung vor.

> **Beachten Sie:**
> **Achtung Verwechslungsgefahr!** In Zeile 11 ist <u>nicht</u> der „Miteigentumsanteil" am Flurstück gemeint (Bsp: Ihnen gehört das Flurstück zusammen mit Ihrer Ehefrau. Dieser Eigentumsanteil ist auf Unterseite 4 einzutragen).

In Zeile 11 unten müssen Sie angeben, ob für dieses Flurstück der in der (folgenden) Anlage Grundstück angegebene Bodenrichtwert gilt. Diese Angabe ist zunächst etwas verwirrend, da Sie vermutlich noch keine Angaben in der Anlage Grundstück getätigt haben. Es handelt sich dabei um einen Vorgriff auf die Angabe des Bodenrichtwertes. Regelmäßig umfasst der Bodenrichtwert ganze Gebiete und damit bei mehreren Flurstücken auch alle Flurstücke einheitlich. In diesem Regelfall tragen Sie „1 - erste Fläche" ein. Nur im Ausnahmefall, wenn für mehrere Flurstücke der wirtschaftlichen Einheit unterschiedliche Bodenrichtwerte gelten, dann müssen Sie mehrere (unterschiedliche) Angaben zu den Bodenrichtwerten machen und in Feld 19 auf diese abweichenden Bodenrichtwerte in der Anlage Grundstück die Eintragungen „2 – zweite Fläche" oder „3-" wählen. Klicken Sie danach auf „Gemarkung und Flurstück übernehmen". Nun haben Sie das Flurstück angelegt. Sollten zur wirtschaftlichen Einheit (Grundstück) mehrere Flurstücke gehören, so klicken Sie auf „+Gemarkung und Flurstück hinzufügen" und wiederholen Sie o.g. Schritte der 3. Unterseite. Im o.g. Beispielfall müsste noch das Flurstück 1642c angelegt werden. Wenn Sie fertig sind klicken Sie auf „Nächste Seite".

Auf **Unterseite 4** müssen Sie die Eigentumsverhältnisse des Grundstücks angeben. Hier haben Sie folgende Auswahlmöglichkeiten:

4 - Eigentümer(innen) / Erbbauberechtigte / Beteiligte

³² **Eigentumsverhältnisse** ⁴⁰ ❓

- ⦿ Keine Angabe
- ○ 0 Alleineigentum einer natürlichen Person
- ○ 1 Alleineigentum einer Körperschaft des öffentlichen Rechts
- ○ 2 Alleineigentum einer unternehmerisch tätigen juristischen Person
- ○ 3 Alleineigentum einer nicht unternehmerisch tätigen juristischen Person
- ○ 4 Ehegatten/Lebenspartner
- ○ 5 Erbengemeinschaft
- ○ 6 Bruchteilsgemeinschaft
- ○ 7 Grundstücksgemeinschaft ausschließlich von natürlichen Personen
- ○ 8 Grundstücksgemeinschaft ausschließlich von juristischen Personen
- ○ 9 andere Grundstücksgemeinschaft

Wenn Sie Alleineigentümer sind, dann wählen Sie die „0". Sind Sie mit Ihrem Ehegatten oder dem (eingetragenem) Lebenspartner[52] (Mit)-Eigentümer, so wählen Sie die „4". Sind Sie mit einer sonstigen anderen Person (oder mehreren Personen) Grunstückseigentümer, so könnte eine Bruchteilsgemeinschaft oder eine Bruchteilsgemeinschaft („6") oder eine Grundstücksgemeinschaft („7") vorliegen. Die Abgrenzung zwischen Bruchteilsgemeinschaft und Grundstücksgemeinschaft (Gesamthandseigentum) ist nicht ganz so einfach.

Bei **Bruchteilseigentum** handelt es sich um eine Form des Miteigentums, bei der jeder Miteigentümer einen bestimmten Bruchteil oder einen zahlenmäßig definierten Anteil (auch Quote oder Bruchteil) an der Sache hat und über den jeder Miteigentümer frei verfügen darf. Bei der **Grundstücksgemeinschaft** (Gesamthandsgemeinschaft) hingegen, gehört allen beteiligten Personen ein gemeinsames Vermögen, welches einen gemeinsamen Zweck dient. Oftmals werden private Miteigentümer zu jeweils 1/2 im Grundbuch eingetragen. Im Zweifel ist

---

[52] Lebenspartner bedeutet eine eingetragene homosexuelle Lebenspartnerschaf nach dem Lebenspartnerschaftsgesetz.

von einer Bruchteilsgemeinschaft im Sinne von „6" auszugehen. Handelt es sich bei dem Grundstück um eine (noch nicht auseinandergesetzte) Erbschaft, bei der mehrere Personen Erbe geworden sind, so wählen Sie „5" aus.

Sofern Sie eine Erbengemeinschaft, Bruchteilsgemeinschaft oder sonstige Gemeinschaften ausgewählt haben, müssen Sie die Zeilen 33-39 ausfüllen, um weitere Angaben zur Gemeinschaft zu tätigen.

> Angaben zu Erbengemeinschaften, Bruchteilsgemeinschaften und Gemeinschaften ohne geschäftsüblichen Namen ❓

Klicken Sie dazu auf o.g. Feld „Angaben zu Erbengemeinschaften....". Nun öffnen sich die Zeilen 33-39.

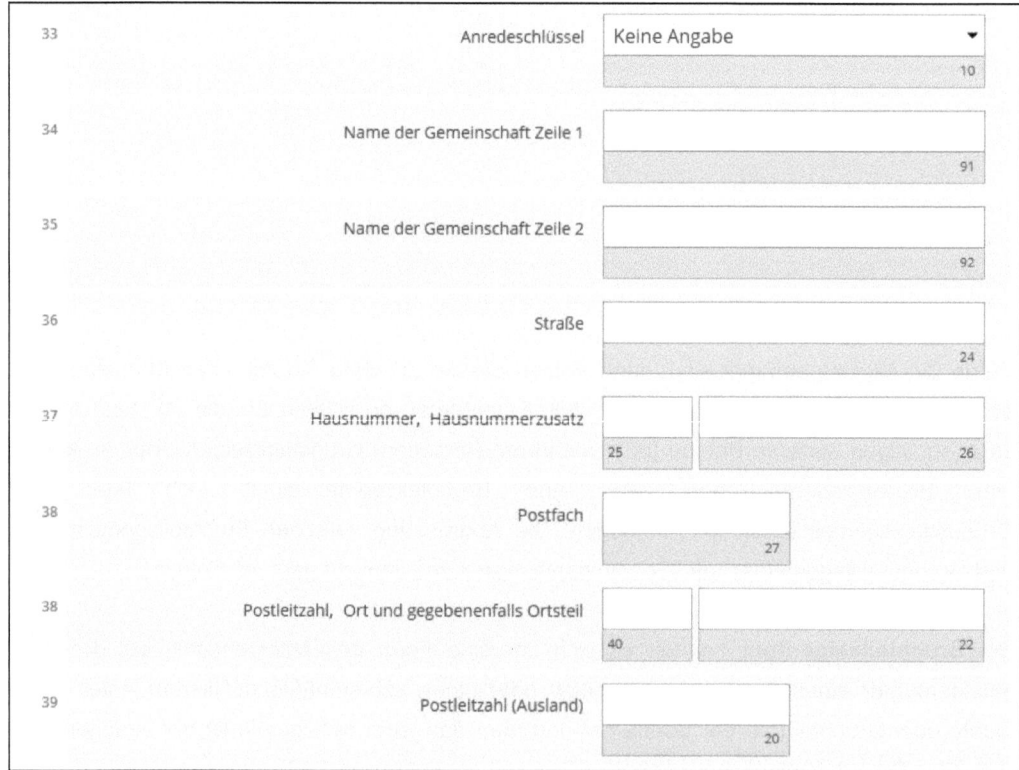

Wenn das Grundstück einer Gemeinschaft ohne geschäftsüblichen Namen (zum Beispiel Erbengemeinschaft, Gesellschaft bürgerlichen Rechts, Bruchteilsgemeinschaft) gehört, tragen Sie bitte den Anredeschlüssel und eine Bezeichnung der Gemeinschaft ein, zum Beispiel

"Erbengemeinschaft nach Max Muster" oder "Grundstücksgemeinschaft Muster/Musterstraße"[53]. Anderenfalls überspringen Sie die Zeilen 33-39.

Tragen Sie jedoch auf jeden Fall jeden einzelnen Eigentümer der wirtschaftlichen Einheit (Grundstück) in die Zeilen 42 bis 51 ein. Diese Zeilen sind für jeden einzelnen Eigentümer auszufüllen. Legen Sie jeden Eigentümer einzeln an. Orientieren Sie sich dabei an den Eigentümern, die Sie dem Grundbuchauszug entnehmen können.

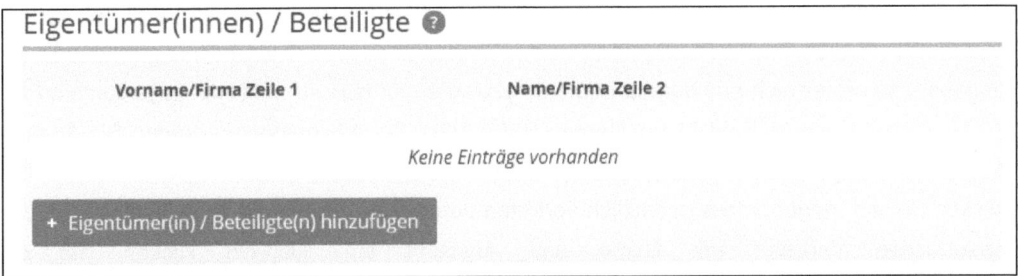

Klicken Sie dazu auf „+Eigentümer(in) / Beteiligte(n) hinzufügen". Nun gelangen Sie zu den Zeilen 42 bis 51. Tragen Sie in Zeile 42 Anrede, ggf. akademischen Titel und Geburtsdatum ein, in Zeile 43 den Vornamen (bzw. Firmennamen), in Zele 44 den Nachnamen (bzw. Firmennamen), in Zeile 45 die Straße, in Zeile 46 die Hausnummer ggf. inkl. Zusatz, sowie ggf. eine Telefonnummer (nicht notwendig), in Zeile 47 ggf. ein Postfach, sowie die Postleitzahl und Ort, in Zeile 48 bei ausländischen Adressen den Wohnort und das Land sowie in Zeile 49 das Wohnsitz- bzw. Betriebsstättenfinanzamt[54] des Eigentümers. In die Zeile 50 tragen Sie die (Einkommen[55]-)Steuernummer und die Identifikationsnummer des Eigentümers ein. Diese Nummern finden Sie auf dem letzten Einkommensteuerbescheid[56] des Eigentümers.

---

[53] Amtlicher Hinweistext zu Zeile 33-39.
[54] Hier ist das für den Eigentümer zuständige Finanzamt (für Einkommensteuer) bzw. für die Firma zuständige Betriebsstättenfinanzamt gemeint.
[55] Bzw. bei Firmen die Körperschaftsteuernummer.
[56] Bei Firmen auf dem Körperschaftsteuerbescheid.

Anteil am Grundstück/Betrieb der Land- und Forstwirtschaft

51   Zähler, Nenner

                                                          70   71

> gegebenenfalls gesetzlich vertreten durch: ❓

                                        Eigentümer(in) / Beteiligte(n) übernehmen >

In Zeile 51 müssen Sie nun noch für den Eigentümer das Eigentumsverhältnis am Grundstück angeben, so wie es sich aus dem Grundbuchauszug ergibt (z.B. für hälftiges Eigentum im Feld 70 für Zähler 1 und im Feld 71 bei Nenner 2 (für 1/2)). Bei Alleineigentum tragen Sie 1 und 1 ein. Hat der Eigentümer einen gesetzlichen Vertreter (z.B. bei Minderjährigen die Eltern), so klicken Sie auf „gegebenfalls gesetzlich vertreten durch:" und tragen Sie in Zeile 52 bis 58 den gesetzlichen Vertreter mit Name und Anschrift ein. Danach klicken Sie auf „Eigentümer(in)/Beteiligte(n) übernehmen".

Nun können Sie den nächsten Eigentümer anlagen. Wiederholen Sie dazu die o.g. Schritte. Wenn Sie alle Eigentümer eingetragen haben klicken Sie auf „Nächste Seite".

Auf der **Unterseite 5** müssen Sie in Zeile 31 ein Häkchen setzen, wenn Sie eine Grundsteuerbefreiung oder eine Grundsteuerermäßigung beantragen wollen. Dann müssen Sie allerdings zusätzlich die Anlage GW4 ausfüllen.

Wenn Sie eine Vergünstigung wegen überwiegender Wohnnutzung für Ihr Grundstück beantragen möchten, geben Sie dies bitte in **Zeile 6** der Anlage Grundstück (GW2) an. Kreuzen Sie dazu nicht Zeile 31 an[57]! Klicken Sie nun auf „Nächste Seite".

Auf **Unterseite 6** können Sie mittels Freitextfeld ergänzende Angaben machen. Nutzen Sie das Feld, wenn Sie sich bei einer Eingabe unsicher sind. Eine Texteingabe führt regelmäßig dazu, dass der Bearbeiter im Finanzamt Ihre Steuererklärung genauer anschaut. Setzen Sie dazu in Zeile 26 ein Häkchen und tragen Sie Ihren Text in Zeile 30 ein. Klicken Sie danach auf „Nächste Seite".

---

[57] Vgl. dazu amtlicher Hinweistext.

Auf **Unterseite 7** können Sie eine Empfangsvollmacht für eine bevollmächtigte Person erteilen, d.h. der Steuerbescheid geht dann dieser Person zu. Bei Bruchteilsgemeinschaften sollten Sie einen Empfangsbevollmächtigten benennen, d.h. wenn sich das Grundstück im Eigentum mehrerer Personen befindet, benennen Sie bitte eine gemeinsam bevollmächtigte Person. Die zur oder zum Empfangsbevollmächtigten benannte Person nimmt den Feststellungsbescheid und alle anderen mit dem Feststellungsverfahren im Zusammenhang stehenden Schreiben mit Wirkung für und gegen alle anderen Beteiligten in Empfang, § 183 Abgabenordnung[58].

Tragen Sie in Zeile 22 die Anrede, ggf. den akademischen Titel, in Zeile 23 den Vornamen (oder Firmennamen), in Zeile 24 den Familiennamen, in Zeile 25 Straße, in Zeile 26 die Hausnummer und ggf. den Hausnummernzusatz und in Zeile 27 ggf. ein Postfach sowie Ort und Postleitzahl ein. Zeile 28 müssen Sie nur ausfüllen, sofern es sich um eine Auslandsanschrift handelt. In Zeile 29 müssen Sie noch ein Häkchen setzen, wenn Sie einen Empfangsbevollmächtigten eingesetzt haben, weil es § 183 AO bei mehreren Eigentümer (Grundstücksgemeinschaften, Erbengemeinschaften, Bruchteilsgemeinschaften, Gesellschaften) es verlangt. Im Zweifel setzen Sie hier das Häkchen. Klicken Sie danach „Nächste Seite".

Auf **Unterseite 8** können Sie (freiwillig) Angaben zu Personen machen, die Ihnen bei der Steuererklärung geholfen haben. Beachten Sie dabei, dass entgeltliche Hilfe in Steuersachen nur Steuerberater und Rechtsanwälte, etc. leisten dürfen. Daneben darf nur für Angehörige unentgeltlich Hilfe geleistet werden[59]. Wenn Ihnen bei der Erstellung der Grundsteuererklärung ein Steuerberater oder Rechtsanwalt, etc. geholfen hat, so setzen Sie bitte in Zeile 25 ein Häkchen. In Zeile 19-23 tragen Sie die Anschrift der Hilfsperson ein. Die restlichen Zeilen auf Unterseite 8 können Sie ignorieren. Klicken Sie danach auf „Nächste Anlage".

Nun gelangen Sie zur **„Anlage Grundstück (GW2)"**. Diese Anlage besteht aus zwei Teilseiten. Auf Unterseite 1 müssen Sie Angaben zum Grundstück machen. Untereite 2 füllen Sie nur aus, wenn Sie Erbbauberechtigter sind und ein Erbbaurecht am Grundstück bestellt wurde.

---

[58] Amtlicher Hinweistext.
[59] Vgl. § 6 Nr. 2 StBerG i.V.m. § 15 AO.

Anlage Grundstück (GW2) ?

zur Erklärung zur Feststellung des Grundsteuerwerts

Zu den Teilseiten

- 1 - Angaben zum Grundstück
- 2 - Erbbaurecht

< Vorherige Anlage   Nächste Seite >

Wenn Sie auf „Nächste Seite" klicken gelangen Sie zur **Unterseite 1**.

1 - Angaben zum Grundstück

Angaben zum Grund und Boden ?

Fläche des Grundstücks	Bodenrichtwert je m²

Keine Einträge vorhanden

+ Weitere Daten hinzufügen

Angaben zur Grundstücksnutzung

6 ☐ Das Grundstück ist bebaut und wird überwiegend zu Wohnzwecken genutzt. 22   ?

Zusätzliche Angabe bei Wohnungs- / Teileigentum

7 Der Antrag auf Eintragung des Wohnungs- oder Teileigentum wurde beim Grundbuchamt eingereicht am: 📅 TT.MM.JJJJ   ?

Klicken Sie zunächst auf „+Weitere Daten hinzufügen".

3 Fläche des Grundstücks [m²] ____ 10 ?

3 Bodenrichtwert je m² *Euro, Cent* 11 ?

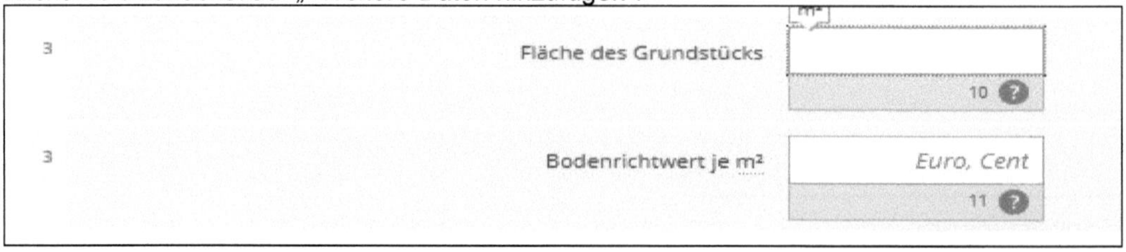

Nun müssen Sie für Ihre Flurstücke (Grundstück) den Bodenrichtwert selbstständig ermitteln.

Öffnen Sie dazu das Portal unter: www.gutachterausschuesse-bw.de/borisbw

Geben Sie nun die Adresse des Grundstück ein:

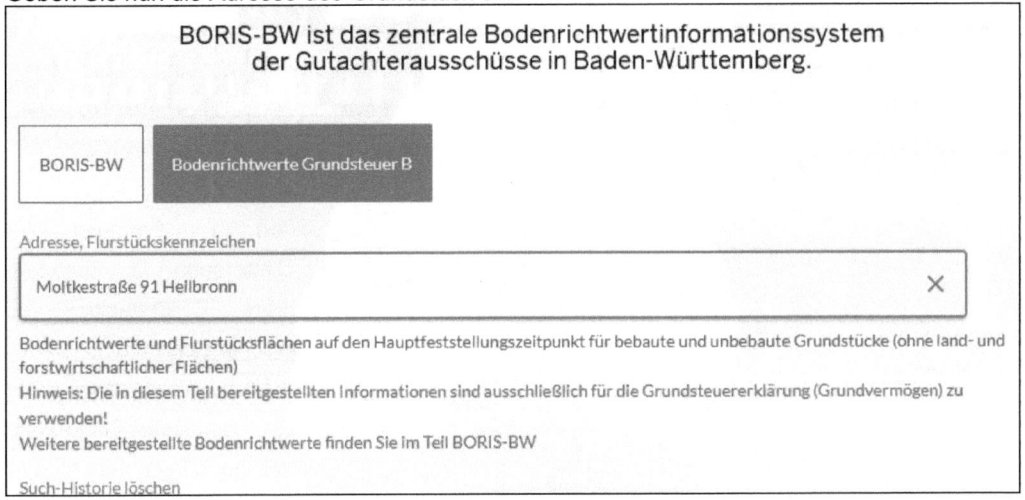

Nun können Sie die Größe des Flurstücks, eine Skizze und den Bodenrichtwert entnehmen.

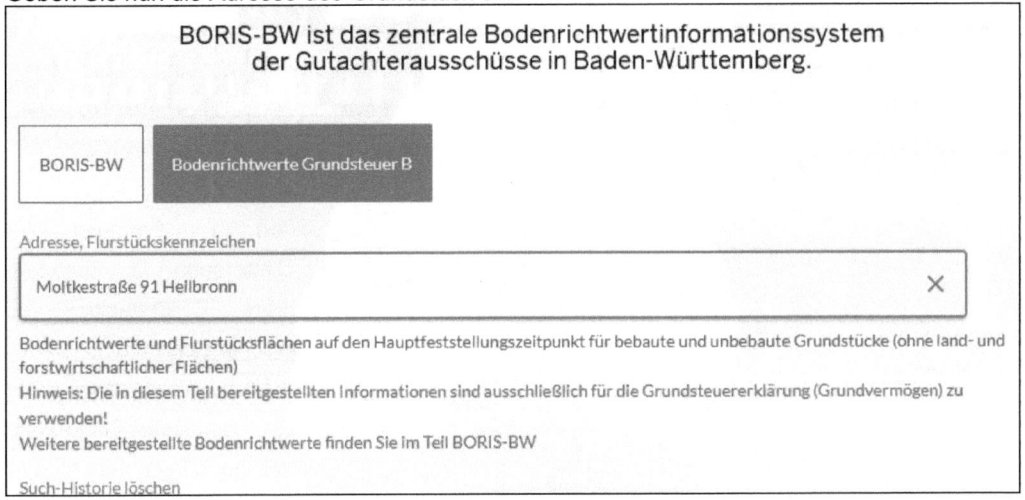

Tragen Sie die Fläche des Grundstücks und den Bodenrichtwert in Zeile 3 der Anlage GW2 ein.

Handelt es sich um ein unbebautes Grundstück, so müssen Sie in Zeile 5 über die Klappleiste noch angeben, ob es sich um Bauerwartungsland oder Rohbauland handelt. **Bauerwartungsland** sind Grundstücksflächen, die planungsrechtlich noch nicht bebaut werden können, bei denen aber damit zu rechnen ist, dass dies in absehbarer Zeit so sein wird. **Rohbauland** sind Flächen, die für eine Bebauung bestimmt sind, aber deren Erschließung noch nicht gesichert ist oder die nach Lage, Form oder Größe für eine Bebauung unzureichend sind. Klicken Sie danach auf „Nächse Seite".

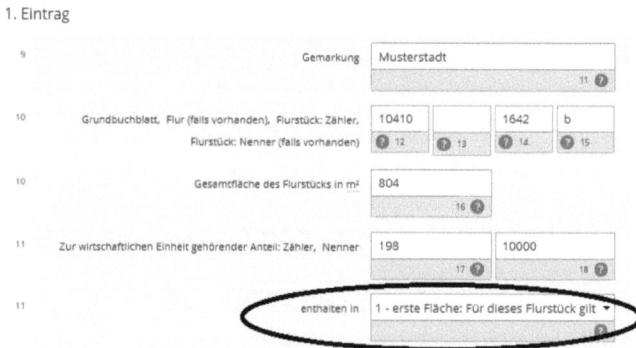

Sollten Sie im Formular GW1, 3. Unterseite in Zeile 11 mehrere Flurstücke mit unterschiedlichen Bodenrichtwerten angegeben haben, so müssen Sie jetzt auf „+ Weitere Daten hinzufügen" klicken und den Schritt (Eintragung Fläche/Bodenrichtwert) für das weitere Flurstück wiederholen.

Jetzt müssen Sie noch in Zeile 6 angeben, ob das Grundstück bebaut ist und überwiegend zu Wohnzwecken genutzt wird.

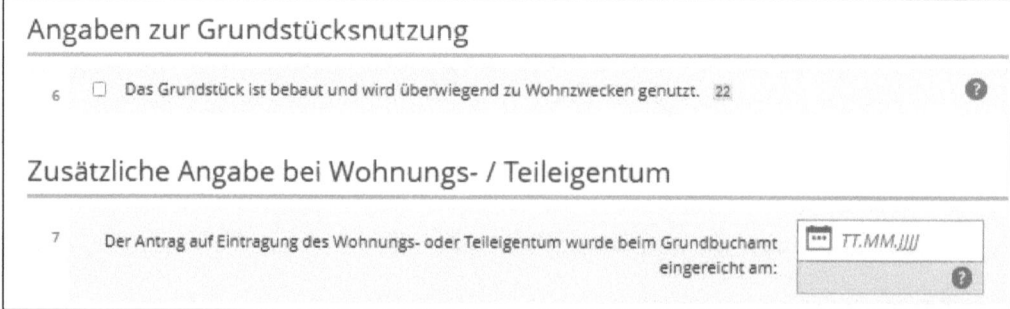

In diesem Fall findet eine ermäßigte Besteuerung statt. Die Steuermesszahl ermäßigt sich dann um 30 Prozent[60]. Die Voraussetzungen für eine derartige Vergünstigung sind regelmäßig erfüllt, wenn Ihr Grundstück im Rahmen der bisherigen Einheitsbewertung vom Finanzamt als Einfamilienhaus, Zweifamilienhaus, Mietwohngrundstück (in der Regel Mehrfamilienhäuser)

---

[60] Vgl. § 40 Abs. 3 S.1 LGrStG.

oder Wohnungseigentum bewertet wurde und sich hinsichtlich Bauart und Nutzung seither keine Änderungen ergeben haben.

In allen anderen Fällen ermitteln Sie bitte anhand der Wohn- und Nutzflächenberechnung, ob der Anteil der Wohnnutzung an der Gesamtfläche mehr als 50 Prozent beträgt[61].

Für die Beantragung dieser Ermäßigung sind keine Eintragungen in der Anlage GW4 erforderlich. Klicken Sie nun auf „Nächste Seite".

Die **2. Unterseite** müssen Sie nur ausfüllen, wenn am Grundstück ein Erbbaurecht bestellt wurde. Dann kreuzen Sie als Erbbauberechtigter Zeile 8 an. Tragen Sie in die Zeilen 9-14 die Anschriftsdaten des Grundstückseigentümers (Erbbauverpflichteten) ein.

Falls Sie noch Grundsteuerbefreiungs- oder vergünstigungsanträge stellen wollen, müssen Sie noch die Anlage GW4 ausfüllen. Klicken Sie dazu auf „Nächste Seite" bzw. falls Sie am Anfang diese Anlage GW4 nicht ausgewählt haben, dann können Sie auf „Anlage hinzufügen" am linken Rand klicken. Anderenfalls klicken Sie auf „Alles prüfen".

Auf der Anlage GW4 können Sie Grundsteuerbefreiungen und Grundsteuervergünstigungen beantragen.

Anlage Grundsteuerbefreiung / -vergünstigung (GW4) ⓘ

zur Erklärung zur Feststellung des Grundsteuerwerts

Zu den Teilseiten

- 1 - Angaben zu Grundsteuerbefreiungen
- 2 - Angaben bei Grundsteuervergünstigungen

Grundsteuerbefreiungen haben für Privatpersonen keine praktische Relevanz. Hier können ggf. juristische Körperschaften des öffentlichen Rechts und Religionsgesellschaften Steuerbefreiung beantragen.

Eine gewisse praktische Relevanz haben jedoch Grundsteuervergünstigungen. Diese kommen unter anderem für Grundstücke in Betracht,

---

[61] Vgl. § 40 Abs. 3 S.2 LGrStG.

- auf denen Wohnungen gebaut wurden, die nach dem Wohnraumförderungsgesetz gefördert werden,
- die Wohnungsbaugesellschaften, -genossenschaften oder -vereinen gehören oder
- auf denen sich Baudenkmale im Sinne des jeweiligen Landesdenkmalschutzgesetzes befinden.

Markieren Sie hier bitte in den Zeilen 13 und 14 die zutreffenden Vergünstigung, wenn Ihr gesamtes Grundstück die entsprechenden Voraussetzungen erfüllt. Liegen die Voraussetzungen einer Vergünstigung nur für einen Teil des Grundstücks vor, füllen Sie bitte stattdessen die Zeilen 15 bis 22 aus[62].

Wenn Sie alle Eintragungen gemacht haben, klicken Sie auf „Alles prüfen". Nun wird Ihre Feststellungserklärung zur Grundsteuer auf Fehler überprüft. Unplausible Eingaben werden Ihnen angezeigt und Sie werden zur Korrektur aufgefordert. Sofern keine Fehler gefunden wurden, wird Ihnen folgendes angezeigt:

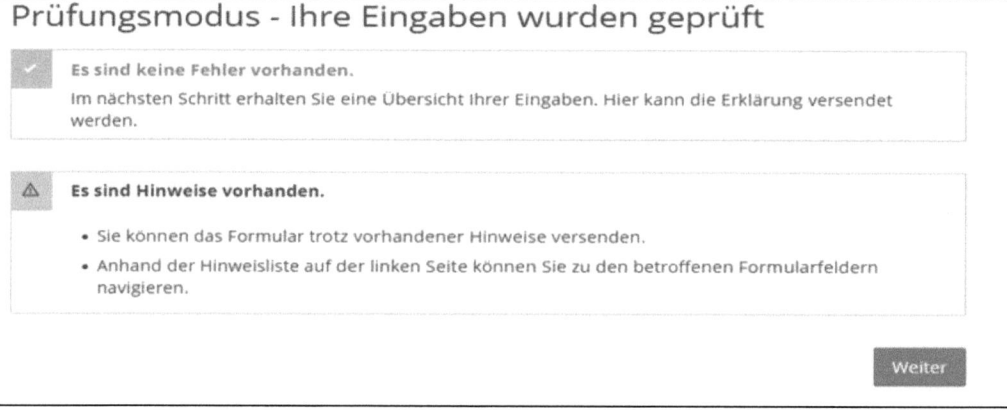

Klicken Sie nun auf „Weiter". Jetzt werden Ihnen nochmal alle Ihre Angaben tabellenförmig angezeigt. Nun können Sie die Erklärung „Absenden", indem Sie auf die gleichnamige Schaltfläche klicken. Nun sind Sie fertig.

---

[62] Vgl. amtliche Hinweise.

6.3. Die Feststellungserklärung für Bayern

Sie müssen eine Feststellungserklärung zur Grundsteuer abgeben, wenn Sie:

- Eigentümer/Eigentümerin eines Grundstücks sind (außer Erbbaurechtsverpflichtete)
- Erbbauberechtigte (=Nutzer des Grundstücks) für das Erbbaurechtsgrundstück
- Eigentümer/Eigentümerin eines Betriebs der Land- und Forstwirtschaft
- Bei Gebäuden auf fremdem Grund und Boden:
    - für den Grund und Boden: die Eigentümerinnen oder Eigentümer des Grund und Bodens und
    - für die Gebäude: die (wirtschaftlichen) Eigentümerinnen oder (wirtschaftlichen) Eigentümer des Gebäudes

Sind mehrere Personen Eigentümer (Miteigentümer), so muss eine gemeinsame Erklärung zusammen abgeben werden (Miteigentümer, Grundstücksgemeinschaften, Bruchteilsgemeinschaften, Erbengemeinschaften, etc). .

Welche Unterlagen benötigen Sie regelmäßig:

- Aktenzeichen des Grundstücks (16 Ziffern)[63]
- Adresse des Grundstücks[64] und der Eigentümer
- Angaben zur Gemarkung/Flurstück[65]
- Fläche des Grundstücks[66]
- Wohnfläche der Gebäude[67]
- Nutzfläche der Gebäude[68]
- Eigentumsanteil beim Wohneigentum[69]

Sie können den Fußnoten entnehmen, woher Sie diese o.g. Angaben erhalten.

---

[63] Sie haben in 2022 von Ihrem Finanzamt ein Schreiben erhalten, wo Sie zur Abgabe der Feststellungserklärung zur Grundsteuer für Ihr Grundstück/Eigentumswohnung aufgefordert worden sind. Diesem Schreiben können Sie ggf. das Aktenzeichen entnehmen. Alternativ können Sie das Aktenzeichen dem alten Einheitswertbescheid oder dem Bescheid über die Festsetzung des Grundsteuermessbetrags entnehmen. Auch auf dem Grundsteuerbescheid der Gemeinde können Sie das Aktenzeichen finden.
[64] Die Adresse des Grundstücks ist im Grundbuchauszug enthalten.
[65] Angaben zur Gemarkung, zur Flur und zum Flurstück sind dem Grundbuchauszug zu entnehmen.
[66] Auch die Fläche des Grundstücks ist der rechten Spalten des Grundbuchs auf den ersten Seiten zu entnehmen.
[67] Die Wohnfläche können Sie den Bauunterlagen, ggf. dem Exposé beim Kauf oder einem Mietvertrag entnehmen.
[68] Die Nutzflächen können Sie den Bauunterlagen, ggf. dem Exposé beim Kauf oder einem Mietvertrag entnehmen.
[69] Den Eigentumsanteil bei der Eigentumswohnung können Sie dem Wohnungsgrundbuch/Teileigentumsgrundbuch entnehmen.

Sie müssen für jede **wirtschaftliche Einheit** (für jedes Grundstück) eine eigene Grundsteuererklärung abgeben. Vereinfacht ausgedrückt: Sie müssen für jedes Aktenzeichen vom Finanzamt für Ihr Grundstück eine Feststellungserklärung abgeben.

Ein Grundstück kann sich dabei allerdings mehreren Flurstücken zusammensetzen, d.h. Sie müssen dabei nur eine Erklärung abgeben. Orientieren Sie sich dabei am Aktenzeichen, welches Ihnen das Finanzamt mitgeteilt hat.

Loggen Sie sich zunächst bei www.elster.de ein, indem Sie auf „Login" klicken.

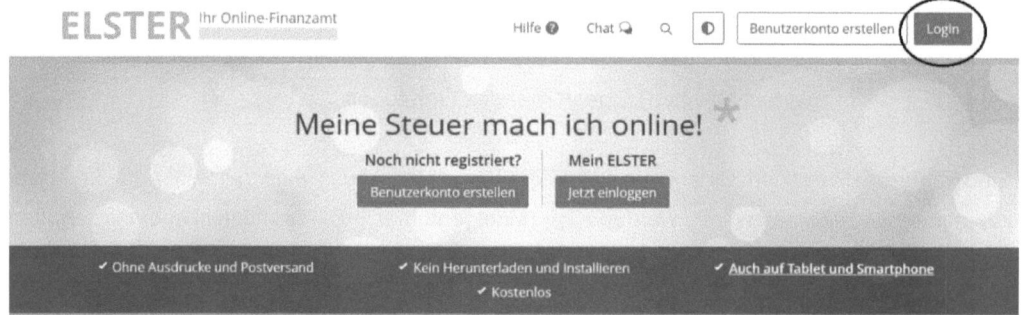

Nun werden Sie aufgefordert Ihr Zertifikat anzugeben. Dazu klicken Sie auf die Schaltfläche "Durchsuchen" und geben im Dateimanager den Speicherort an, an dem Sie die Zertifikatsdatei abgespeichert haben.

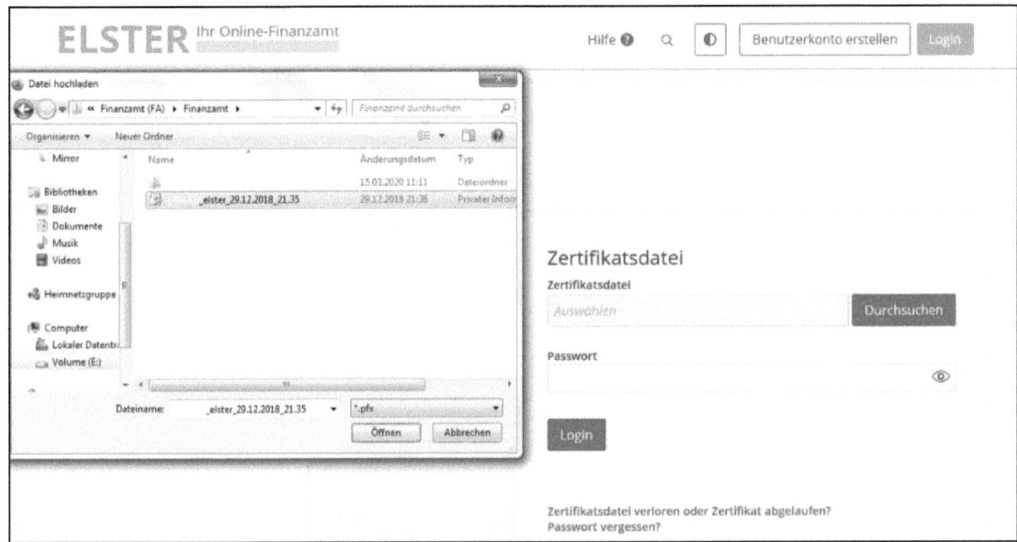

Klicken Sie dazu einfach die pfx-Datei mit Doppelklick an. Wie Sie die Datei nicht gleich finden, so nutzen Sie die Suchfunktion des Dateimanagers, indem Sie *.pfx in das Suchfeld eingeben. Nachdem Sie die pfx-Datei ausgewählt haben, müssen Sie nur noch das dazugehörige Passwort eintragen und auf die Schaltfläche "Login" klicken.

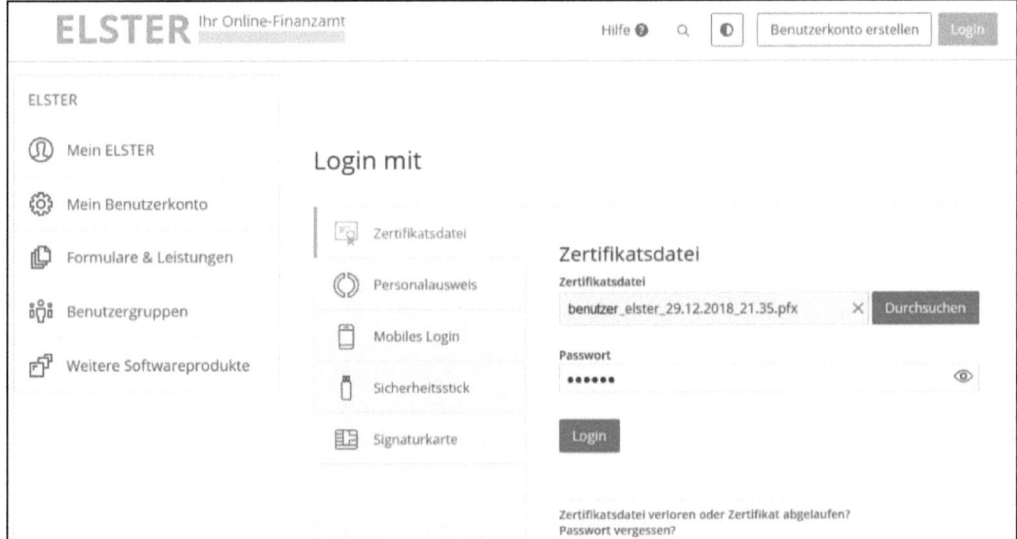

Falls Sie sich erstmals bei Elster eingeloggt haben, werden Sie aufgefordert Ihr Profil zu vervollständigen. Auch werden Sie gelegentlich über Neuerungen bei Mein ELSTER informiert. Diese Schritte können Sie allerdings überspringen. Danach gelangen Sie ins Hauptmenü.

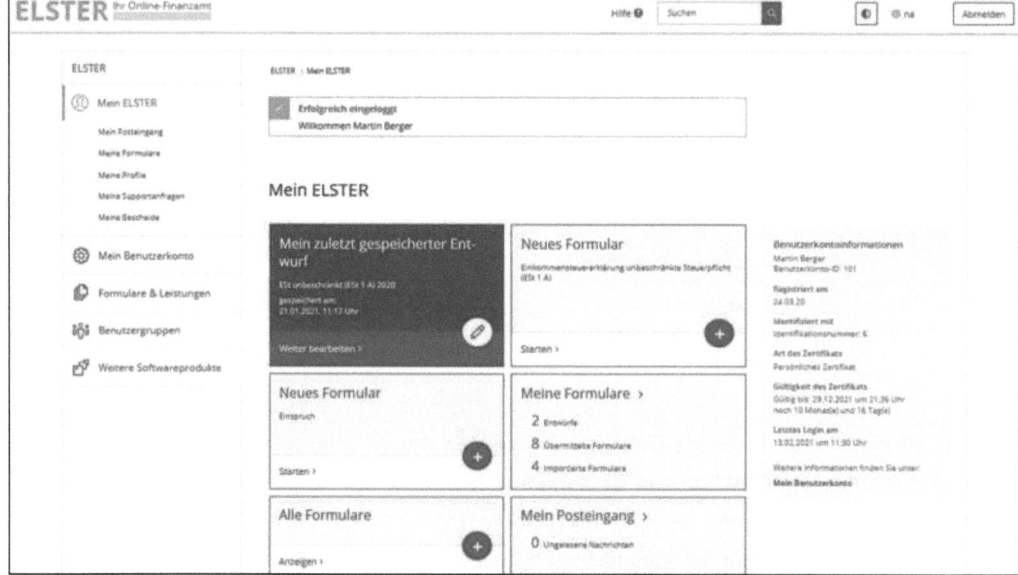

Klicken Sie nun in der linken Spalte auf die Schaltfläche „Formulare & Leistungen".

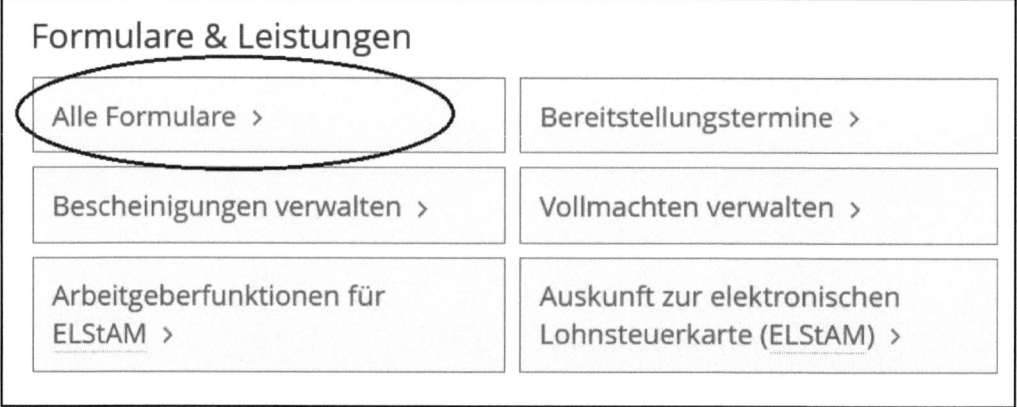

Wählen Sie nun „Grundsteuer" aus. Wählen Sie nun „Grundsteuer für Bayern" aus. Nun erhalten Sie erst wieder allgemeine Hinweise und weiterführende Hilfestellungen:

Grundsteuer für Bayern

 Allgemeine Hinweise

Wer muss eine Grundsteuererklärung abgeben?

- Eigentümerinnen und Eigentümer eines Grundstücks
- Eigentümerinnen und Eigentümer eines Betriebs der Land- und Forstwirtschaft
- Bei Grundstücken, die mit einem Erbbaurecht belastet sind: die Erbbauberechtigten
- Bei Gebäuden auf fremdem Grund und Boden:
    - für den Grund und Boden: die Eigentümerinnen oder Eigentümer des Grund und Bodens und
    - für die Gebäude: die (wirtschaftlichen) Eigentümerinnen oder (wirtschaftlichen) Eigentümer des Gebäudes

Befindet sich das Grundstück bzw. der Betrieb der Land- und Forstwirtschaft im Eigentum mehrerer Personen bzw. Gemeinschaften (Miteigentum), müssen diese gemeinsam eine Grundsteuererklärung abgeben.

Wichtiger Hinweis:

Grundsätzlich brauchen Sie keine Belege mit Ihrer Grundsteuererklärung einzureichen. Beabsichtigen Sie dennoch Belege einzureichen, reichen Sie diese bitte nicht im Original, sondern nur als Kopie ein. Alle eingereichten Belege werden von der Steuerverwaltung gescannt und in der Regel anschließend vernichtet.

Weitere Informationen

Weitere Informationen finden Sie unter www.grundsteuer.bayern.de ⎆.

Vom 1. Juli 2022 bis zum 31. Dezember 2022 können Sie ausgewählte Daten, wie z. B. Flurstücksnummer und amtliche Fläche, aus dem Liegenschaftskataster zum Stichtag 1. Januar 2022 kostenlos über das Internetportal BayernAtlas-Grundsteuer ⎆ abrufen. Beim BayernAtlas-Grundsteuer handelt es sich um ein Angebot der Bayerischen Vermessungsverwaltung. Sie können der Veröffentlichung der Daten zu Ihrem Flurstück im BayernAtlas-Grundsteuer widersprechen: https://www.ldbv.bayern.de/produkte/grundsteuer.html ⎆

Klicken Sie danach auf „Weiter", danach auf „Ohne Datenübernahme fortfahren". Nun müssen Sie die richtigen Formular-Anlagen auswählen. Wählen Sie das Hauptformular (BayGrSt 1) und das Formular (BayGrSt 2) für das Grundstück aus. (BayGrSt 3 benötigen Sie, wenn Sie einen Betrieb der Land- und Forstwirtschaft haben; BayGrSt 3a für Tierbestand). Treffen Sie die Auswahl durch Ankreuzen:

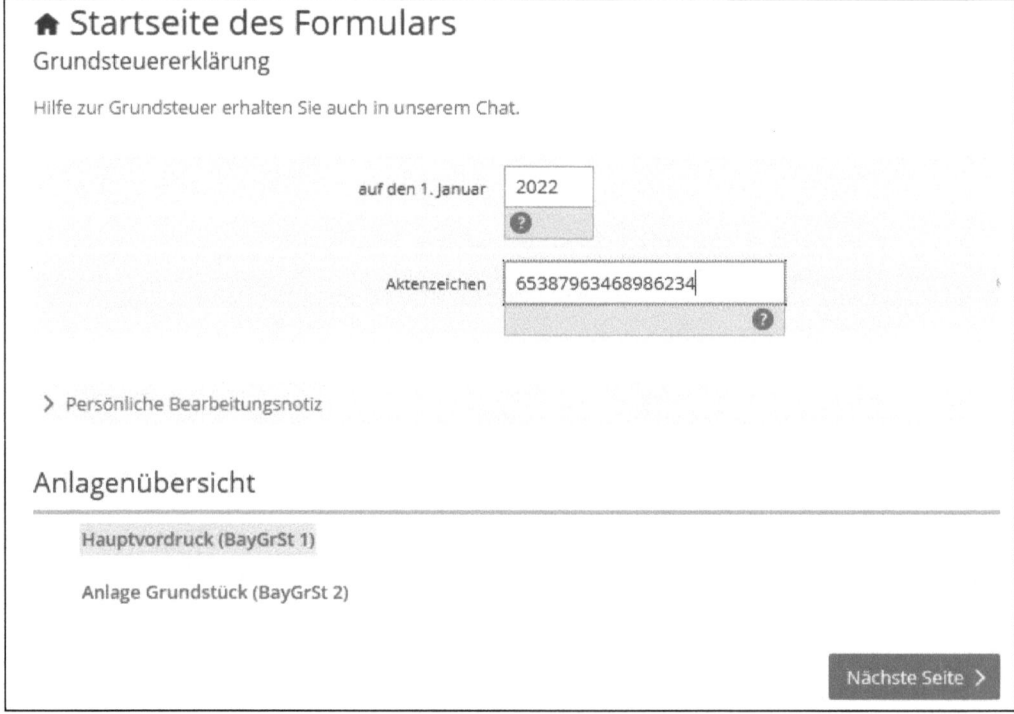

Anlagenauswahl — Welche Anlagen brauche ich ?

Hauptvordruck (BayGrSt 1)	☑
Anlage Grundstück (BayGrSt 2)	☑
Anlage Land- und Forstwirtschaft (BayGrSt 3)	☐
Anlage Tierbestand (BayGrSt 3A)	☐

Sie können Ihre Auswahl auch später noch anpassen. Klicken Sie dazu auf der nächsten Seite auf die Schaltfläche "Anlagen hinzufügen/entfernen".

Weiter

Klicken Sie danach auf „Weiter".

🏠 Startseite des Formulars
Grundsteuererklärung

Hilfe zur Grundsteuer erhalten Sie auch in unserem Chat.

auf den 1. Januar   2022 ?

Aktenzeichen   65387963468986234 ?

> Persönliche Bearbeitungsnotiz

Anlagenübersicht

Hauptvordruck (BayGrSt 1)

Anlage Grundstück (BayGrSt 2)

Nächste Seite >

Der Stichtag für die Hauptfeststellung lassen Sie auf 1.Januar 2022 eingestellt. Tragen Sie nun Ihr 17-stelliges Aktenzeichen ohne Schrägstriche ein. Das Aktenzeichen können Sie dem Informationsschreiben des Finanzamtes, dem alten Einheitswertbescheid bzw. Grundsteuermessbescheid oder ggf. dem Grundsteuerbescheid der Gemeinde entnehmen.

Unter dem Punkt „Persönliche Bearbeitungsnotiz" haben Sie die Möglichkeit einen Freitext an den Bearbeiter im Finanzamt zu schreiben. Nutzen Sie das Feld, wenn Sie sich bei einer Eingabe unsicher sind. Eine Texteingabe führt regelmäßig dazu, dass der Bearbeiter im Finanzamt Ihre Steuererklärung genauer anschaut.

Klicken Sie anschließend auf „Weiter".

Nun gelangen Sie auf die Startseite des Hauptvordrucks (BayGrSt 1). Dieser Hauptvordruck besteht aus 7 Unterseiten.

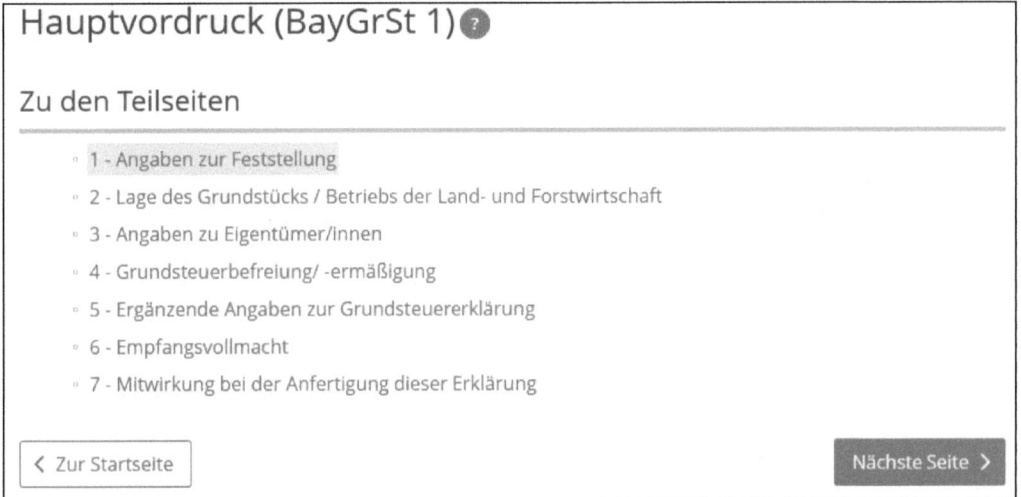

Klicken Sie auf „Nächste Seite".

Auf **Unterseite 1** wählen Sie bei Grund der Feststellung „Hauptfeststellung" aus. Bei Art der wirtschaftlicher Einheit müssen Sie differenzieren, ob es sich um ein unbebautes oder bebautes Grundstück bzw. um ein land- o. forstwirtschaftlich genutztes Grundstück handelt.

1 - Angaben zur Feststellung

⁴ **Grund der Feststellung** ¹³ ❓

- ◉ Hauptfeststellung
- ○ Nachfeststellung
- ○ Fortschreibung(en)
- ○ Aufhebung

⁴ **Art der wirtschaftlichen Einheit** ¹⁰ ❓

- ○ Keine Angabe
- ○ unbebautes Grundstück (wirtschaftliche Einheit des Grundvermögens)
- ◉ bebautes Grundstück (wirtschaftliche Einheit des Grundvermögens)
- ○ Betrieb der Land- und Forstwirtschaft (auch einzelne land- und forstwirtschaftlich nutzbare Flächen)

Ein **unbebautes Grundstück** ist ein Grundstück, auf dem sich kein benutzbares Gebäude[70] befinden (§ 246 Abs. 1 BewG) und das nicht zu einem Betrieb der Land- und Forstwirtschaft gehört. Die Benutzbarkeit beginnt im Zeitpunkt der Bezugsfertigkeit. Gebäude sind als bezugsfertig anzusehen, wenn den zukünftigen Bewohnern oder sonstigen Benutzern zugemutet werden kann, sie zu benutzen. Auch einzelne **Gartengrundstücke**, mit einer Gartenlaube und/oder einem Geräteschuppen gelten als unbebaut, wenn die Bauwerke (Laube/Geräteschuppen) nicht eine Gesamtnutzfläche von 30m² erreichen.

Ein **bebautes Grundstück** ist ein Grundstück, auf dem sich mindestens ein benutzbares Gebäude befindet.

Als **Betrieb der Land- und Forstwirtschaft** gelten auch einzelne land- und forstwirtschaftlich nutzbare Flächen, die ungenutzt, selbstgenutzt oder verpachtet sind. Land- und forstwirtschaftlich genutzte Flächen (mit Ausnahme der Hofstelle) gehören nicht zu einem Betrieb der Land- und Forstwirtschaft, wenn

- sie in einem Bebauungsplan als Bauland festgesetzt sind, die sofortige Bebauung möglich ist und die Bebauung innerhalb des Plangebiets in benachbarten Bereichen begonnen hat oder schon durchgeführt ist oder

---

[70] Ein Gebäude ist ein Bauwerk auf eigenem oder fremdem Grund und Boden, das Menschen oder Sachen durch räumliche Umschließung Schutz gegen äußere Einflüsse gewährt, den Aufenthalt von Menschen gestattet, fest mit dem Grund und Boden verbunden, von einiger Beständigkeit und standfest ist (R 7.1 Abs. 5 EStR; H 7.1 [Gebäude] EStH).

90

- zu erwarten ist, dass sie innerhalb von sieben Jahren zu anderen Zwecken, wie z. B. als Bauland, Gewerbeland oder Industrieland genutzt werden.

Treffen Sie die Auswahl und klicken danach nun auf „Nächste Seite".

Auf der **2. Unterseite** müssen Sie nun die Adresse Ihres Grundstücks angeben. Tragen Sie nun in Zeile 5 die Straße, Hausnummer und ggf. Hausnummerzusatz ein. Falls das Grundstück keine Hausnummer hat, dann müssen Sie hier eine „0" eintragen. In Zeile 6 können Sie Zusatzangaben machen, z.B. eine Wohnungsnummer. In Zeile 7 tragen Sie den Ort und die Postleitzahl Ihres Grundstücks ein.

2 - Lage des Grundstücks / Betriebs der Land- und Forstwirtschaft ⑦

5	Straße, Hausnummer, Hausnummerzusatz			
		24	25	26

6	Zusatzangaben (zum Beispiel: "Wohnungsnummer 3")	
		31

7	Postleitzahl, Ort und gegebenenfalls Ortsteil	
	21	22

> Gemarkung und Flurstück (nur auszufüllen, sofern Straße / Hausnummer nicht vorhanden) 🔋

Mehrere hebeberechtigte Gemeinden ⑦

10 ☐ Das Grundstück oder der Betrieb der Land- und Forstwirtschaft erstreckt sich über mehrere hebeberechtigte Gemeinden 90

Falls das Grundstück über keine genaue Adresse verfügt, weil z.B. kein Straßenname oder keine Hausnummer vorhanden ist, müssen Sie die Gemarkung und das Flurstück über die blaue Klappleiste eintragen. Öffen Sie dazu die Klappleiste.

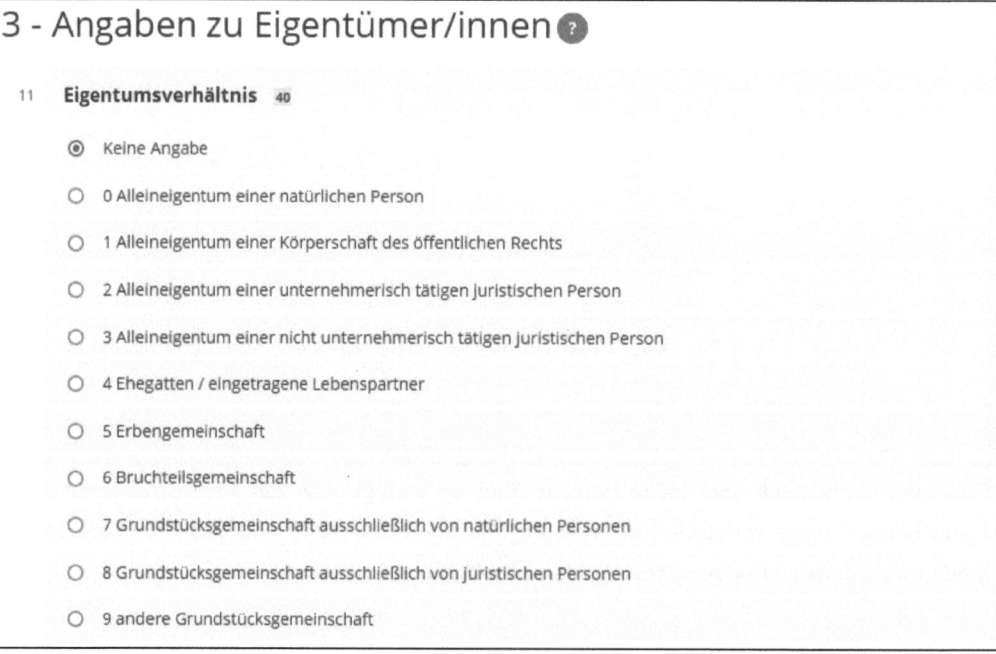

> ⌄ Gemarkung und Flurstück (nur auszufüllen, sofern Straße / Hausnummer nicht vorhanden)   ?
>
> | 8 | Gemarkung | |
> |---|---|---|
> | | | 11 |
> | 9 | Grundbuchblatt, Flurstück: Zähler, Flurstück: Nenner (falls vorhanden) | ? 12 \| 14 \| ? 15 |

Nun können Sie in Zeile 8 die Gemarkung und in Zeile 9 das Grundbuchblatt und für das Flurstück die Flurstücksnummer (Zähler/Nenner) eintragen. Diese Angaben können Sie dem Grundbuchauszug entnehmen.

In Zeile 10 müssen Sie nur dann für den ungewöhnlichen Fall ein Häkchen setzen, wenn sich das gesamte Grundstück über mehrere Orte (Gemeinden) erstreckt. Das wird jedoch regelmäßig nicht der Fall sein. Klicken Sie nun auf „Nächste Seite".

Auf **Unterseite 3** müssen Sie nun Angaben zu den Grundstückseigentümern machen. Hier haben Sie folgende Auswahlmöglichkeiten:

3 - Angaben zu Eigentümer/innen ?

11 **Eigentumsverhältnis** 40

- ⦿ Keine Angabe
- ◯ 0 Alleineigentum einer natürlichen Person
- ◯ 1 Alleineigentum einer Körperschaft des öffentlichen Rechts
- ◯ 2 Alleineigentum einer unternehmerisch tätigen juristischen Person
- ◯ 3 Alleineigentum einer nicht unternehmerisch tätigen juristischen Person
- ◯ 4 Ehegatten / eingetragene Lebenspartner
- ◯ 5 Erbengemeinschaft
- ◯ 6 Bruchteilsgemeinschaft
- ◯ 7 Grundstücksgemeinschaft ausschließlich von natürlichen Personen
- ◯ 8 Grundstücksgemeinschaft ausschließlich von juristischen Personen
- ◯ 9 andere Grundstücksgemeinschaft

Wenn Sie Alleineigentümer sind, dann wählen Sie die „0". Sind Sie mit Ihrem Ehegatten oder dem (eingetragenem) Lebenspartner[71] (Mit)-Eigentümer, so wählen Sie die „4". Sind Sie mit einer sonstigen anderen Person (oder mehreren Personen) Grunstückseigentümer, so könnte eine Bruchteilsgemeinschaft oder eine Bruchteilsgemeinschaft („6") oder eine Grundstücksgemeinschaft („7") vorliegen. Die Abgrenzung zwischen Bruchteilsgemeinschaft und Grundstücksgemeinschaft (Gesamthandseigentum) ist nicht ganz so einfach.

Bei **Bruchteilseigentum** handelt es sich um eine Form des Miteigentums, bei der jeder Miteigentümer einen bestimmten Bruchteil oder einen zahlenmäßig definierten Anteil (auch Quote oder Bruchteil) an der Sache hat und über den jeder Miteigentümer frei verfügen darf. Bei der **Grundstücksgemeinschaft** (Gesamthandsgemeinschaft) hingegen, gehört allen beteiligten Personen ein gemeinsames Vermögen, welches einen gemeinsamen Zweck dient. Oftmals werden private Miteigentümer zu jeweils 1/2 im Grundbuch eingetragen. Im Zweifel ist von einer Bruchteilsgemeinschaft im Sinne von „6" auszugehen. Handelt es sich bei dem Grundstück um eine (noch nicht auseinandergesetzte) Erbschaft, bei der mehrere Personen Erbe geworden sind, so wählen Sie „5" aus.

Sofern Sie eine Erbengemeinschaft, Bruchteilsgemeinschaft oder sonstige Gemeinschaften ausgewählt haben, müssen Sie die Zeilen 12-18 ausfüllen, um weitere Angaben zur Gemeinschaft zu tätigen.

> Angaben zu Erbengemeinschaften, Bruchteilsgemeinschaften und Gemeinschaften ohne geschäftsüblichen Namen ❓

Klicken Sie dazu auf o.g. Feld „Angaben zu Erbengemeinschaften....". Nun öffnen sich die Zeilen 12-18.

---

[71] Lebenspartner bedeutet eine eingetragene homosexuelle Lebenspartnerschaf nach dem Lebenspartnerschaftsgesetz.

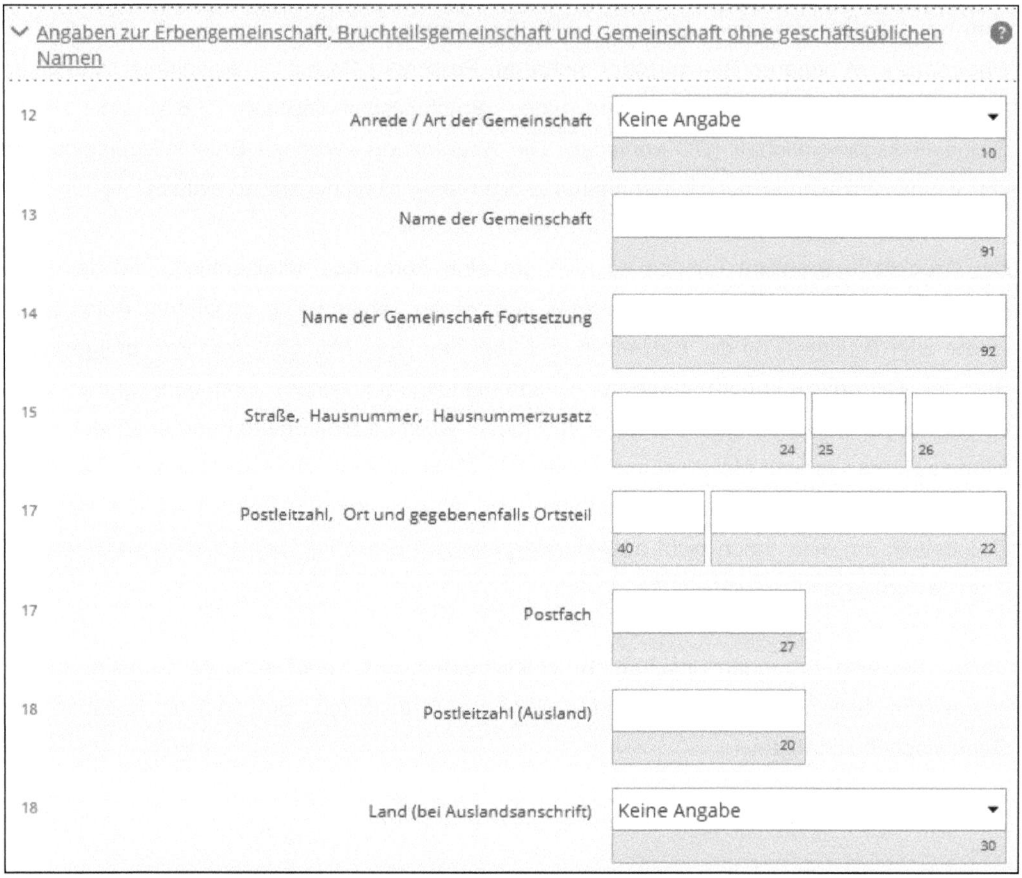

12	Anrede / Art der Gemeinschaft	Keine Angabe ▾
13	Name der Gemeinschaft	
14	Name der Gemeinschaft Fortsetzung	
15	Straße, Hausnummer, Hausnummerzusatz	
17	Postleitzahl, Ort und gegebenenfalls Ortsteil	
17	Postfach	
18	Postleitzahl (Ausland)	
18	Land (bei Auslandsanschrift)	Keine Angabe ▾

Wenn das Grundstück einer Gemeinschaft ohne geschäftsüblichen Namen (zum Beispiel Erbengemeinschaft, Gesellschaft bürgerlichen Rechts, Bruchteilsgemeinschaft) gehört, tragen Sie bitte den Anredeschlüssel und eine Bezeichnung der Gemeinschaft ein, zum Beispiel "Erbengemeinschaft nach Max Muster" oder "Grundstücksgemeinschaft Muster/Musterstraße"[72]. Anderenfalls überspringen Sie die Zeilen 12-18.

Tragen Sie jedoch auf jeden Fall jeden einzelnen Eigentümer/Miteigentümer der wirtschaftlichen Einheit (Grundstück) in die Zeilen 20 bis 30 ein. Diese Zeilen sind für jeden einzelnen Eigentümer auszufüllen. Legen Sie jeden Eigentümer einzeln an. Orientieren Sie sich dabei an den Eigentümern, die Sie dem Grundbuchauszug entnehmen können.

---

[72] Amtlicher Hinweistext zu Zeile 33-39.

94

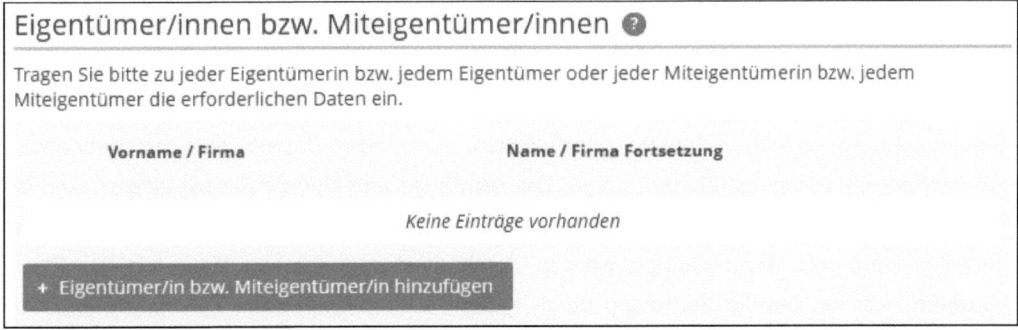

Eigentümer/innen bzw. Miteigentümer/innen

Tragen Sie bitte zu jeder Eigentümerin bzw. jedem Eigentümer oder jeder Miteigentümerin bzw. jedem Miteigentümer die erforderlichen Daten ein.

Vorname / Firma	Name / Firma Fortsetzung
Keine Einträge vorhanden	

+ Eigentümer/in bzw. Miteigentümer/in hinzufügen

Zum Anlegen der einzelnen Eigentümer bzw. Miteigentümer klicken Sie auf „+Eigentümer/in bzw. Miteigentümer/in hinzufügen". Nun können Sie den ersten Eigentümer eintragen. In Zeile 20-22 tragen Sie den Namen, in Zeile 23 das Geburtsdatum, in Zeile 24-27 die Anschrift, in Zeile 20 ggf. die Telefonnummer (freiwillige Angabe) sowie in Zeile 28 dessen örtlich zuständiges Finanzamt ein.

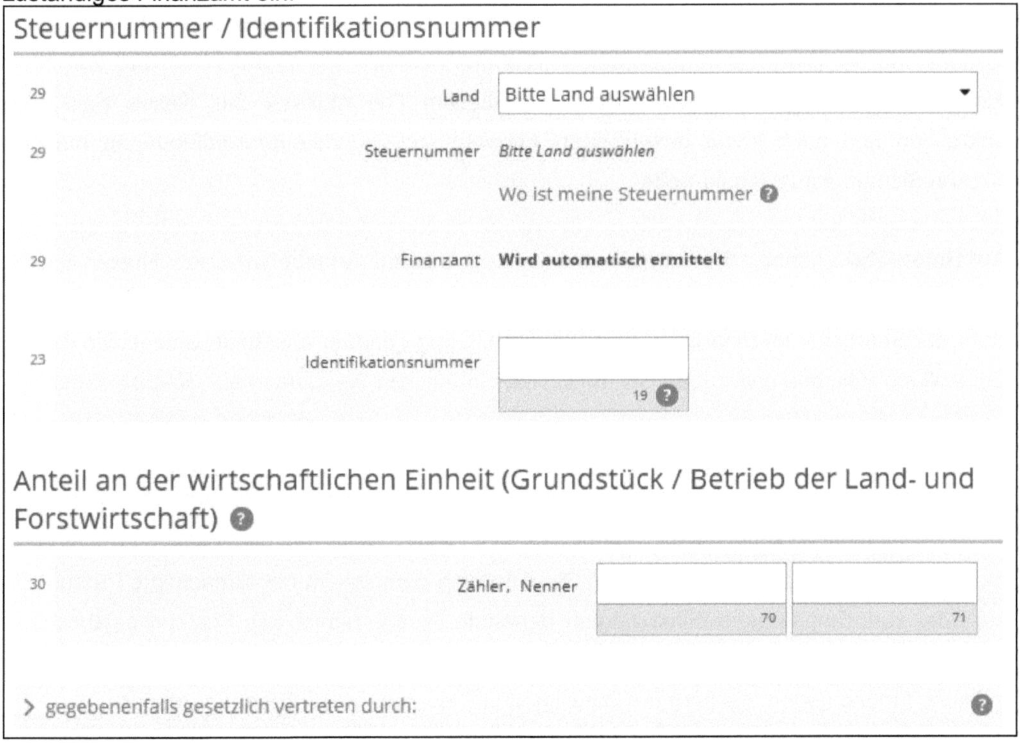

Steuernummer / Identifikationsnummer

29	Land	Bitte Land auswählen ▼
29	Steuernummer	*Bitte Land auswählen*
		Wo ist meine Steuernummer ❓
29	Finanzamt	**Wird automatisch ermittelt**
23	Identifikationsnummer	
		19 ❓

Anteil an der wirtschaftlichen Einheit (Grundstück / Betrieb der Land- und Forstwirtschaft) ❓

30	Zähler, Nenner	70	71

❭ gegebenenfalls gesetzlich vertreten durch: ❓

In Zeile 29 tragen Sie dessen Steuernummer, sowie das Bundesland des Finanzamtes ein, in welchem der Eigentümer (einkommensteuerlich) geführt wird. Zudem tragen Sie in Zeile 23 dessen steuerliche Identifikationsnummer ein. Steuernummer und Identifikationsnummer

95

können Sie dem Einkommensteuerbescheid des Eigentümers entnehmen. In Zeile 30 müssen Sie noch den Eigentumsanteil an der wirtschaftlichen Einheit (Grundstück / Betrieb der Land- und Forstwirtschaft) eintragen. Bei einer **Eigentumswohnung** sind hier nur Angaben zu den Eigentümern der einzelnen Wohnung und nicht zu den übrigen Eigentümern der Wohnanlage zu machen. Bei Alleineigentümern tragen Sie bei Zähler und Nenner jeweils eine „1" ein. Bei hälftigem Eigentum bei Zähler eine „1" und bei Nenner eine „2". Falls ein Eigentümer gesetzlich vertreten wird (z.B. Minderjährige werden durch Ihren gesetzlichen Vertreter, die Eltern, vertreten), können Sie die Vertretung durch Klicken auf die Klappleiste „gesetzlich vertreten" eintragen. Anderenfalls klicken Sie auf „Eigentümer/in bzw. Miteigentümer/in übernehmen". Nun können Sie weitere Eigentümer/Miteigentümer hinzufügen. Klicken Sie danach auf „ Nächste Seite".

Auf der **Unterseite 4** müssen Sie in Zeile 58 ein Häkchen setzen, wenn Sie eine Grundsteuerbefreiung oder eine Grundsteuerermäßigung beantragen wollen. Die allgemeine Ermäßigung der Grundsteuermesszahl für Wohnflächen von 100 % auf 70 % wird von Ihrem Finanzamt automatisch vorgenommen[73]. In diesem Fall müssen Sie dieses Feld nicht ankreuzen und auch keine gesonderten Angaben zu Grundsteuerermäßigungen machen. Klicken Sie nun auf „Nächste Seite".

Auf **Unterseite 5** können Sie mittels Freitextfeld ergänzende Angaben machen. Nutzen Sie das Feld, wenn Sie sich bei einer Eingabe unsicher sind. Eine Texteingabe führt regelmäßig dazu, dass der Bearbeiter im Finanzamt Ihre Steuererklärung genauer anschaut. Setzen Sie dazu in Zeile 59 ein Häkchen und tragen Sie Ihren Text ein. Klicken Sie danach auf „Nächste Seite".

Auf **Unterseite 6** können Sie eine Empfangsvollmacht für eine bevollmächtigte Person erteilen, d.h. der Steuerbescheid geht dann dieser Person zu. Bei Bruchteilsgemeinschaften sollten Sie einen Empfangsbevollmächtigten benennen, d.h. wenn sich das Grundstück im Eigentum mehrerer Personen befindet, benennen Sie bitte eine gemeinsam bevollmächtigte Person. Die zur oder zum Empfangsbevollmächtigten benannte Person nimmt den Feststellungsbescheid und alle anderen mit dem Feststellungsverfahren im Zusammenhang stehenden Schreiben mit Wirkung für und gegen alle anderen Beteiligten in Empfang, § 183 Abgabenordnung˙.
Tragen Sie in Zeile 60 die Anrede, ggf. den akademischen Titel, in Zeile 61 den Vornamen (oder Firmennamen), in Zeile 62 den Familiennamen, in Zeile 63 Straße, die Hausnummer und

---

[73] Art. 4 Abs. 1 S.2 BayGrStG.

ggf. den Hausnummernzusatz und in Zeile 65 Ort und Postleitzahl und ggf. ein Postfach ein. Zeile 66 müssen Sie nur ausfüllen, sofern es sich um eine Auslandsanschrift handelt. In Zeile 67 müssen Sie noch ein Häkchen setzen, wenn Sie einen Empfangsbevollmächtigten eingesetzt haben, weil es § 183 AO bei mehreren Eigentümer (Grundstücksgemeinschaften, Erbengemeinschaften, Bruchteilsgemeinschaften, Gesellschaften) es verlangt. Im Zweifel setzen Sie hier das Häkchen. Klicken Sie danach „Nächste Seite".

Auf **Unterseite 7** können Sie (freiwillig) Angaben zu Personen machen, die Ihnen bei der Steuererklärung geholfen haben. Beachten Sie dabei, dass entgeltliche Hilfe in Steuersachen nur Steuerberater und Rechtsanwälte, etc. leisten dürfen. Daneben darf nur für Angehörige unentgeltlich Hilfe geleistet werden[74]. In Zeile 69-72 tragen Sie die Anschrift der Hilfsperson ein. Die restlichen Zeilen auf Unterseite 7 können Sie ignorieren. Klicken Sie danach auf „Nächste Anlage".

Nun gelangen Sie zur **„Anlage Grundstück (BayGrSt 2)"**. Diese Anlage besteht aus neun Teilseiten.

Anlage Grundstück (BayGrSt 2) ❼

Zu den Teilseiten

- 1 - Angaben zum Grund und Boden
- 2 - Angaben zu Gebäuden / Gebäudeteilen
- 3 - Angaben bei vollständiger Grundsteuerbefreiung
- 4 - Angaben bei einheitlicher und vollständiger Grundsteuerermäßigung
- 5 - Zusätzliche Angaben bei Grundsteuerermäßigungen
- 6 - Herrichtung für steuerbefreite Zwecke
- 7 - Zivilschutz
- 8 - Zusätzliche Angabe bei neuem Wohnungs-/ Teileigentum
- 9 - Gebäude auf fremdem Grund und Boden / Erbbaurecht

---

[74] Vgl. § 6 Nr. 2 StBerG i.V.m. § 15 AO.

Auf **Unterseite 1** müssen Sie Angaben **zum Grund und Boden machen**. Wenn Sie auf „Nächste Seite" klicken gelangen Sie zur **Unterseite 1**.

Zunächst müssen Sie alle Ihre Flurstücke, die sich innerhalb einer Gemeinde befinden, aufnehmen. Geben Sie im Bereich "Gemeindebezogene Aufstellung der Gemarkungen und Flurstück(e)" auch Flächen an, die vollständig oder teilweise von der Grundsteuer befreit sind. Die dazugehörigen Angaben zu einer Grundsteuerbefreiung machen Sie bitte auf der Teilseite "Angaben bei vollständiger Grundsteuerbefreiung".

Sind Sie (wirtschaftliche) Eigentümerin oder (wirtschaftlicher) Eigentümer eines Gebäudes auf fremdem Grund und Boden, sind nur Angaben zu Gebäuden bzw. Gebäudeteilen ab Zeile 38 ff. der Teilseite "Gebäude auf fremden Grund und Boden / Erbbaurecht" erforderlich[75]. Klicken Sie zunächst auf „+Gemeindebezogene Aufstellung hinzufügen".

---

[75] Siehe amtliche Hinweise.

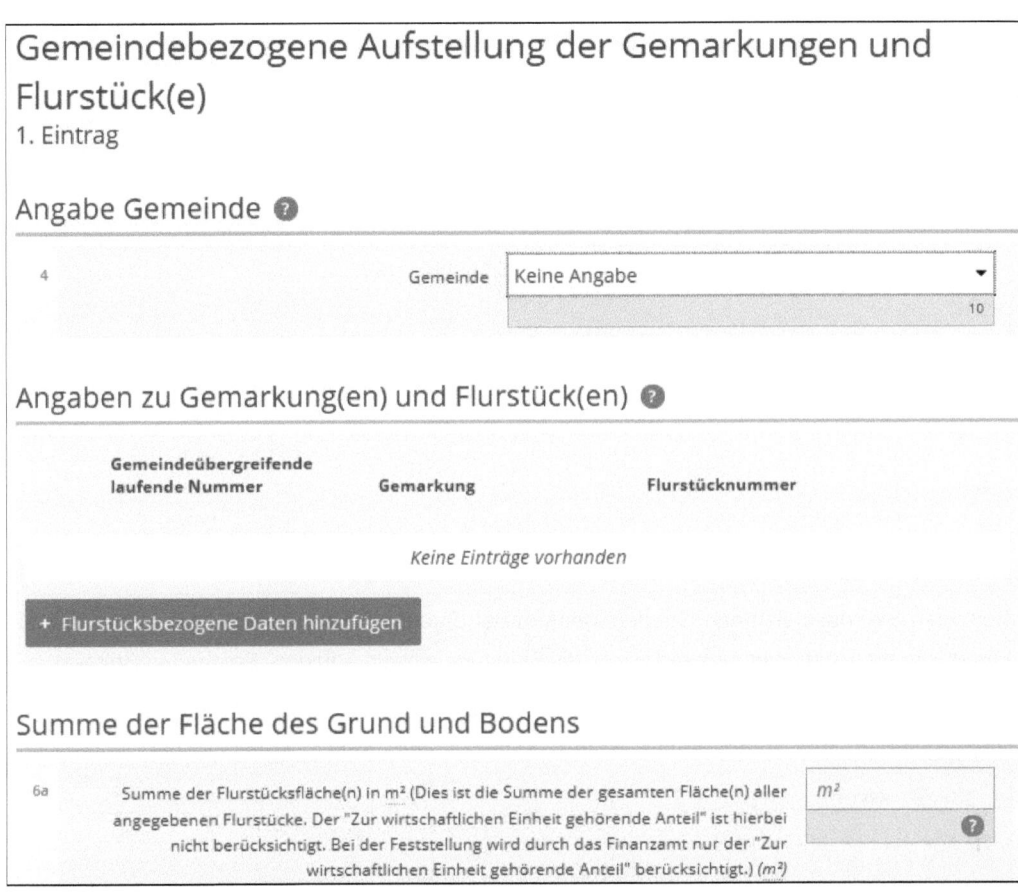

Gemeindebezogene Aufstellung der Gemarkungen und Flurstück(e)
1. Eintrag

Angabe Gemeinde ❓

4	Gemeinde	Keine Angabe ▼
		10

Angaben zu Gemarkung(en) und Flurstück(en) ❓

Gemeindeübergreifende laufende Nummer	Gemarkung	Flurstücknummer
Keine Einträge vorhanden		

+ Flurstücksbezogene Daten hinzufügen

Summe der Fläche des Grund und Bodens

6a	Summe der Flurstücksfläche(n) in m² (Dies ist die Summe der gesamten Fläche(n) aller angegebenen Flurstücke. Der "Zur wirtschaftlichen Einheit gehörende Anteil" ist hierbei nicht berücksichtigt. Bei der Feststellung wird durch das Finanzamt nur der "Zur wirtschaftlichen Einheit gehörende Anteil" berücksichtigt.) *(m²)*	m² ❓

Wählen Sie über die Klappleiste in Zeile 4 die Gemeinde aus, in der das Flurstück liegt. Nun müssen Sie alle Flurstücke eintragen, die innerhalb dieser Gemeinde liegen. Um die Flurstücke einzutragen, klicken Sie auf „+Flurstücksbezogene Daten hinzufügen".

Gemarkung / Flurstück ❓
1. Eintrag

Meine Daten im BayernAtlas ermitteln. ⌐

4	Fläche	804	
		16 ❓	
5	Gemarkung	Musterstadt ▾	
		11 ❓	
5	Flurstücknummer: Zähler, Nenner	1642	b
		14	❓ 15
6	Grundbuchblatt	10410	
		❓ 12	
6	Zur wirtschaftlichen Einheit gehörender Anteil: Zähler, Nenner	198	10000
		17 ❓	18 ❓

Beachten Sie, dass sich das Sondereigentum bei Eigentumswohnen regelmäßig auf mehrere Flurstücke erstreckt. Hier müssen Sie jedes Flurstück einzeln anlegen. Folgendes Beispiel:

Hier müssen Sie also das Flurstück 1642/b und 1642/c jeweils extra anlegen. Die Grundstücksdaten können Sie dem Grundbuchauszug bzw. dem Wohnungsgrundbuch entnehmen. In Zeile 4 tragen Sie die Fläche des Flurstücks ein. Die Gemarkung können Sie in Zeile 5 über die Klappleiste auswählen. Die Gemarkung wird in der Kopfzeile des Grundbuchauszugs genannt. Zudem müssen Sie die Flurstücksnummer, welche sich zumeist aus zwei Teilen (Zähler und Nenner) zusammensetzt eintragen. Zähler und Nenner können sowohl aus Ziffern als auch aus Buchstaben bestehen. Schauen Sie in Ihren Grundbuchauszug. Das Grundbuchblatt in Zeile 6 können Sie ebenfalls der Kopfzeile des Grundbuchauszugs entnehmen. In Zeile 6 müssen Sie zudem den zur wirtschaftlichen Einheit gehörender Anteil eintragen.

Beachten Sie:

Achtung Verwechslungsgefahr! In Zeile 11 ist <u>nicht</u> Ihr Eigentumsanteil an der wirtschaftlichen Einheit (Grundstück) gemeint (Bsp: Ihnen gehört das Flurstück zusammen mit Ihrer Ehefrau. Dieser Eigentumsanteil ist auf auf dem Hauptvordsruck BayGrSt 1- Unterseite 3 einzutragen). Hier geht es ausschließlich bei Wohneigentum und Teileigentum nach der Eigentumszurechnung.

Im o.g. Beispiel wären 198/10.000 einzutragen. Diesen Anteil können Sie bei Wohnungseigentum aus dem Wohnungsgrundbuch entnehmen. Bei allen anderen Grundstücken wird der Anteil regelmäßig 1/1 betragen.

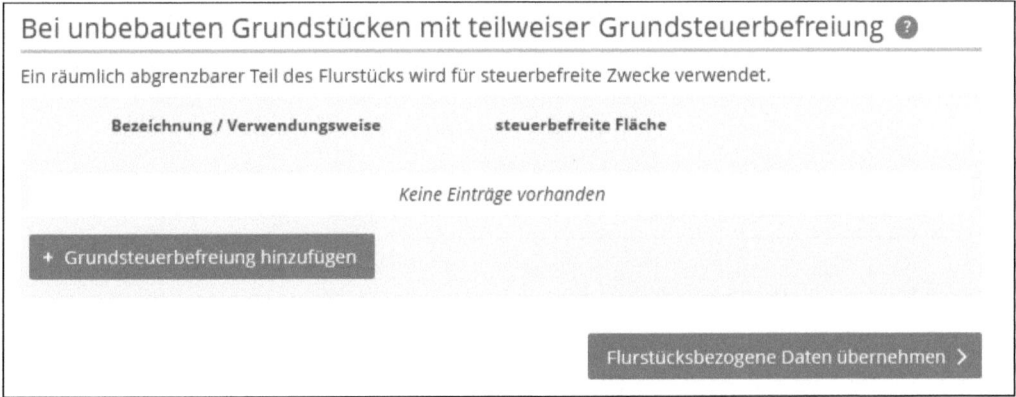

Grundsteuerbefreiungen haben bei Privatpersonen keine praktische Relevanz. Daher müssen Sie hier keine Angaben machen. Klicken Sie daher auf „Flurstücksbezogene Daten übernehmen". Nun können Sie weitere Flurstücke innerhalb der Gemeinde eintragen. Klicken Sie dazu auf „+Flurstücksbezogene Daten hinzufügen" oder klicken Sie auf

101

„Gemeindebezogene Aufstellung übernehmen". Beträgt die Summe aller Flurstücksflächen der wirtschaftlichen Einheit mehr als 10.000 m², geben Sie bitte die Fläche des gesamten Grund und Bodens an, die bebaut oder befestigt ist. Klicken Sie dazu auf:

> Bei einer Fläche des Grund und Bodens von mehr als 10.000 m²

Tragen Sie dann die Fläche des gesamten zur wirtschaftlichen Einheit gehörenden Anteils des Grund und Bodens, die bebaut oder befestigt ist, in Zeile 19 ein. Klicken Sie danach auf die „Nächste Seite".

Auf **Unterseite 2** müssen Sie Angaben zu **Gebäuden bzw. Gebäudeteilen** machen, wenn es sich um ein bebautes Grundstück handelt und Sie Eigentümerin oder Eigentümer eines bebauten Grundstücks sind. Machen Sie bitte hingegen keine Angaben zu Gebäuden bzw. Gebäudeteilen, wenn alle auf dem Grundstück errichteten Bauwerke insgesamt eine Gebäudefläche von weniger als 30 m² haben[76]. Falls Sie Eigentümerin oder Eigentümer eines Grund und Bodens mit fremdem Gebäude sind, müssen Sie keine Angaben zu Gebäuden bzw. Gebäudeteilen machen.

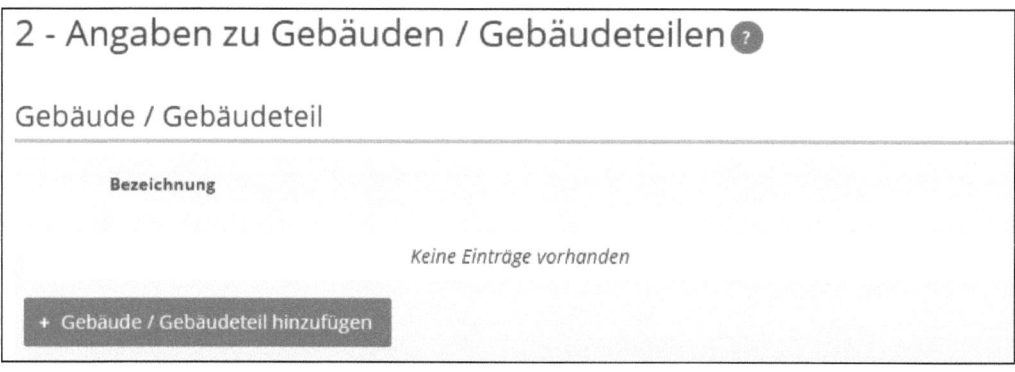

Klicken Sie zunächst auf „+Gebäude/Gebäudeteil hinzufügen". Nun müssen Sie jedes Gebäude auf der wirtschaftlichen Einheit (Grundstück) angeben. Falls Sie Eigentümer eines **Grund und Bodens mit fremdem Gebäude** sind, müssen Sie keine Angaben zu Gebäuden bzw. Gebäudeteilen machen.

---

[76] vgl. amtlicher Hinweistext.

Ausnahme: Machen Sie bitte hingegen keine Angaben zu Gebäuden bzw. Gebäudeteilen, wenn alle auf dem Grundstück errichteten Bauwerke insgesamt eine Gebäudefläche von weniger als 30 m² haben.

Dies gilt **nicht**

- für Garagen, die eine eigene wirtschaftliche Einheit bilden, zu einer Wohnnutzung gehören und weniger als 30 m² Gebäudefläche haben.
- wenn die Gebäudefläche der wirtschaftlichen Einheit nur deshalb weniger als 30 m² beträgt, weil das Bauwerk z. B. in Wohnungseigentum und / oder Teileigentum aufgeteilt ist, das Bauwerk aber insgesamt mehr als 30 m² Gebäudefläche hat.

In diesen Fällen tragen Sie bitte die Gebäudefläche ein[77].

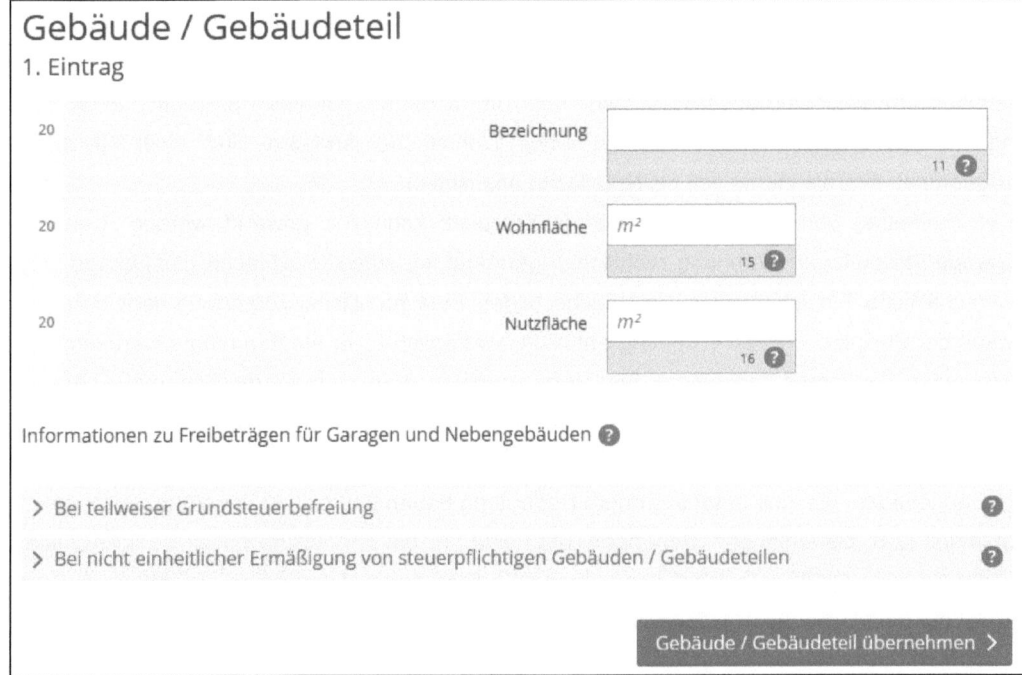

In Zeile 20 benennen Sie zunächst das Gebäude (z.B. Wohnhaus, Schuppen, Garage, etc.). Nun tragen Sie die Wohnfläche und die Nutzfläche ein. **Wohnflächen** sind Flächen, die zu

Wohnzwecken dienen inkl. dem häuslichen Arbeitszimmer[78]. Schauen Sie dazu in den Mietvertrag, Bauunterlagen, Nebenkostenabrechnung, Hausratsversicherungsvertrag oder in das (Kauf-) Exposé. Ist keine Wohnfläche bekannt, muss diese nach der Wohnflächenverordnung ermittelt werden. Sie können diese Wohnfläche selbst händisch ausmessen und ermitteln. **Nutzflächen** sind alle Flächen, die insbesondere eigenen oder fremden betrieblichen (selbstständigen/gewerblichen), öffentlichen oder sonstigen Zwecken dienen und die keine Wohnflächen sind (Büros, Werkstätten, Verkaufsflächen).

Garagen sind hingegen differenziert zu betrachten: Stellplätze im Freien und Carports können grundsätzlich unberücksichtigt bleiben und sind nicht einzutragen. Stehen Stellplätze in Garagen oder Tiefgaragen hingegen in räumlicher Nähe zur angegebenen Wohnfläche so bleibt diese Nutzfläche bis zu 50 m² außer Ansatz[79]. Sie müssen bei Garagen oder Stellplätzen in Tiefgaragen nur dann mit der Nutzfläche eintragen, die den Freibetrag von 50m² übersteigt. Gehören zu Ihrem Einfamilienhausgrundstück 3 Garagenstellplätze zu je 20m² (insgesamt 60m²), so müssen Sie bei der Nutzfläche nur 10m² angeben. Gehören Stellplätze in Garagen oder Tiefgaragen allerdings nicht zu einer Wohnfläche, sondern sind einer Nutzfläche zugeordnet, sind sie immer voll als Nutzfläche anzusetzen.

Der Freibetrag von 50m² für die Garage/Stellplatz kann nur gewährt werden, wenn die Garage/Stellplatz der Wohnung rechtlich zugeordnet ist, sofern die Fläche der Garage keine wirtschaftliche Einheit mit der Wohnfläche bildet. Eine rechtliche Zuordnung liegt dann vor, wenn der Stellplatz und die Wohnung entweder vertraglich (z. B. ein Eigentümer vermietet eine Wohnung zusammen mit einem Stellplatz an einen Mieter) oder dinglich mit einerander verbunden ist (z. B. Eigentümer gehört ein Einfamilienhaus mit Garage oder ein Wohnungseigentum mit Sondernutzungsrecht an einem Stellplatz)[80].

Nebengebäude, die eine untergeordnete Bedeutung haben und sich in der Nähe zur Wohnung befinden (z.B. Gartenlauben, Schuppen, etc.) sind nur bei der Nutzfläche zu berücksichtigen, wenn Sie eine Größe von 30m² überschreiten[81]. Sind diese Nebengebäude größer als 30m², so ist nur die Fläche als Nutzfläche anzugeben, die 30m² übersteigt.

Eine Grundsteuerbefreiung hat bei Privatpersonen keine praktische Relevanz, da hauptsächlich nur Körperschaften des öffentlichen Rechts und Religionsgesellschaften diese

---

[78] Art. 2 Abs. 1 S.2 BayGrStG.
[79] Art. 2 Abs. 2 BayGrStG.
[80] Vgl. amtliche Hinweise.
[81] Art. 2 Abs. 2 BayGrStG.

beantragen können. Eine Grundsteuerermäßigung bei einzelnen (von mehreren) Gebäuden bzw. Gebäudeteilen kommt jedoch in Betracht, wenn sich auf dem Grundstück ein Gebäude befindet,

- das ein Baudenkmal ist,
- das wohnraumgefördert wird,
- das Wohnungsbaugesellschaften, Genossenschaften oder Vereinen gehört oder
- auf dem sich der Wohnteil eines Betriebs der Land- und Forstwirtschaft befindet.

-

Eintragungen müssen Sie hier nur dann vornehmen, wenn bei mehreren Gebäuden nur ein Teil der Gebäude die Voraussetzungen für die Grundsteuerermäßigung erfüllen. Erfüllen alle Gebäude auf dem Grundstück (bis auf unbeachtliche Nebengebäude unter 30m²) die Voraussetzungen, so müssen Sie die Grundsteuerermäßigung auf Unterseite 4 beantragen.

Sollte das der Fall sein, so klicken Sie auf die Klappleiste „Bei nicht einheitlicher Ermäßigung von steuerpflichtigen Gebäuden/Gebäudeteilen" und klicken danach auf „+Ermäßigung hinzufügen"

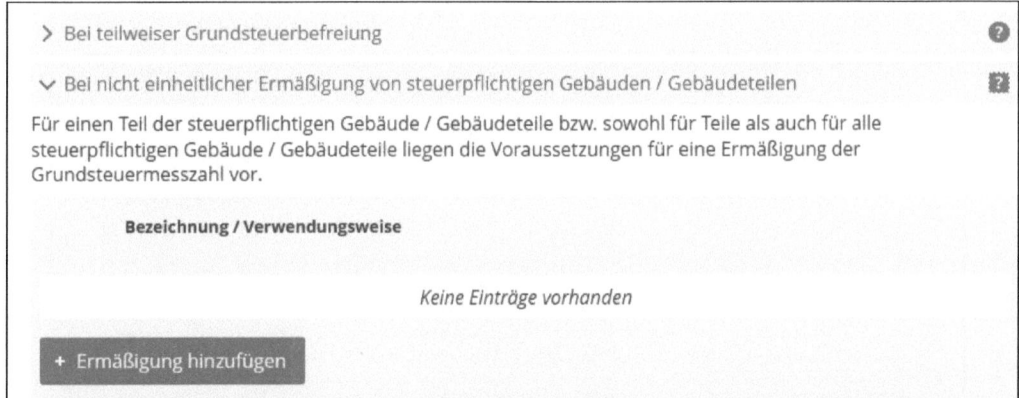

In Zeile 20 müssen Sie dann das Gebäude bezeichnen und die ermäßigte Wohn- und Nutzfläche des Gebäudes angeben. In Zeile 21 müssen Sie den passenden Grund für die Ermäßigung auswählen. Sofern das Gebäude unter Denkmalschutz steht, haben Sie sicherlich einen Bescheid der Denkmalschutzbehörde vorliegen, aus dem sich der Grund für die Ermäßigung anhand der denkmalschutzrechtlichen Paragraphen ergibt. Nachdem Sie alle Angaben zur Ermäßigung gemacht haben, klicken Sie auf „Ermäßigung übernehmen".

Danach klicken Sie auf „Gebäude / Gebäudeteil übernehmen". Nun können Sie weitere Gebäude eintragen, indem Sie auf „+Gebäude / Gebäudeteil hinzufügen" und die oben dargestellten Schritte wieder holen. Anderenfalls klicken Sie auf „Nächste Seite".

Die **3. Unterseite** behandelt erneut Steuerbefreiungen, die für Privatpersonen zumeist irrelevant sind. Klicken Sie daher auf „Nächste Seite".

Auf der **4. Unterseite** können Sie die Grundsteuerermäßigung beantragen, wenn alle Gebäude die Voraussetzungen für die Ermäßigung einheitlich erfüllen. (Auf Unterseite 2 müssen Sie hingegen den Ermäßigungsantrag stellen, wenn nur ein Teil der Gebäude die Voraussetzungen erfüllen.). Öffnen Sie dazu die Klappleiste und kreuzen Sie eine der 19 vorgegebenen Begründungen für die Ermäßigung an.

4 - Angaben bei einheitlicher und vollständiger Grundsteuerermäßigung❓

⌄ Einheitliche Ermäßigung von allen steuerpflichtigen Gebäuden / Gebäudeteilen

Für alle steuerpflichtigen Gebäude / Gebäudeteile liegen die Voraussetzungen für eine Ermäßigung der Grundsteuermesszahl einheitlich vor.

19 **Ermäßigung** 66

◉ Keine Angabe

◯ 01 Das Grundstück dient dem Betriebsinhaber, den zu seinem Haushalt gehörenden Familienangehörigen, den Altenteilern oder den Angestellten des Betriebs der Land- und Forstwirtschaft zu Wohnzwecken und steht in enger räumlicher Verbindung mit dem Betrieb der Land- und Forstwirtschaft und der Betriebsinhaber oder ein zu seinem Haushalt gehörender Familienangehöriger ist durch eine mehr als nur gelegentliche Tätigkeit in dem Betrieb an ihn gebunden (Artikel 4 Absatz 2 Bayerisches Grundsteuergesetz)

◯ 02 Auf dem Grundstück befindet sich ein Baudenkmal nach Artikel 1 Absatz 2 Satz 1 oder Absatz 3 (Ensembleschutz) Bayerisches Denkmalschutzgesetz (Artikel 4 Absatz 3 Bayerisches Grundsteuergesetz)

◯ 03 Die Wohnflächen unterliegen aufgrund einer staatlichen oder kommunalen Wohnraumförderung den Bindungen des sozialen Wohnungsbaus (Artikel 4 Absatz 4 Nummer 1 Bayerisches Grundsteuergesetz)

◯ 04 Das Grundstück wird einer Wohnungsbaugesellschaft zugerechnet, die Anteile der Wohnungsbaugesellschaft werden mehrheitlich von einer oder mehreren Gebietskörperschaften gehalten und zwischen der Wohnungsbaugesellschaft und der Gebietskörperschaft beziehungsweise den Gebietskörperschaften besteht ein Gewinnabführungsvertrag (Artikel 4 Absatz 4 Nummer 2 Bayerisches Grundsteuergesetz i. V. m. § 15 Absatz 4 Satz 1 Nummer 1 Grundsteuergesetz)

◯ 05 Das Grundstück wird einer Wohnungsbaugesellschaft zugerechnet, die als gemeinnützig im Sinne des § 52 Abgabenordnung anerkannt ist (Artikel 4 Absatz 4 Nummer 2 Bayerisches Grundsteuergesetz i. V. m. § 15 Absatz 4 Satz 1 Nummer 2 Grundsteuergesetz)

◯ 06 Das Grundstück wird einer Genossenschaft oder einem Verein zugerechnet, die ihre bzw. der seine Geschäftstätigkeit auf Bereiche, die in § 5 Absatz 1 Nummer 10 Buchstabe a und b Körperschaftsteuergesetz genannt sind, beschränkt und von der Körperschaftsteuer befreit ist (Artikel 4 Absatz 4 Nummer 2 Bayerisches

Danach klicken Sie auf „Nächste Seite". Auf Unterseite 5 können Sie zusätzliche Angaben zur Grundsteuerermäßigung im Zusammenhang mit einer Wohnraumförderung machen. Eintragungen müssen Sie hier nur vornehmen, wenn Sie die Steuerermäßigung wegen Wohnraumförderung (Ermäßigungsgründe auf Unterseite 4 - Nummern 3, 8, 12 und 16) beantragt haben. Dann müssen Sie in Zeile 35 und 36 Angaben zum Förderungszeitraum machen. Sollten Sie die Steuerermäßigung für einen Verein geltend machen, dann müssen Sie auf Zeile 37 noch Angaben zum Art des Grundstücks bzw. dessen Bebauung machen[82].

Klicken Sie danach auf „Nächste Seite".

Auch **Unterseite 6** hat keine praktische Relevanz für Privatpersonen, da hier nur Angaben gemacht werden brauchen, wenn man ein unbebautes oder bebautes Grundstück für steuerbefreite Zwecke herrichtet. Klicken Sie daher auf „Nächste Seite".

Auf **Unterseite 7** können Sie Gebäudeflächen eintragen, die dem Katastrophen- oder Zivilschutz nach § 1 des Zivilschutz- und Katastrophenhilfegesetzes bezeichneten Zwecke dienen. Die Flächen sind auf der Teilseite "2 - Angaben zu Gebäuden / Gebäudeteilen" nicht zu berücksichtigen. Klicken Sie danach auf „Nächste Seite".

Die **Unterseite 8** hat für Privatpersonen ebenfalls keine praktische Relevanz. Hier müssen nur Eintragungen erfolgen, wenn Wohngrundstücke oder sonstige Grundstücke gerade geteilt werden und die Eintragungen noch nicht im Grundbuch erfolgt sind. Bei Wohnungseigentum wird die Teilung regelmäßig durch den Bauträger vorgenommen, bevor die Eigentumswohnungen an Käufer veräußert werden. Klicken Sie daher auf „Nächste Seite".

Auf **Unterseite 9** müssen Sie ein Häkchen in Zeile 38 setzen, wenn Ihre Gebäude auf fremden Grund und Boden errichtet wurden oder in Zeile 39, wenn auf Ihrem Grundstück ein fremdes Gebäude errichtet wurde oder in Zeile 40, wenn Sie Erbbauberechtigter sind. Als Erbbauberechtigter müssen Sie neben Zeile 40 auch in Zeile 38 ein Häkchen setzen.

---

[82] Bei den unterschiedlichen Grundstücksarten können Sie sich an den Ausführungen zum Bundesmodell orientieren.

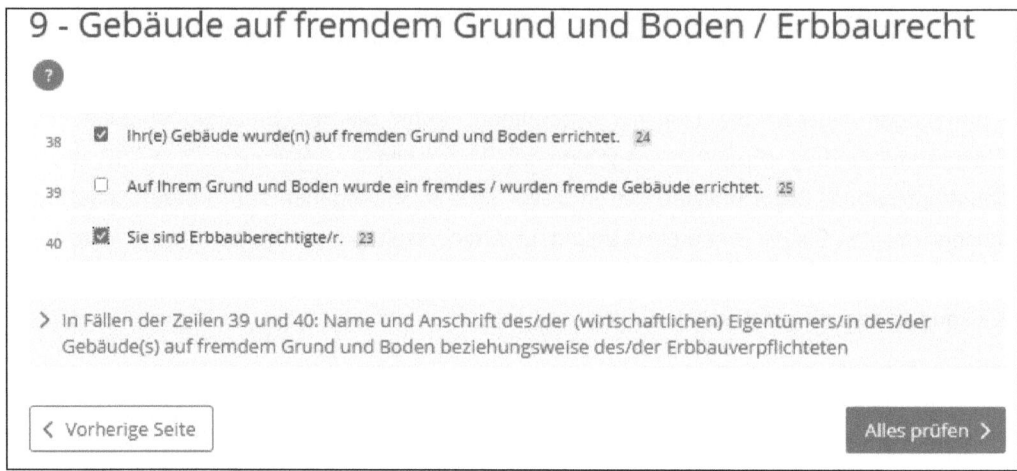

Wenn Sie in Zeile 39 oder 40 ein Häkchen gesetzt haben, müssen Sie über die Klappleiste auch noch Angaben zum Eigentümer der Gebäude (bei Kreuzchen in Zeile 39) bzw. zum Erbbauverpflichteten (=Grundstückseigentümer bei Kreuzchen in Zeile 40). Klicken Sie auf die Klappleiste. Nun öffnen Sie die Zeilen 41 bis 47. Tragen Sie dort Name und Anschrift der o.g. Eigentümer ein.

Wenn Sie alle Eintragungen gemacht haben, klicken Sie auf „Alles prüfen". Nun wird Ihre Feststellungserklärung zur Grundsteuer auf Fehler überprüft. Unplausible Eingaben werden Ihnen angezeigt und Sie werden zur Korrektur aufgefordert. Sofern keine Fehler gefunden wurden, wird Ihnen folgendes angezeigt:

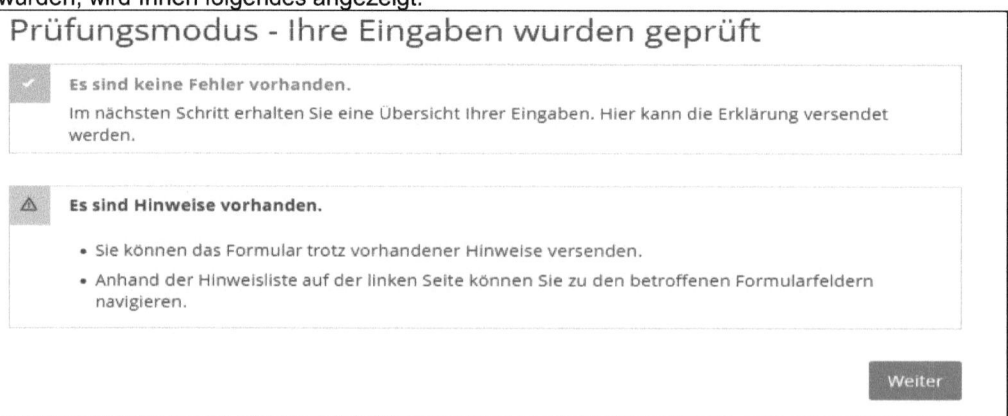

Klicken Sie nun auf „Weiter". Jetzt werden Ihnen nochmal alle Ihre Angaben tabellenförmig angezeigt. Nun können Sie die Erklärung „Absenden", indem Sie auf die gleichnamige Schaltfläche klicken. Nun sind Sie fertig.

6.4. Die Feststellungserklärung für Hamburg

Sie müssen eine Feststellungserklärung zur Grundsteuer abgeben, wenn Sie:

- Eigentümer/Eigentümerin eines Grundstücks sind (außer Erbbaurechtsverpflichtete)
- Erbbauberechtigte (=Nutzer des Grundstücks) für das Erbbaurechtsgrundstück
- Eigentümer/Eigentümerin eines Betriebs der Land- und Forstwirtschaft
- Bei Gebäuden auf fremdem Grund und Boden:
  - für den Grund und Boden: die Eigentümerinnen oder Eigentümer des Grund und Bodens und
  - für die Gebäude: die (wirtschaftlichen) Eigentümerinnen oder (wirtschaftlichen) Eigentümer des Gebäudes

Sind mehrere Personen Eigentümer (Miteigentümer), so muss eine gemeinsame Erklärung zusammen abgeben werden (Miteigentümer, Grundstücksgemeinschaften, Bruchteilsgemeinschaften, Erbengemeinschaften, etc). .

Welche Unterlagen benötigen Sie regelmäßig:

- Aktenzeichen des Grundstücks (10 Ziffern, beginnend mit einer 16)
- Adresse des Grundstücks[83] und der Eigentümer
- Angaben zur Gemarkung/Flurstück[84]
- Fläche des Grundstücks[85]
- Wohnfläche der Gebäude[86]
- Nutzfläche der Gebäude[87]
- Eigentumsanteil beim Wohneigentum[88]

Sie können den Fußnoten entnehmen, woher Sie diese o.g. Angaben erhalten.

---

[83] Die Adresse des Grundstücks ist im Grundbuchauszug enthalten.
[84] Angaben zur Gemarkung, zur Flur und zum Flurstück sind dem Grundbuchauszug zu entnehmen.
[85] Auch die Fläche des Grundstücks ist der rechten Spalten des Grundbuchs auf den ersten Seiten zu entnehmen.
[86] Schauen Sie in die Bauunterlagen oder ggf. in einen Mietvertrag.
[87] Schauen Sie in die Bauunterlagen oder ggf. in einen Mietvertrag.
[88] Den Eigentumsanteil bei der Eigentumswohnung können Sie dem Wohnungsgrundbuch/Teileigentumsgrundbuch entnehmen.

Sie müssen für jede **wirtschaftliche Einheit** (für jedes Grundstück) eine eigene Grundsteuererklärung abgeben. Vereinfacht ausgedrückt: Sie müssen für jedes Aktenzeichen vom Finanzamt für Ihr Grundstück eine Feststellungserklärung abgeben.

Ein Grundstück kann sich dabei allerdings mehreren Flurstücken zusammensetzen, d.h. Sie müssen dabei nur eine Erklärung abgeben. Orientieren Sie sich dabei am Aktenzeichen, welches Ihnen das Finanzamt mitgeteilt hat.

Loggen Sie sich zunächst bei www.elster.de ein, indem Sie auf „Login" klicken.

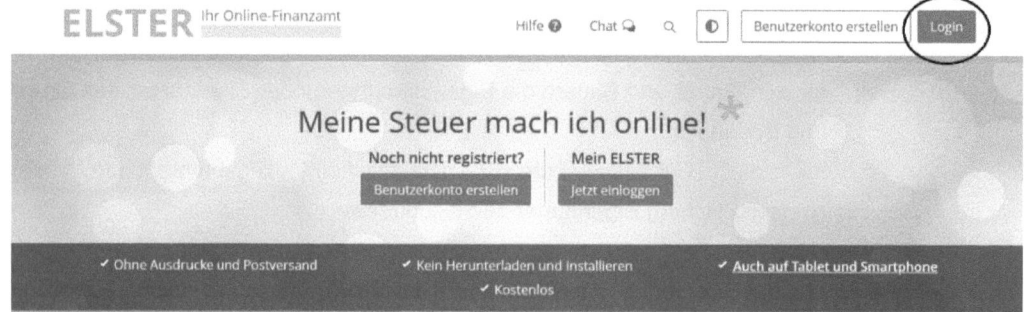

Nun werden Sie aufgefordert Ihr Zertifikat anzugeben. Dazu klicken Sie auf die Schaltfläche "Durchsuchen" und geben im Dateimanager den Speicherort an, an dem Sie die Zertifikatsdatei abgespeichert haben.

110

Klicken Sie dazu einfach die pfx-Datei mit Doppelklick an. Wie Sie die Datei nicht gleich finden, so nutzen Sie die Suchfunktion des Dateimanagers, indem Sie *.pfx in das Suchfeld eingeben. Nachdem Sie die pfx-Datei ausgewählt haben, müssen Sie nur noch das dazugehörige Passwort eintragen und auf die Schaltfläche "Login" klicken.

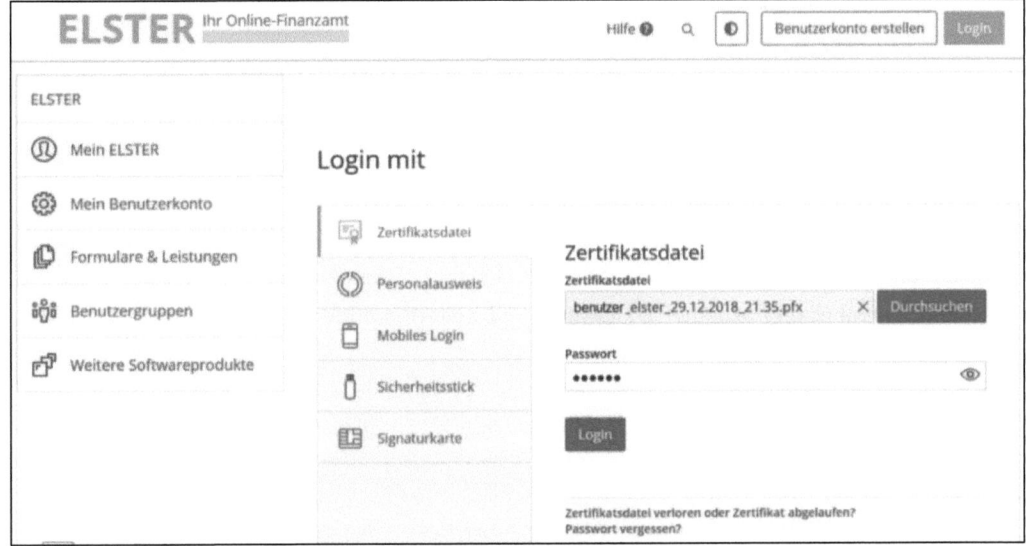

Falls Sie sich erstmals bei Elster eingeloggt haben, werden Sie aufgefordert Ihr Profil zu vervollständigen. Auch werden Sie gelegentlich über Neuerungen bei Mein ELSTER informiert. Diese Schritte können Sie allerdings überspringen. Danach gelangen Sie ins Hauptmenü.

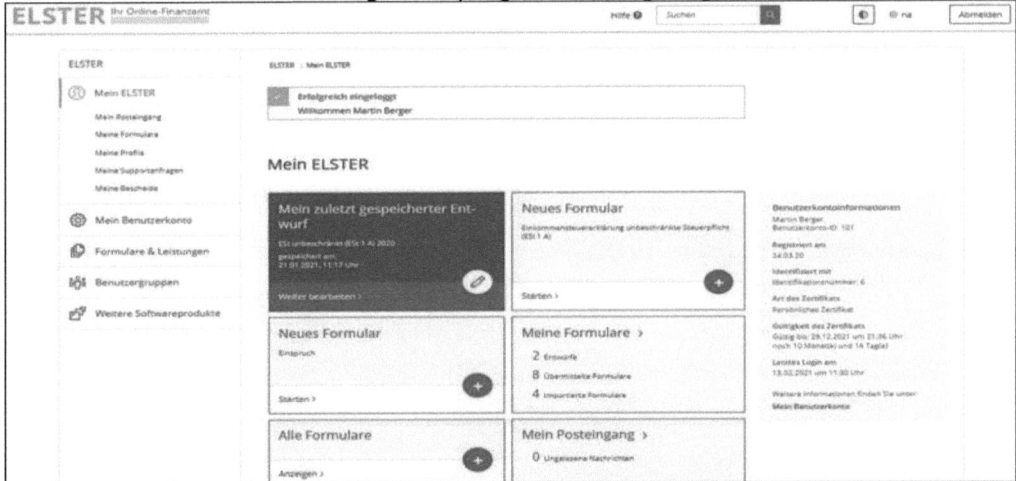

Klicken Sie nun in der linken Spalte auf die Schaltfläche „Formulare & Leistungen".

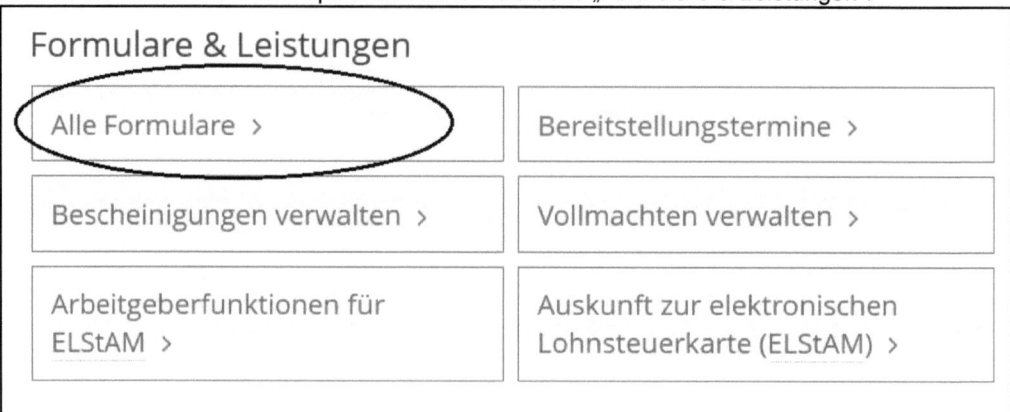

Wählen Sie nun „Grundsteuer" aus. Wählen Sie nun „Grundsteuer für Hamburg" aus. Nun erhalten Sie erst wieder allgemeine Hinweise und weiterführende Hilfestellungen:

Grundsteuer für Hamburg

 Allgemeine Hinweise

Für jede wirtschaftliche Einheit, also für **jedes Grundstück in Hamburg**, muss jeweils **eine eigene Erklärung** abgegeben werden! Beachten Sie dabei bitte, dass diese **unterschiedliche** Steuernummern haben. Diese beginnen in Hamburg mit einer "16".

Beispiel: Herr und Frau Beispielpaar sind gemeinsame Eigentümer eines Einfamilienhauses und zweier nebenan gelegenen Eigentumswohnungen in Hamburg.
Sie müssen folglich drei Erklärungen zur Feststellung der Grundsteuerwerte mit jeweils eigenen Steuernummern abgeben, unabhängig von der räumlichen Nähe der Objekte. Im Regelfall benötigen Sie dabei **jeweils** den Hauptvordruck und die Anlage Grundstück.

Wer muss eine Erklärung zur Feststellung des Grundsteuerwerts abgeben?

- Eigentümerinnen und Eigentümer eines Grundstücks
- Eigentümerinnen und Eigentümer eines Betriebs der Land- und Forstwirtschaft
- Bei Grundstücken, die mit einem Erbbaurecht belastet sind: die Erbbauberechtigten
- Bei Gebäuden auf fremdem Grund und Boden:
  für den Grund und Boden: die Eigentümerinnen oder Eigentümer des Grund und Bodens und
  für die Gebäude: die (wirtschaftlichen) Eigentümerinnen oder (wirtschaftlichen) Eigentümer des Gebäudes

Befindet sich das Grundstück bzw. der Betrieb der Land- und Forstwirtschaft im Eigentum mehrerer Personen bzw. Gemeinschaften (Miteigentum), müssen diese gemeinsam eine Erklärung zur Feststellung des Grundsteuerwerts abgeben.

Wichtiger Hinweis:

Reichen Sie Belege bitte nur nach Aufforderung durch das Finanzamt für Verkehrsteuern und Grundbesitz ein. Sofern Sie nach Aufforderung Belege einreichen, reichen Sie diese bitte nicht im Original, sondern nur als Kopie ein. Alle eingereichten Belege werden von der Steuerverwaltung gescannt und in der Regel anschließend vernichtet.

Hilfestellungen zum Ausfüllen der Erklärung und den Begrifflichkeiten finden sie in den allgemeinen Hilfetexten bei den Eingabefeldern oder Überschriften. Diese sind durch Doppelklick auf das ?-Symbol zu erreichen.

Weitere Informationen finden Sie unter www.grundsteuer-hamburg.de ⌐.

Klicken Sie danach auf „Weiter“, danach auf „Ohne Datenübernahme fortfahren“. Nun müssen Sie die richtigen Formular-Anlagen auswählen. Wählen Sie das Hauptformular (HmbGrSt 1) und das Formular (HmbGrSt 2) für das Grundstück aus. (HmbGrSt 3 benötigen Sie, wenn Sie einen Betrieb der Land- und Forstwirtschaft haben; HmbGrSt 3a für Tierbestand). Treffen Sie die Auswahl durch Ankreuzen:

Anlagenauswahl
Welche Anlagen brauche ich
Hauptvordruck (HmbGrSt 1)
Anlage Grundstück (HmbGrSt 2)
Anlage Land- und Forstwirtschaft (HmbGrSt 3)
Anlage Tierbestand (HmbGrSt 3A)
Sie können Ihre Auswahl auch später noch anpassen. Klicken Sie dazu auf der nächsten Seite auf die Schaltfläche "Anlagen hinzufügen/entfernen".

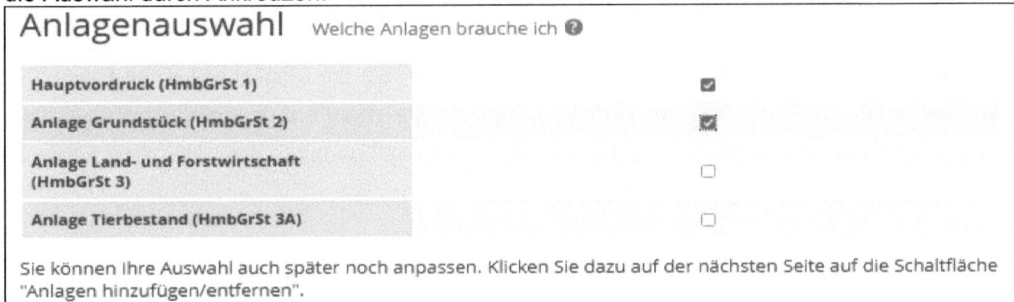

Regelmäßig ist die Wahl des Hauptvordruckes und der Anlage Grundstück ausreichend

Klicken Sie danach auf „Weiter“.

Startseite des Formulars
Erklärung zur Feststellung des Grundsteuerwerts
Hilfe zur Grundsteuer erhalten Sie auch in unserem Chat.
auf den 1. Januar
2022
Steuernummer
In diesem Formular sind nur Steuernummern aus Hamburg zulässig.
Land
Hamburg
Steuernummer
16 / 324 / 65323
Wo ist meine Steuernummer
Finanzamt
Wird automatisch ermittelt
Persönliche Bearbeitungsnotiz
Anlagenübersicht
Hauptvordruck (HmbGrSt 1)
Anlage Grundstück (HmbGrSt 2)
Nächste Seite

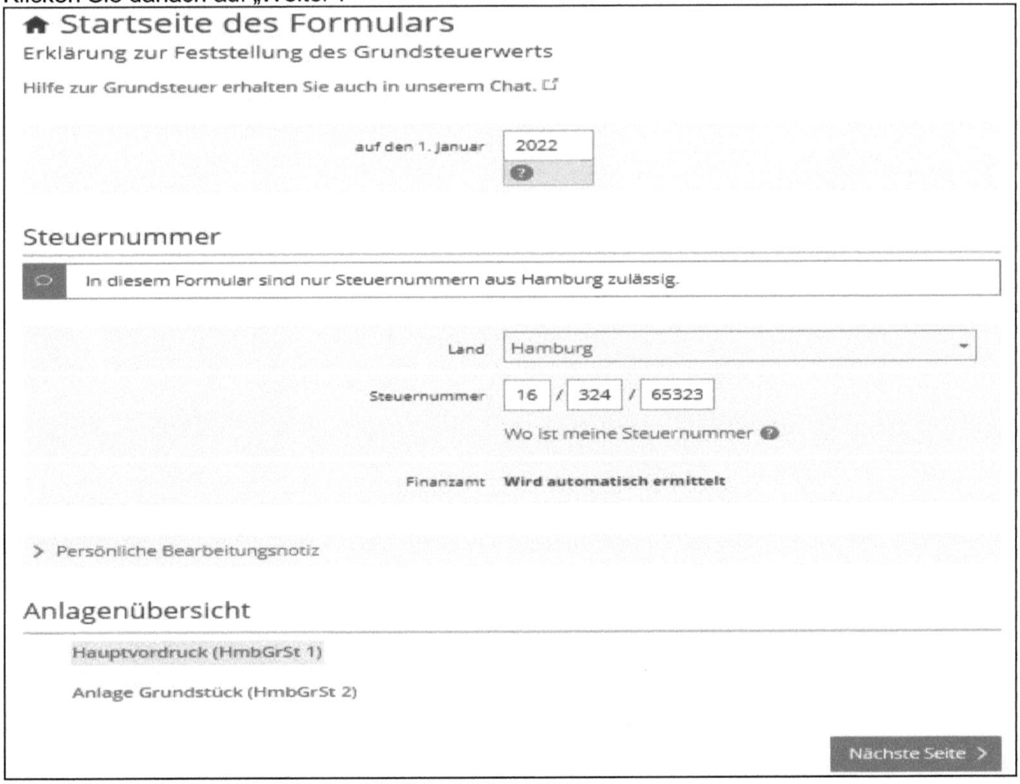

Der Stichtag für die Hauptfeststellung lassen Sie auf 1.Januar 2022 eingestellt. Tragen Sie nun das 10-stellige Aktenzeichen des Grundstücks ohne Schrägstriche ein. Das Aktenzeichen können Sie dem alten Einheitswertbescheid bzw. Grundsteuermessbescheid oder ggf. dem Grundsteuerbescheid bzw. dem Kontoauszug entnehmen, sofern das Finanzamt bisher die Grundsteuer von Ihrem Konto abgebucht hat.

Unter dem Punkt „Persönliche Bearbeitungsnotiz" haben Sie die Möglichkeit einen Freitext an den Bearbeiter im Finanzamt zu schreiben. Nutzen Sie das Feld, wenn Sie sich bei einer Eingabe unsicher sind. Eine Texteingabe führt regelmäßig dazu, dass der Bearbeiter im Finanzamt Ihre Steuererklärung genauer anschaut.

Klicken Sie anschließend auf „Weiter".

Nun gelangen Sie auf die Startseite des Hauptvordrucks (HmbGrSt 1). Dieser Hauptvordruck besteht aus 7 Unterseiten.

Klicken Sie auf „Nächste Seite", um zur ersten Unterseite zu gelangen.

Auf **Unterseite 1** wählen Sie bei Grund der Feststellung „Hauptfeststellung" aus. Bei Art der wirtschaftlicher Einheit müssen Sie differenzieren, ob es sich um ein unbebautes oder bebautes Grundstück bzw. um ein land- o. forstwirtschaftlich genutztes Grundstück handelt.

114

1 - Angaben zur Feststellung

³ **Grund der Feststellung** 13 ❓

- ◉ Hauptfeststellung
- ○ Nachfeststellung
- ○ Fortschreibung(en)
- ○ Aufhebung

³ **Art der wirtschaftlichen Einheit** 10 ❓

- ○ Keine Angabe
- ○ unbebautes Grundstück (wirtschaftliche Einheit des Grundvermögens)
- ◉ bebautes Grundstück (wirtschaftliche Einheit des Grundvermögens)
- ○ Betrieb der Land- und Forstwirtschaft (auch einzelne land- und forstwirtschaftlich nutzbare Flächen)

Ein **unbebautes Grundstück** ist ein Grundstück, auf dem sich kein benutzbares Gebäude[89] befinden (§ 246 Abs. 1 BewG) und das nicht zu einem Betrieb der Land- und Forstwirtschaft gehört. Die Benutzbarkeit beginnt im Zeitpunkt der Bezugsfertigkeit. Gebäude sind als bezugsfertig anzusehen, wenn den zukünftigen Bewohnern oder sonstigen Benutzern zugemutet werden kann, sie zu benutzen. Als unbebaute Grundstücke gelten auch baureife Grundstücke.

Auch einzelne **Gartengrundstücke**, mit einer Gartenlaube und/oder einem Geräteschuppen gelten als unbebaut, wenn die Bauwerke (Laube/Geräteschuppen) zusammen nicht eine Gesamtnutzfläche von 30m² erreichen. Dies gilt jedoch nicht

- für Garagen, die eine eigene wirtschaftliche Einheit bilden, in räumlichem Zusammenhang zu einer Wohnnutzung stehen, der sie rechtlich zugeordnet sind und weniger als 30 m² Gebäudefläche haben[90].

---

[89] Ein Gebäude ist ein Bauwerk auf eigenem oder fremdem Grund und Boden, das Menschen oder Sachen durch räumliche Umschließung Schutz gegen äußere Einflüsse gewährt, den Aufenthalt von Menschen gestattet, fest mit dem Grund und Boden verbunden, von einiger Beständigkeit und standfest ist (R 7.1 Abs. 5 EStR; H 7.1 [Gebäude] EStH).
[90] Siehe § 2Abs.4 HmbGrStG.

- wenn die Gebäudefläche der wirtschaftlichen Einheit nur deshalb weniger als 30 m² beträgt, weil das Bauwerk z. B. in Wohnungseigentum und / oder Teileigentum aufgeteilt ist, das Bauwerk aber insgesamt mehr als 30 m² Gebäudefläche hat[91].

Ein **bebautes Grundstück** ist ein Grundstück, auf dem sich mindestens ein benutzbares Gebäude befindet und das nicht zu einem Betrieb der Land- und Forstwirtschaft zählt. Als bebautes Grundstück gelten auch

- bei einem Gebäude auf fremdem Grund und Boden beide wirtschaftliche Einheiten (Grund und Boden sowie Gebäude)
- Grundstücke, auf denen sich Gebäude oder Anlagen für Zwecke des Zivilschutzes befinden, die bei der Ermittlung des Grundsteueräquivalenzbetrags der Nutzflächen unberücksichtigt bleiben.

Als **Betrieb der Land- und Forstwirtschaft** gelten auch einzelne land- und forstwirtschaftlich nutzbare Flächen, die ungenutzt, selbstgenutzt oder verpachtet sind. Land- und forstwirtschaftlich genutzte Flächen (mit Ausnahme der Hofstelle) gehören nicht zu einem Betrieb der Land- und Forstwirtschaft, wenn

- sie in einem Bebauungsplan als Bauland festgesetzt sind, die sofortige Bebauung möglich ist und die Bebauung innerhalb des Plangebiets in benachbarten Bereichen begonnen hat oder schon durchgeführt ist oder
- zu erwarten ist, dass sie innerhalb von sieben Jahren zu anderen Zwecken, wie z. B. als Bauland, Gewerbeland oder Industrieland genutzt werden.

Treffen Sie die Auswahl und klicken danach nun auf „Nächste Seite".

Auf der **2. Unterseite** müssen Sie nun die Adresse Ihres Grundstücks angeben. Tragen Sie nun in Zeile 4 die Straße, Hausnummer und ggf. Hausnummerzusatz ein. Falls das Grundstück keine Hausnummer hat, dann müssen Sie hier eine „0" eintragen. In Zeile 5 können Sie Zusatzangaben machen, z.B. eine Wohnungsnummer. In Zeile 6 tragen Sie den Ort und die Postleitzahl Ihres Grundstücks ein.

---

[91] Vgl. amtliche Hinweise.

2 - Lage des Grundstücks / Betriebs der Land- und Forstwirtschaft ❓

4	Straße, Hausnummer, Hausnummerzusatz			
		24	25	26

5	Zusatzangaben (zum Beispiel Wohnungsnummer)	
		31

6	Postleitzahl, Ort und gegebenenfalls Ortsteil		
		21	22

⌄ Gemarkung und Flurstück (nur auszufüllen, sofern Straße / Hausnummer nicht vorhanden)   ❓

7	Gemarkung	
		33

8	Grundbuchblatt, Flurstücksnummer		
		34	36

Mehrere hebeberechtigte Gemeinden ❓

9	☐ Nur für Betriebe der Land- und Forstwirtschaft: Die wirtschaftliche Einheit erstreckt sich über mehrere hebeberechtigte Gemeinden. 90

Falls das Grundstück über keine genaue Adresse verfügt, weil z.B. kein Straßenname oder keine Hausnummer vorhanden ist, müssen Sie die Gemarkung und das Flurstück über die blaue Klappleiste eintragen. Öffen Sie dazu die Klappleiste.

Nun können Sie in Zeile 7 die Gemarkung und in Zeile 8 das Grundbuchblatt und für das Flurstück die Flurstücksnummer (Zähler/Nenner) eintragen. Diese Angaben können Sie dem Grundbuchauszug entnehmen.

In Zeile 9 müssen Sie nur dann für einen Betrieb der Land- und Forstwirtschaft und nur für den ungewöhnlichen Fall ein Häkchen setzen, wenn sich das gesamte Grundstück über mehrere

117

Orte (Gemeinden) erstreckt. Das wird jedoch regelmäßig nicht der Fall sein. Klicken Sie nun auf „Nächste Seite".

Auf **Unterseite 3** müssen Sie nun Angaben zu den Grundstückseigentümern machen. Hier haben Sie folgende Auswahlmöglichkeiten:

10   **Eigentumsverhältnis**   40   ❓

- ◉   Keine Angabe
- ○   0 Alleineigentum einer natürlichen Person
- ○   1 Alleineigentum einer Körperschaft des öffentlichen Rechts
- ○   2 Alleineigentum einer unternehmerisch tätigen juristischen Person
- ○   3 Alleineigentum einer nicht unternehmerisch tätigen juristischen Person
- ○   4 Ehegatten / eingetragene Lebenspartner
- ○   5 Erbengemeinschaft
- ○   6 Bruchteilsgemeinschaft
- ○   7 Grundstücksgemeinschaft ausschließlich von natürlichen Personen
- ○   8 Grundstücksgemeinschaft ausschließlich von juristischen Personen
- ○   9 andere Grundstücksgemeinschaft

Bei Eigentumsverhältnis 0 bis 4 oder 7 bis 9 mit geschäftsüblichem Namen (zum Beispiel OHG oder KG) bitte unten Angaben zu Eigentümer/innen bzw. Miteigentümer/innen machen.

Bei Eigentumsverhältnis 5 und 6 oder 7 bis 9 ohne geschäftsüblichen Namen bitte unten Angaben zur Erbengemeinschaft, Bruchteilsgemeinschaft oder Gemeinschaft ohne geschäftsüblichen Namen und zusätzlich Angaben zu Eigentümer/innen bzw. Miteigentümer/innen machen.

❯ Angaben zu Erbengemeinschaften, Bruchteilsgemeinschaften und Gemeinschaften ohne   ❓
   geschäftsüblichen Namen

Eigentümer/innen bzw. Miteigentümer/innen ❓

Vorname / Firma	Name / Firma Fortsetzung
Keine Einträge vorhanden	

Wenn Sie Alleineigentümer sind, dann wählen Sie die „0". Sind Sie mit Ihrem Ehegatten oder dem (eingetragenem) Lebenspartner[92] (Mit)-Eigentümer, so wählen Sie die „4". Sind Sie mit einer sonstigen anderen Person (oder mehreren Personen) Grunstückseigentümer, so könnte eine Bruchteilsgemeinschaft oder eine Bruchteilsgemeinschaft („6") oder eine Grundstücksgemeinschaft („7") vorliegen. Die Abgrenzung zwischen Bruchteilsgemeinschaft und Grundstücksgemeinschaft (Gesamthandseigentum) ist nicht ganz so einfach.

Bei **Bruchteilseigentum** handelt es sich um eine Form des Miteigentums, bei der jeder Miteigentümer einen bestimmten Bruchteil oder einen zahlenmäßig definierten Anteil (auch Quote oder Bruchteil) an der Sache hat und über den jeder Miteigentümer frei verfügen darf. Bei der **Grundstücksgemeinschaft** (Gesamthandsgemeinschaft) hingegen, gehört allen beteiligten Personen ein gemeinsames Vermögen, welches einen gemeinsamen Zweck dient. Oftmals werden private Miteigentümer zu jeweils 1/2 im Grundbuch eingetragen. Im Zweifel ist von einer Bruchteilsgemeinschaft im Sinne von „6" auszugehen. Handelt es sich bei dem Grundstück um eine (noch nicht auseinandergesetzte) Erbschaft, bei der mehrere Personen Erbe geworden sind, so wählen Sie „5" aus.

Sofern Sie eine Erbengemeinschaft, Bruchteilsgemeinschaft oder sonstige Gemeinschaften ausgewählt haben, müssen Sie die Zeilen 11-17 ausfüllen, um weitere Angaben zur Gemeinschaft zu tätigen.

> Angaben zu Erbengemeinschaften, Bruchteilsgemeinschaften und Gemeinschaften ohne
> geschäftsüblichen Namen   ❓

Klicken Sie dazu auf o.g. Feld „Angaben zu Erbengemeinschaften....". Nun öffnen sich die Zeilen 11-17.

---

[92] Lebenspartner bedeutet eine eingetragene homosexuelle Lebenspartnerschaf nach dem Lebenspartnerschaftsgesetz.

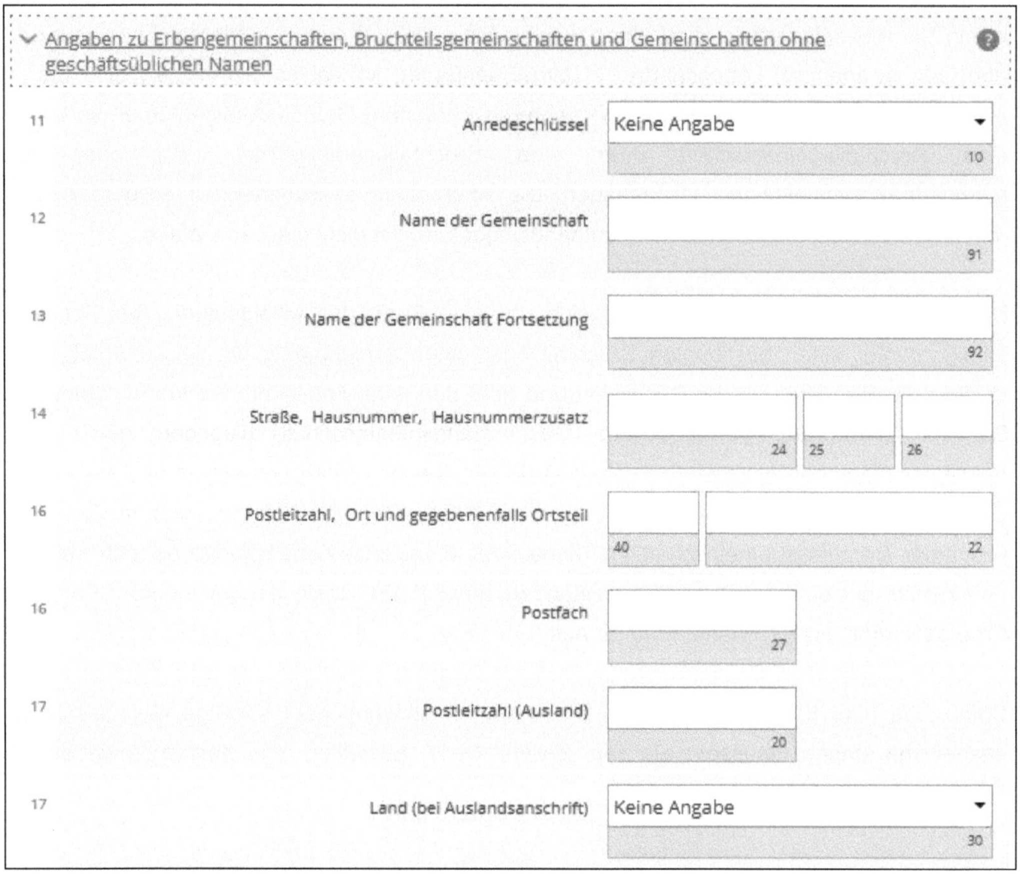

Angaben zu Erbengemeinschaften, Bruchteilsgemeinschaften und Gemeinschaften ohne geschäftsüblichen Namen

11	Anredeschlüssel	Keine Angabe (10)
12	Name der Gemeinschaft	(91)
13	Name der Gemeinschaft Fortsetzung	(92)
14	Straße, Hausnummer, Hausnummerzusatz	(24) (25) (26)
16	Postleitzahl, Ort und gegebenenfalls Ortsteil	(40) (22)
16	Postfach	(27)
17	Postleitzahl (Ausland)	(20)
17	Land (bei Auslandsanschrift)	Keine Angabe (30)

Wenn das Grundstück einer Gemeinschaft ohne geschäftsüblichen Namen (zum Beispiel Erbengemeinschaft, Gesellschaft bürgerlichen Rechts, Bruchteilsgemeinschaft) gehört, tragen Sie bitte den Anredeschlüssel und eine Bezeichnung der Gemeinschaft ein, zum Beispiel "Erbengemeinschaft nach Max Muster" oder "Grundstücksgemeinschaft Muster/Musterstraße"[93]. Anderenfalls überspringen Sie die Zeilen 11-17.

Tragen Sie jedoch auf jeden Fall jeden einzelnen Eigentümer/Miteigentümer der wirtschaftlichen Einheit (Grundstück) in die Zeilen 19 bis 28 ein. Diese Zeilen sind für jeden einzelnen Eigentümer auszufüllen. Legen Sie jeden Eigentümer einzeln an. Klicken Sie dazu auf „+ Eigentümer/in bzw. Miteigentümer/in hinzufügen“. Nun öffen sich die Zeilen 19 bis 28.

[93] Amtlicher Hinweistext zu Zeile 33-39.

Eigentümer/innen bzw. Miteigentümer/innen

Vorname / Firma	Name / Firma Fortsetzung

Keine Einträge vorhanden

\+ Eigentümer/in bzw. Miteigentümer/in hinzufügen

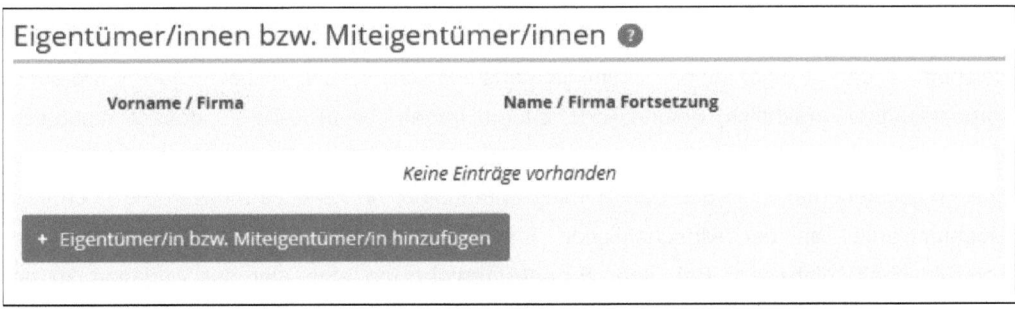

.Nun können Sie den ersten Eigentümer eintragen. In Zeile 19-21 tragen Sie den Namen, in Zeile 22 das Geburtsdatum, in Zeile 23-26 die Anschrift, in Zeile 19 ggf. die Telefonnummer (freiwillige Angabe) sowie in Zeile 27 dessen örtlich zuständiges Finanzamt ein.

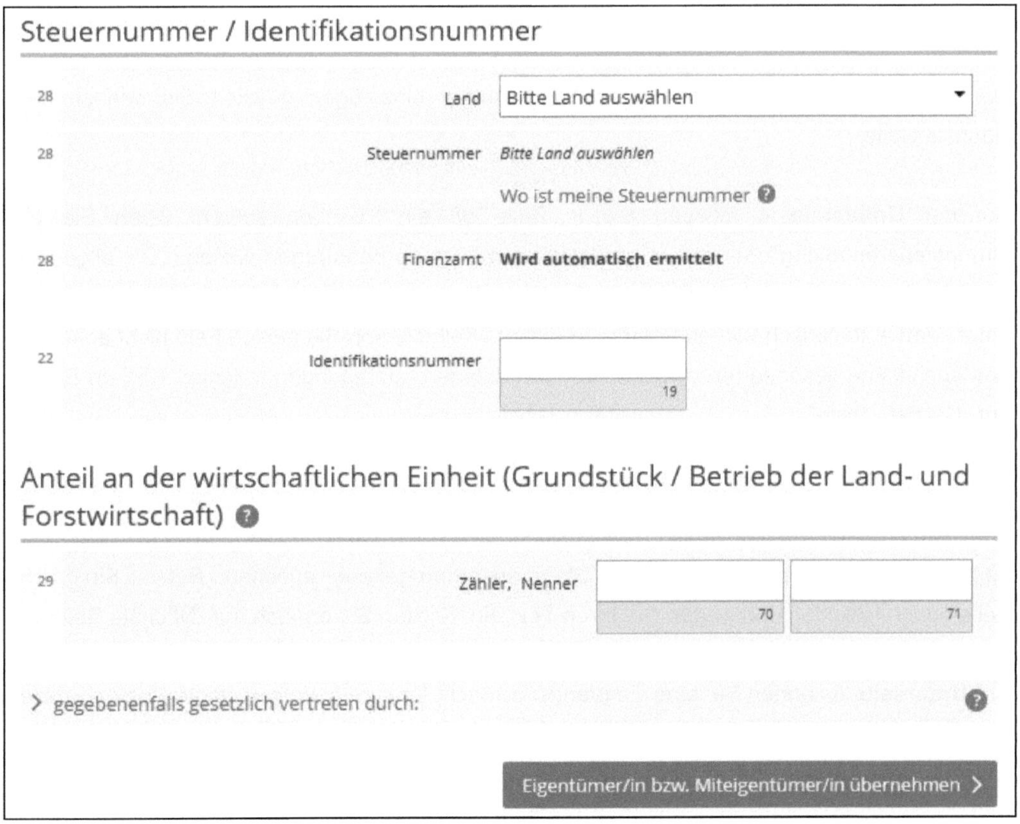

Steuernummer / Identifikationsnummer

28 Land: Bitte Land auswählen

28 Steuernummer: *Bitte Land auswählen*

Wo ist meine Steuernummer

28 Finanzamt: **Wird automatisch ermittelt**

22 Identifikationsnummer: 19

Anteil an der wirtschaftlichen Einheit (Grundstück / Betrieb der Land- und Forstwirtschaft)

29 Zähler, Nenner: 70 71

› gegebenenfalls gesetzlich vertreten durch:

Eigentümer/in bzw. Miteigentümer/in übernehmen ›

In Zeile 28 tragen Sie dessen Steuernummer, sowie das Bundesland des Finanzamtes ein, in welchem der Eigentümer (einkommensteuerlich bzw. bei jur. Personen körperschaftsteuerrechtlich) geführt wird. Zudem tragen Sie in Zeile 22 dessen steuerliche Identifikationsnummer ein. Steuernummer und Identifikationsnummer können Sie dem Einkommensteuerbescheid des Eigentümers entnehmen. In Zeile 29 müssen Sie noch Ihren Eigentumsanteil an der wirtschaftlichen Einheit (Grundstück / Betrieb der Land- und Forstwirtschaft) eintragen. Bei einer **Eigentumswohnung** sind hier nur Angaben zu den Eigentümern der einzelnen Wohnung und nicht zu den übrigen Eigentümern der Wohnanlage zu machen. Bei Alleineigentümern tragen Sie bei Zähler und Nenner jeweils eine „1" ein. Bei hälftigem Eigentum bei Zähler eine „1" und bei Nenner eine „2". Falls ein Eigentümer gesetzlich vertreten wird (z.B. Minderjährige werden durch Ihren gesetzlichen Vertreter, die Eltern, vertreten), können Sie die Vertretung durch Klicken auf die Klappleiste „gesetzlich vertreten" eintragen. Anderenfalls klicken Sie auf „Eigentümer/in bzw. Miteigentümer/in übernehmen". Nun können Sie weitere Eigentümer/Miteigentümer hinzufügen. Klicken Sie danach auf „ Nächste Seite".

Auf der **Unterseite 4** müssen Sie in Zeile 58 ein Häkchen setzen, wenn Sie eine Grundsteuerbefreiung oder eine Grundsteuerermäßigung beantragen wollen. Die allgemeine Ermäßigung der Grundsteuermesszahl für Wohnflächen von 100 % auf 70 % wird von Ihrem Finanzamt automatisch vorgenommen. In diesem Fall müssen Sie dieses Feld nicht ankreuzen und auch keine gesonderten Angaben zu Grundsteuerermäßigungen machen. Klicken Sie nun auf „Nächste Seite".

Auf **Unterseite 5** können Sie mittels Freitextfeld ergänzende Angaben machen. Nutzen Sie das Feld, wenn Sie sich bei einer Eingabe unsicher sind. Eine Texteingabe führt regelmäßig dazu, dass der Bearbeiter im Finanzamt Ihre Steuererklärung genauer anschaut. Setzen Sie dazu in Zeile 58 ein Häkchen und tragen Sie Ihren Text ein. Klicken Sie danach auf „Nächste Seite".

Auf **Unterseite 6** können Sie eine Empfangsvollmacht für eine bevollmächtigte Person erteilen, d.h. der Steuerbescheid geht dann dieser Person zu. Bei Bruchteilsgemeinschaften sollten Sie einen Empfangsbevollmächtigten benennen, d.h. wenn sich das Grundstück im Eigentum mehrerer Personen befindet, benennen Sie bitte eine gemeinsam bevollmächtigte Person. Die zur oder zum Empfangsbevollmächtigten benannte Person nimmt den Feststellungsbescheid und alle anderen mit dem Feststellungsverfahren im Zusammenhang stehenden Schreiben mit Wirkung für und gegen alle anderen Beteiligten in Empfang, § 183 Abgabenordnung[94].

Tragen Sie in Zeile 59 die Anrede, ggf. den akademischen Titel, in Zeile 60 den Vornamen (oder Firmennamen), in Zeile 61 den Familiennamen, in Zeile 62 Straße, die Hausnummer und ggf. den Hausnummernzusatz und in Zeile 64 Ort und Postleitzahl und ggf. ein Postfach ein. Zeile 65 müssen Sie nur ausfüllen, sofern es sich um eine Auslandsanschrift handelt. In Zeile 66 müssen Sie noch ein Häkchen setzen, wenn Sie einen Empfangsbevollmächtigten eingesetzt haben, weil es § 183 AO bei mehreren Eigentümer (Grundstücksgemeinschaften, Erbengemeinschaften, Bruchteilsgemeinschaften, Gesellschaften) verlangt. Im Zweifel setzen Sie hier das Häkchen. Klicken Sie danach „Nächste Seite".

Auf **Unterseite 7** können Sie (freiwillig) Angaben zu Personen machen, die Ihnen bei der Steuererklärung geholfen haben. Beachten Sie dabei, dass entgeltliche Hilfe in Steuersachen nur Steuerberater und Rechtsanwälte, etc. leisten dürfen. Daneben darf nur für Angehörige unentgeltlich Hilfe geleistet werden[95]. In Zeile 67-73 tragen Sie die Anschrift der Hilfsperson ein. Die restlichen Zeilen auf Unterseite 7 können Sie ignorieren. Klicken Sie danach auf „Nächste Anlage".

Nun gelangen Sie zur „**Anlage Grundstück (HmbGrSt 2)**". Diese Anlage besteht aus neun Teilseiten. Wenn Sie auf „Nächste Seite" klicken gelangen Sie zur **Unterseite 1**.

---

[94] Amtlicher Hinweistext.
[95] Vgl. § 6 Nr. 2 StBerG i.V.m. § 15 AO.

Anlage Grundstück (HmbGrSt 2) ⑦

zur Erklärung zur Feststellung des Grundsteuerwerts

Zu den Teilseiten

- 1 - Angaben zum Grund und Boden
- 2 - Angaben zu Gebäuden / Gebäudeteilen
- 3 - Angaben bei vollständiger Grundsteuerbefreiung
- 4 - Angaben bei einheitlicher und vollständiger Grundsteuerermäßigung
- 5 - Zusätzliche Angaben bei Grundsteuerermäßigung
- 6 - Herrichtung für steuerbefreite Zwecke
- 7 - Zivilschutz
- 8 - Zusätzliche Angabe bei neuem Wohnungs- / Teileigentum
- 9 - Gebäude auf fremdem Grund und Boden / Erbbaurecht

Auf **Unterseite 1** müssen Sie Angaben **zum Grund und Boden machen.**

Zunächst müssen Sie alle Ihre Flurstücke aufnehmen. Wählen Sie bei Gemeinde „Hamburg" aus. Geben Sie im Bereich "Gemeindebezogene Aufstellung der Gemarkungen und Flurstück(e)" auch Flächen an, die vollständig oder teilweise von der Grundsteuer befreit sind. Die dazugehörigen Angaben zu einer Grundsteuerbefreiung machen Sie bitte auf der Teilseite "Angaben bei vollständiger Grundsteuerbefreiung".

124

1 - Angaben zum Grund und Boden ❓

Gemeindebezogene Aufstellung der Gemarkungen und Flurstück(e) des Grundvermögens

Angaben Gemeinde

4	Gemeinde	Hamburg ▼
		10 ❓

Angaben zu Gemarkung(en) und Flurstück(en) des Grundvermögens ❓

Gemarkung	Flurstücksnummer	Fläche in m²
	Keine Einträge vorhanden	

+ Flurstücksbezogene Daten hinzufügen

Klicken Sie zunächst auf „+ Flurstücksbezogene Daten hinzufügen".

Gemarkung / Flurstück des Grundvermögens ❓

1. Eintrag

4	Fläche in m²	804
		16 ❓
5	Gemarkung	Blankenese ▼
		11
5	Flurstücksnummer	1642
		❓ 14
6	Grundbuchblatt	10410
		❓ 12
6	Zur wirtschaftlichen Einheit gehörender Anteil: Zähler, Nenner	198 · 10000
		17 ❓ · 18 ❓

Beachten Sie, dass sich das Sondereigentum bei Eigentumswohnen regelmäßig auf mehrere Flurstücke erstreckt. Hier müssen Sie jedes Flurstück einzeln anlegen. Folgendes Beispiel:

Hier müssen Sie also das Flurstück 1642 und 1648 jeweils extra anlegen. Die Grundstücksdaten können Sie dem Grundbuchauszug bzw. dem Wohnungsgrundbuch entnehmen. In Zeile 4 tragen Sie die Fläche des Flurstücks ein. Die Gemarkung können Sie in Zeile 5 über die Klappleiste auswählen. Die Gemarkung wird in der Kopfzeile des Grundbuchauszugs genannt. Zudem müssen Sie die Flurstücksnummer eintragen. Schauen Sie in Ihren Grundbuchauszug. Das Grundbuchblatt in Zeile 6 können Sie ebenfalls der Kopfzeile des Grundbuchauszugs entnehmen. In Zeile 6 müssen Sie zudem den zur wirtschaftlichen Einheit gehörender Anteil eintragen.

Beachten Sie:

Achtung Verwechslungsgefahr! In Zeile 6 ist <u>nicht</u> Ihr Eigentumsanteil an der wirtschaftlichen Einheit (Grundstück) gemeint (Bsp: Ihnen gehört das Flurstück zusammen mit Ihrer Ehefrau. Dieser Eigentumsanteil ist auf auf dem Hauptvordsruck HmbGrSt 1- Unterseite 3 einzutragen). Hier geht es ausschließlich bei Wohneigentum und Teileigentum nach der Eigentumszurechnung.

Im o.g. Beispiel wären 198/10.000 einzutragen. Diesen Anteil können Sie bei Wohnungseigentum aus dem Wohnungsgrundbuch entnehmen. Bei anderen Grundstücken wird der Anteil regelmäßig 1/1 betragen.

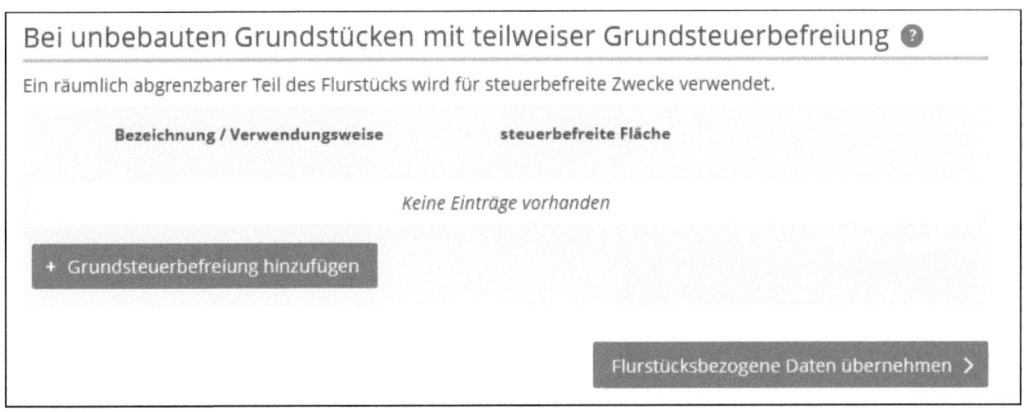

Grundsteuerbefreiungen haben bei Privatpersonen keine praktische Relevanz. Daher müssen Sie hier keine Angaben machen. Klicken Sie daher auf „Flurstücksbezogene Daten übernehmen". Nun können Sie weitere Flurstücke innerhalb der Gemeinde eintragen. Klicken Sie dazu auf „+Flurstücksbezogene Daten hinzufügen" oder klicken Sie auf „Gemeindebezogene Aufstellung übernehmen". Beträgt die Summe aller Flurstücksflächen der wirtschaftlichen Einheit mehr als 10.000 m², geben Sie bitte die Fläche des gesamten Grund und Bodens an, die bebaut oder befestigt ist. Klicken Sie dazu auf:

> Bei einer Fläche des Grund und Bodens von mehr als 10.000 m²

Tragen Sie dann die Fläche des gesamten zur wirtschaftlichen Einheit gehörenden Anteils des Grund und Bodens, die bebaut oder befestigt ist, in Zeile 19 ein. Klicken Sie danach auf die „Nächste Seite".

Auf **Unterseite 2** müssen Sie Angaben zu **Gebäuden bzw. Gebäudeteilen** machen, wenn es sich um ein bebautes Grundstück handelt und Sie Eigentümerin oder Eigentümer eines bebauten Grundstücks sind. Machen Sie bitte hingegen keine Angaben zu Gebäuden bzw. Gebäudeteilen, wenn alle auf dem Grundstück errichteten Bauwerke insgesamt eine Gebäudefläche von weniger als 30 m² haben[96]. Falls Sie Eigentümerin oder Eigentümer eines

---

[96] vgl. amtlicher Hinweistext.

Grund und Bodens mit fremdem Gebäude sind, müssen Sie keine Angaben zu Gebäuden bzw. Gebäudeteilen machen.

Klicken Sie zunächst auf „+Gebäude/Gebäudeteil hinzufügen". Nun müssen Sie jedes Gebäude auf der wirtschaftlichen Einheit (Grundstück) angeben. Falls Sie Eigentümer eines **Grund und Bodens mit fremdem Gebäude** sind, müssen Sie keine Angaben zu Gebäuden bzw. Gebäudeteilen machen.

<u>**Ausnahme:**</u> Machen Sie bitte hingegen keine Angaben zu Gebäuden bzw. Gebäudeteilen, wenn alle auf dem Grundstück errichteten Bauwerke insgesamt eine Gebäudefläche von weniger als 30 m² haben.

Dies gilt **nicht**

- für Garagen, die eine eigene wirtschaftliche Einheit bilden, zu einer Wohnnutzung gehören und weniger als 30 m² Gebäudefläche haben[97].
- wenn die Gebäudefläche der wirtschaftlichen Einheit nur deshalb weniger als 30 m² beträgt, weil das Bauwerk z. B. in Wohnungseigentum und / oder Teileigentum aufgeteilt ist, das Bauwerk aber insgesamt mehr als 30 m² Gebäudefläche hat.

In diesen Fällen tragen Sie bitte die Gebäudefläche ein[98].

---

[97] Siehe § 2 Abs. 2 S.1, 2 HmbGrStG.
[98] Vgl. amtlicher Hinweistext.

Gebäude / Gebäudeteil ⍰
1. Eintrag

20	Bezeichnung	
		11 ⍰
20	Wohnfläche in m²	m²
		15 ⍰
20	Nutzfläche in m²	m²
		16 ⍰

❯ Bei teilweiser Grundsteuerbefreiung   ⍰

❯ Nicht einheitliche Ermäßigung von steuerpflichtigen Gebäuden / Gebäudeteilen   ⍰

> Gebäude / Gebäudeteil übernehmen ❯

In Zeile 20 benennen Sie zunächst das Gebäude (z.B. Wohnhaus, Schuppen, Garage, etc.). Nun tragen Sie die Wohnfläche und die Nutzfläche ein. **Wohnflächen** sind Flächen, die zu Wohnzwecken dienen inkl. dem häuslichen Arbeitszimmer. Schauen Sie dazu in den Mietvertrag, Bauunterlagen, Nebenkostenabrechnung, Hausratsversicherungsvertrag oder in das (Kauf-) Exposé. Ist keine Wohnfläche bekannt, muss diese nach der Wohnflächenverordnung ermittelt werden. Sie können diese Wohnfläche selbst händisch ausmessen und ermitteln. **Nutzflächen** sind alle Flächen, die insbesondere eigenen oder fremden betrieblichen (selbstständigen/gewerblichen), öffentlichen oder sonstigen Zwecken dienen und die keine Wohnflächen sind (Büros, Werkstätten, Verkaufsflächen).

Garagen sind hingegen differenziert zu betrachten: Stellplätze im Freien und Carports können grundsätzlich unberücksichtigt bleiben und sind nicht einzutragen. Nutzflächen von Garagen, die in räumlichem Zusammenhang zu der Wohnnutzung stehen, der sie rechtlich zugeordnet sind, bleiben nach § 2 Abs. 2 Satz 1 HmbGrStG bis zu einer Fläche von insgesamt 50 m² für Zwecke der Grundsteuer außer Ansatz. Sie müssen bei Garagen oder Stellplätzen in Tiefgaragen nur dann mit der Nutzfläche eintragen, die den Freibetrag von 50m² übersteigt. Gehören zu Ihrem Einfamilienhausgrundstück 3 Garagenstellplätze zu je 20m² (insgesamt 60m²), so müssen Sie bei der Nutzfläche nur 10m² angeben. Gehören Stellplätze in Garagen oder Tiefgaragen allerdings nicht zu einer Wohnfläche, sondern sind einer Nutzfläche zugeordnet, sind sie immer voll als Nutzfläche anzusetzen.

Der Freibetrag von 50m² für die Garage/Stellplatz kann nur gewährt werden, wenn die Garage/Stellplatz der Wohnung rechtlich zugeordnet ist, sofern die Fläche der Garage keine wirtschaftliche Einheit mit der Wohnfläche bildet. Eine rechtliche Zuordnung liegt dann vor, wenn der Stellplatz und die Wohnung entweder vertraglich (z. B. ein Eigentümer vermietet eine Wohnung zusammen mit einem Stellplatz an einen Mieter) oder dinglich mit einerander verbunden ist (z. B. Eigentümer gehört ein Einfamilienhaus mit Garage oder ein Wohnungseigentum mit Sondernutzungsrecht an einem Stellplatz)[99].

Nebengebäude, die eine untergeordnete Bedeutung haben und sich in der Nähe zur Wohnung befinden (z.B. Gartenlauben, Schuppen, etc.) sind nur bei der Nutzfläche zu berücksichtigen, wenn Sie eine Größe von 30m² überschreiten. Sind diese Nebengebäude größer als 30m², so ist nur die Fläche als Nutzfläche anzugeben, die 30m² übersteigt[100].

Eine Grundsteuerbefreiung hat bei Privatpersonen keine praktische Relevanz, da hauptsächlich nur Körperschaften des öffentlichen Rechts und Religionsgesellschaften diese beantragen können. Eine Grundsteuerermäßigung bei einzelnen (von mehreren) Gebäuden bzw. Gebäudeteilen kommt jedoch in Betracht, wenn sich auf dem Grundstück ein Gebäude befindet,

- das ein Baudenkmal ist,
- das wohnraumgefördert wird.

Eintragungen müssen Sie hier nur dann vornehmen, wenn bei mehreren Gebäuden nur ein Teil der Gebäude die Voraussetzungen für die Grundsteuerermäßigung erfüllen. Erfüllen alle Gebäude auf dem Grundstück (bis auf unbeachtliche Nebengebäude unter 30m²) die Voraussetzungen, so müssen Sie die Grundsteuerermäßigung auf Unterseite 4 beantragen.

Sollte das der Fall sein, so klicken Sie auf die Klappleiste „Bei nicht einheitlicher Ermäßigung von steuerpflichtigen Gebäuden/Gebäudeteilen" und klicken danach auf „+Ermäßigung hinzufügen"

---

[99] Vgl. amtliche Hinweise.
[100] § 2 Abs. 3 Satz 1 HmbGrStG.

130

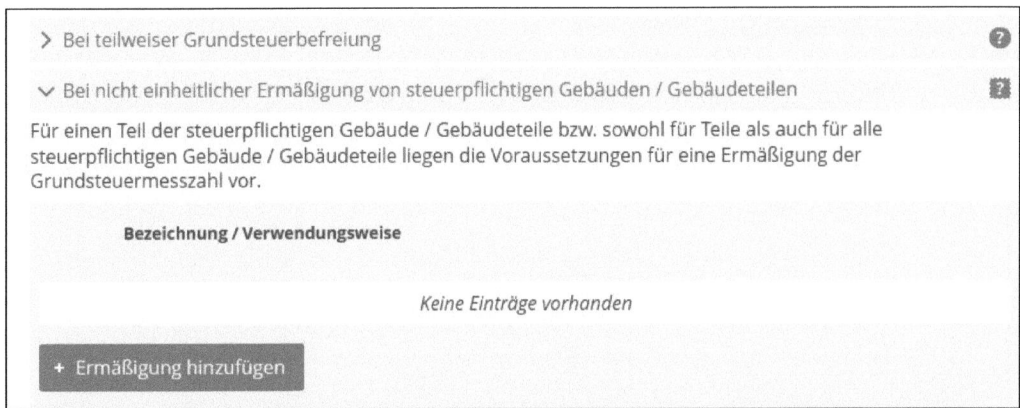

In Zeile 20 müssen Sie dann das Gebäude bezeichnen und die ermäßigte Wohn- und Nutzfläche des Gebäudes angeben. In Zeile 21 müssen Sie den passenden Grund für die Ermäßigung auswählen. Sofern das Gebäude unter Denkmalschutz steht, haben Sie sicherlich einen Bescheid der Denkmalschutzbehörde vorliegen, aus dem sich der Grund für die Ermäßigung anhand der denkmalschutzrechtlichen Paragraphen ergibt. Nachdem Sie alle Angaben zur Ermäßigung gemacht haben, klicken Sie auf „Ermäßigung übernehmen".

Danach klicken Sie auf „Gebäude / Gebäudeteil übernehmen". Nun können Sie weitere Gebäude eintragen, indem Sie auf „+Gebäude / Gebäudeteil hinzufügen" und die oben dargestellten Schritte wieder holen. Anderenfalls klicken Sie auf „Nächste Seite".

Die 3. Unterseite behandelt erneut Steuerbefreiungen, die für Privatpersonen zumeist irrelevant sind. Klicken Sie daher auf „Nächste Seite".

Auf der 4. Unterseite können Sie die Grundsteuerermäßigung beantragen, wenn alle Gebäude die Voraussetzungen für die Ermäßigung einheitlich erfüllen. (Auf Unterseite 2 müssen Sie hingegen den Ermäßigungsantrag stellen, wenn nur ein Teil der Gebäude die Voraussetzungen erfüllen.). Öffnen Sie dazu ggf. die Klappleiste und kreuzen Sie eine der 9 vorgegebenen Begründungen für die Ermäßigung an.

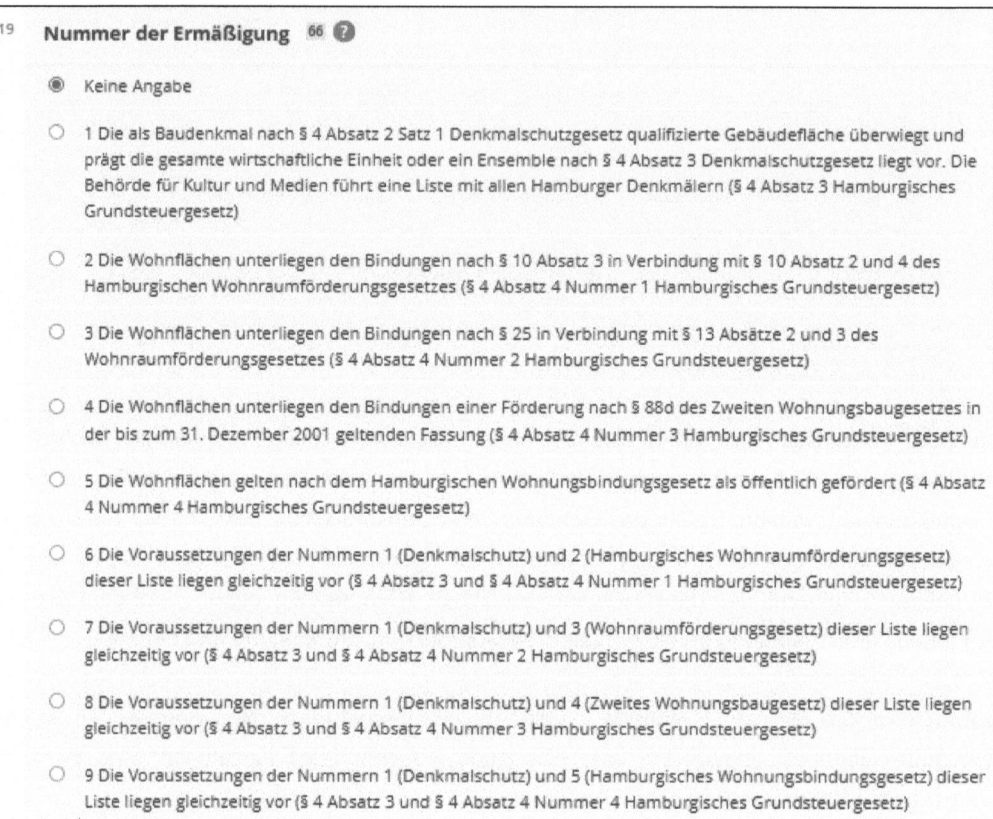

19 **Nummer der Ermäßigung** 66 ?

◉ Keine Angabe

○ 1 Die als Baudenkmal nach § 4 Absatz 2 Satz 1 Denkmalschutzgesetz qualifizierte Gebäudefläche überwiegt und prägt die gesamte wirtschaftliche Einheit oder ein Ensemble nach § 4 Absatz 3 Denkmalschutzgesetz liegt vor. Die Behörde für Kultur und Medien führt eine Liste mit allen Hamburger Denkmälern (§ 4 Absatz 3 Hamburgisches Grundsteuergesetz)

○ 2 Die Wohnflächen unterliegen den Bindungen nach § 10 Absatz 3 in Verbindung mit § 10 Absatz 2 und 4 des Hamburgischen Wohnraumförderungsgesetzes (§ 4 Absatz 4 Nummer 1 Hamburgisches Grundsteuergesetz)

○ 3 Die Wohnflächen unterliegen den Bindungen nach § 25 in Verbindung mit § 13 Absätze 2 und 3 des Wohnraumförderungsgesetzes (§ 4 Absatz 4 Nummer 2 Hamburgisches Grundsteuergesetz)

○ 4 Die Wohnflächen unterliegen den Bindungen einer Förderung nach § 88d des Zweiten Wohnungsbaugesetzes in der bis zum 31. Dezember 2001 geltenden Fassung (§ 4 Absatz 4 Nummer 3 Hamburgisches Grundsteuergesetz)

○ 5 Die Wohnflächen gelten nach dem Hamburgischen Wohnungsbindungsgesetz als öffentlich gefördert (§ 4 Absatz 4 Nummer 4 Hamburgisches Grundsteuergesetz)

○ 6 Die Voraussetzungen der Nummern 1 (Denkmalschutz) und 2 (Hamburgisches Wohnraumförderungsgesetz) dieser Liste liegen gleichzeitig vor (§ 4 Absatz 3 und § 4 Absatz 4 Nummer 1 Hamburgisches Grundsteuergesetz)

○ 7 Die Voraussetzungen der Nummern 1 (Denkmalschutz) und 3 (Wohnraumförderungsgesetz) dieser Liste liegen gleichzeitig vor (§ 4 Absatz 3 und § 4 Absatz 4 Nummer 2 Hamburgisches Grundsteuergesetz)

○ 8 Die Voraussetzungen der Nummern 1 (Denkmalschutz) und 4 (Zweites Wohnungsbaugesetz) dieser Liste liegen gleichzeitig vor (§ 4 Absatz 3 und § 4 Absatz 4 Nummer 3 Hamburgisches Grundsteuergesetz)

○ 9 Die Voraussetzungen der Nummern 1 (Denkmalschutz) und 5 (Hamburgisches Wohnungsbindungsgesetz) dieser Liste liegen gleichzeitig vor (§ 4 Absatz 3 und § 4 Absatz 4 Nummer 4 Hamburgisches Grundsteuergesetz)

Danach klicken Sie auf „Nächste Seite".

Auf **Unterseite 5** können Sie zusätzliche Angaben zur Grundsteuerermäßigung im Zusammenhang mit einer Wohnraumförderung machen. Eintragungen müssen Sie hier nur vornehmen, wenn Sie die Steuerermäßigung wegen Wohnraumförderung nach § 4 Abs. 4 Nr. 1 bis 4 HmbGrStG (Nummer 2 bis 9 der Ermäßigungen) oben beantragt haben. Dann müssen Sie in Zeile 35 und 36 Angaben zum Förderungszeitraum machen. Klicken Sie danach auf „Nächste Seite".

Auch **Unterseite 6** hat keine praktische Relevanz für Privatpersonen, da hier nur Angaben gemacht werden brauchen, wenn man ein unbebautes oder bebautes Grundstück für steuerbefreite Zwecke herrichtet. Klicken Sie daher auf „Nächste Seite".

Auf **Unterseite 7** können Sie Gebäudeflächen eintragen, die dem Katastrophen- oder Zivilschutz nach § 1 des Zivilschutz- und Katastrophenhilfegesetzes bezeichneten Zwecke dienen. Die Flächen sind auf der Teilseite "2 - Angaben zu Gebäuden / Gebäudeteilen" <u>nicht</u> zu berücksichtigen. Klicken Sie danach auf „Nächste Seite".

Die **Unterseite 8** hat für Privatpersonen ebenfalls keine praktische Relevanz. Hier müssen nur Eintragungen erfolgen, wenn Wohngrundstücke oder sonstige Grundstücke gerade geteilt werden und die Eintragungen noch nicht im Grundbuch erfolgt sind. Bei Wohnungseigentum wird die Teilung regelmäßig durch den Bauträger vorgenommen, bevor die Eigentumswohnungen an Käufer veräußert werden. Klicken Sie daher auf „Nächste Seite".

Auf **Unterseite 9** müssen Sie ein Häkchen in Zeile 38 setzen, wenn Ihre Gebäude auf fremden Grund und Boden errichtet wurden oder in Zeile 39, wenn auf Ihrem Grundstück ein fremdes Gebäude errichtet wurde oder in Zeile 40, wenn Sie Erbbauberechtigter sind. Als Erbbauberechtigter müssen Sie neben Zeile 40 auch in Zeile 38 ein Häkchen setzen.

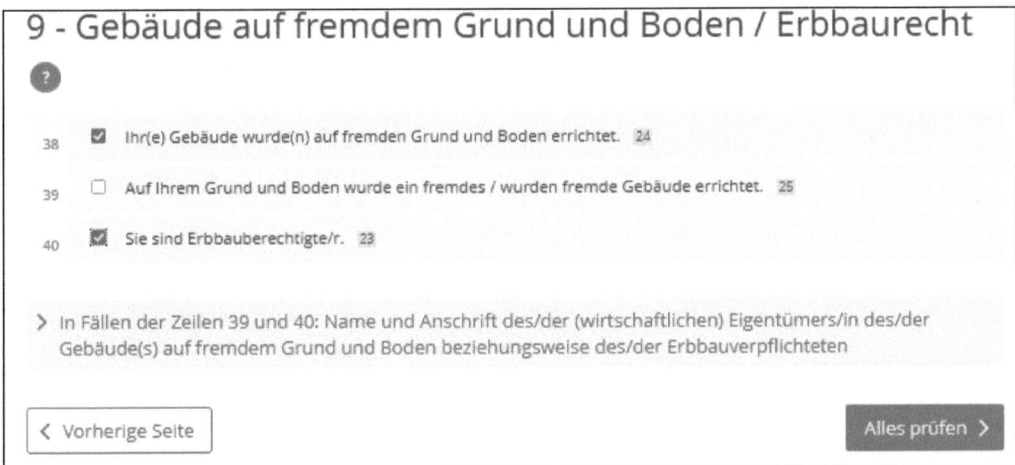

Wenn Sie in Zeile 39 oder 40 ein Häkchen gesetzt haben, müssen Sie über die Klappleiste auch noch Angaben zum Eigentümer der Gebäude (bei Kreuzchen in Zeile 39) bzw. zum Erbbauverpflichteten (=Grundstückseigentümer bei Kreuzchen in Zeile 40). Klicken Sie auf die Klappleiste. Nun öffnen Sie die Zeilen 41 bis 46. Tragen Sie dort Name und Anschrift der o.g. Eigentümer ein.

Wenn Sie alle Eintragungen gemacht haben, klicken Sie auf „Alles prüfen". Nun wird Ihre Feststellungserklärung zur Grundsteuer auf Fehler überprüft. Unplausible Eingaben werden Ihnen angezeigt und Sie werden zur Korrektur aufgefordert. Sofern keine Fehler gefunden wurden, wird Ihnen folgendes angezeigt:

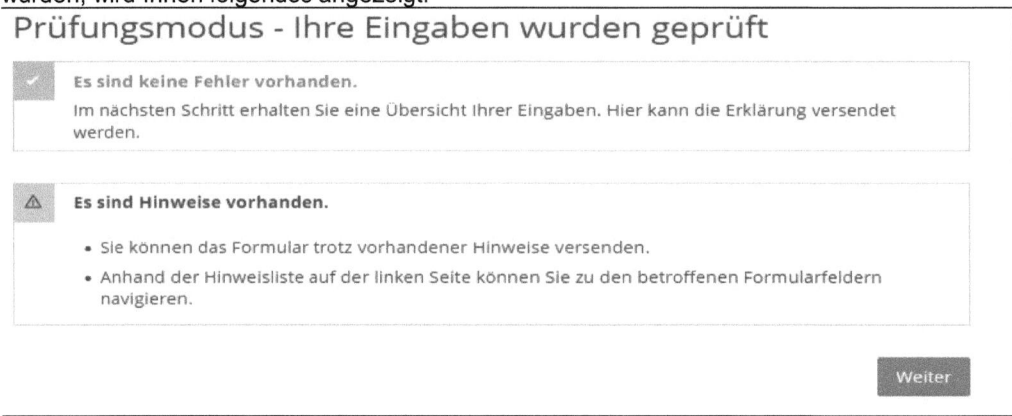

Klicken Sie nun auf „Weiter". Jetzt werden Ihnen nochmal alle Ihre Angaben tabellenförmig angezeigt. Nun können Sie die Erklärung „Absenden", indem Sie auf die gleichnamige Schaltfläche klicken. Nun sind Sie fertig.

6.5. Die Feststellungserklärung für Hessen

Sie müssen eine Feststellungserklärung zur Grundsteuer abgeben, wenn Sie:

- Eigentümer/Eigentümerin eines Grundstücks sind (außer Erbbaurechtsverpflichtete)
- Erbbauberechtigte (=Nutzer des Grundstücks) für das Erbbaurechtsgrundstück
- Eigentümer/Eigentümerin eines Betriebs der Land- und Forstwirtschaft
- Bei Gebäuden auf fremdem Grund und Boden:
  - für den Grund und Boden: die Eigentümerinnen oder Eigentümer des Grund und Bodens und
  - für die Gebäude: die (wirtschaftlichen) Eigentümerinnen oder (wirtschaftlichen) Eigentümer des Gebäudes

Sind mehrere Personen Eigentümer (Miteigentümer), so muss eine gemeinsame Erklärung zusammen abgegeben werden (Miteigentümer, Grundstücksgemeinschaften, Bruchteilsgemeinschaften, Erbengemeinschaften, etc). .

Welche Unterlagen benötigen Sie regelmäßig:

- Aktenzeichen des Grundstücks (16 Ziffern)[101]
- Adresse des Grundstücks[102] und der Eigentümer
- Angaben zur Gemarkung/Flurstück[103]
- Fläche des Grundstücks[104]
- Wohnfläche[105]
- Nutzfläche[106]
- Eigentumsanteil beim Wohneigentum[107]

Sie können den Fußnoten entnehmen, woher Sie diese o.g. Angaben erhalten.

---

[101] Sie haben in 2022 von Ihrem Finanzamt ein Schreiben erhalten, wo Sie zur Abgabe der Feststellungserklärung zur Grundsteuer für Ihr Grundstück/Eigentumswohnung aufgefordert worden sind. Diesem Schreiben können Sie ggf. das Aktenzeichen entnehmen. Alternativ können Sie das Aktenzeichen dem alten Einheitswertbescheid oder dem Bescheid über die Festsetzung des Grundsteuermessbetrags entnehmen. Auch auf dem Grundsteuerbescheid der Gemeinde können Sie das Aktenzeichen finden.
[102] Die Adresse des Grundstücks ist im Grundbuchauszug enthalten.
[103] Angaben zur Gemarkung, zur Flur und zum Flurstück sind dem Grundbuchauszug zu entnehmen.
[104] Auch die Fläche des Grundstücks ist der rechten Spalten des Grundbuchs auf den ersten Seiten zu entnehmen.
[105] Die Wohnfläche können Sie den Bauunterlagen bzw. einem Mietvertrag entnehmen.
[106] Die Nutzfläche können Sie den Bauunterlagen bzw. einem Mietvertrag entnehmen.
[107] Den Eigentumsanteil bei der Eigentumswohnung können Sie dem Wohnungsgrundbuch/Teileigentumsgrundbuch entnehmen.

Sie müssen für jede **wirtschaftliche Einheit** (für jedes Grundstück) eine eigene Grundsteuererklärung abgeben. Vereinfacht ausgedrückt: Sie müssen für jedes Aktenzeichen vom Finanzamt für Ihr Grundstück eine Feststellungserklärung abgeben.

Ein Grundstück kann sich dabei allerdings mehreren Flurstücken zusammensetzen, d.h. Sie müssen dabei nur eine Erklärung abgeben. Orientieren Sie sich dabei am Aktenzeichen, welches Ihnen das Finanzamt mitgeteilt hat.

Loggen Sie sich zunächst bei www.elster.de ein, indem Sie auf „Login" klicken.

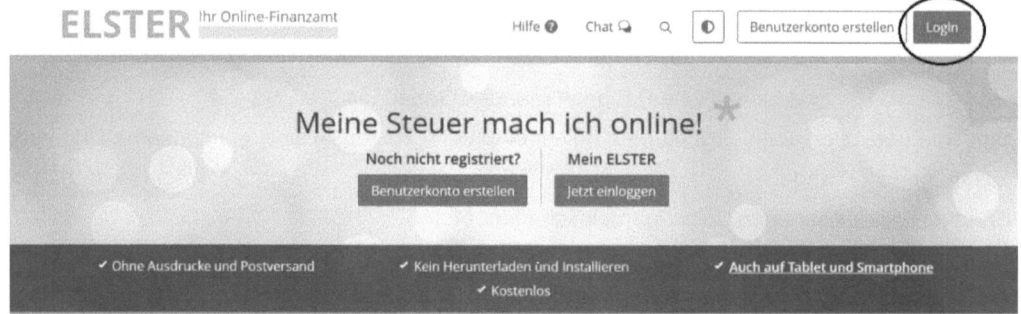

Nun werden Sie aufgefordert Ihr Zertifikat anzugeben. Dazu klicken Sie auf die Schaltfläche "Durchsuchen" und geben im Dateimanager den Speicherort an, an dem Sie die Zertifikatsdatei abgespeichert haben.

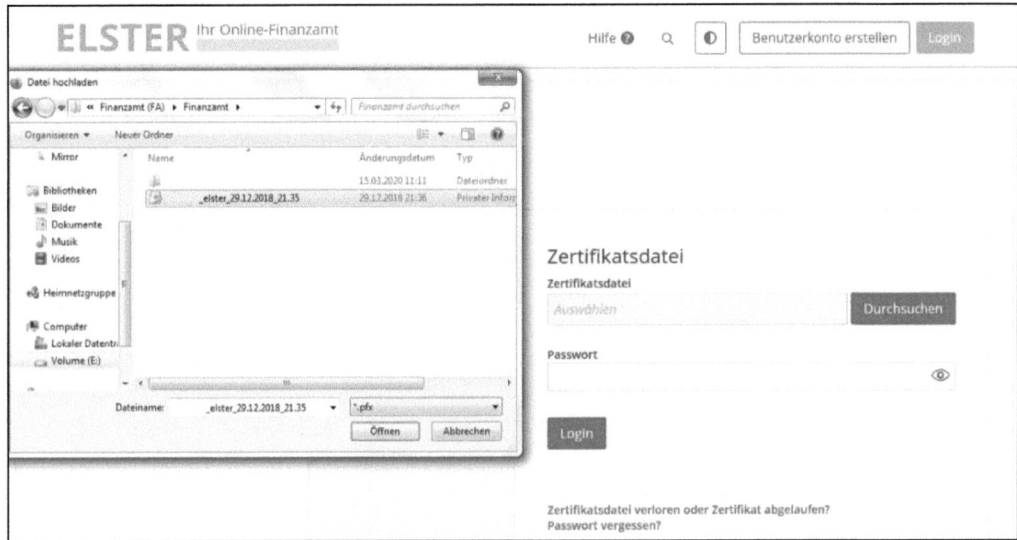

Klicken Sie dazu einfach die pfx-Datei mit Doppelklick an. Wie Sie die Datei nicht gleich finden, so nutzen Sie die Suchfunktion des Dateimanagers, indem Sie *.pfx in das Suchfeld eingeben. Nachdem Sie die pfx-Datei ausgewählt haben, müssen Sie nur noch das dazugehörige Passwort eintragen und auf die Schaltfläche "Login" klicken.

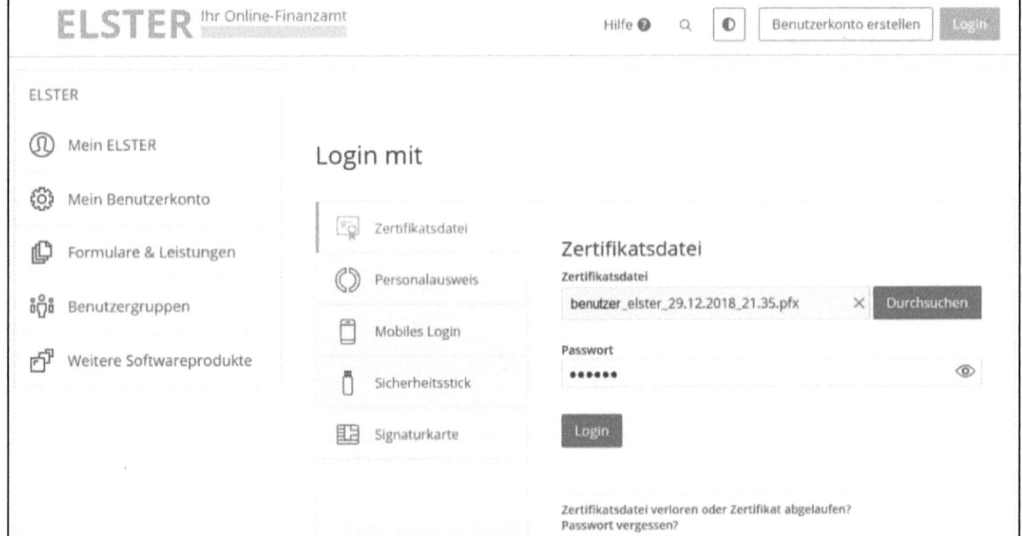

Falls Sie sich erstmals bei Elster eingeloggt haben, werden Sie aufgefordert Ihr Profil zu vervollständigen. Auch werden Sie gelegentlich über Neuerungen bei Mein ELSTER informiert. Diese Schritte können Sie allerdings überspringen. Danach gelangen Sie ins Hauptmenü.

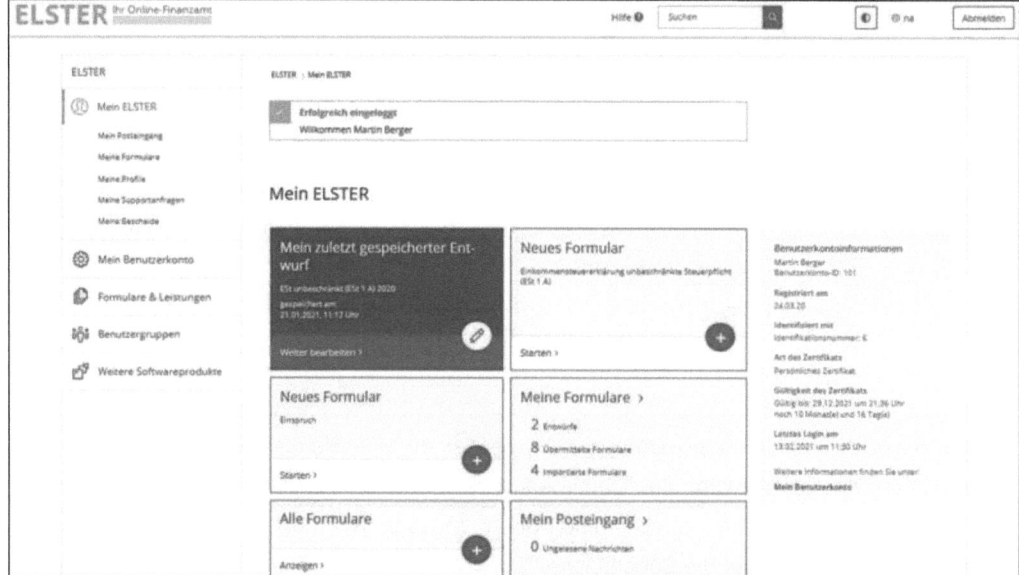

Klicken Sie nun in der linken Spalte auf die Schaltfläche „Formulare & Leistungen".

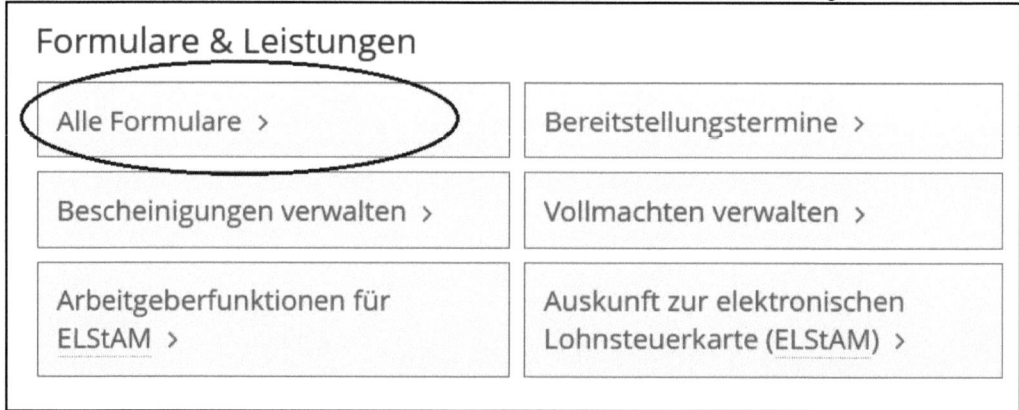

Wählen Sie nun „Grundsteuer" aus. Wählen Sie nun „Grundsteuer für Hessen" aus. Nun erhalten Sie erst wieder allgemeine Hinweise und weiterführende Hilfestellungen:

Grundsteuer für Hessen

Allgemeine Hinweise

Zur Abgabe einer Erklärung zum Grundsteuermessbetrag **verpflichtet** sind:

- Eigentümerinnen oder Eigentümer eines Grundstücks (dazu zählen auch Eigentumswohnungen)
- Eigentümerinnen oder Eigentümer eines Betriebs der Land- und Forstwirtschaft
- Bei Grundstücken, die mit einem Erbbaurecht belastet sind:
  Erbbauberechtigte ggf. unter Mitwirkung der Eigentümerin oder des Eigentümers des Grundstücks (Erbbauverpflichtete)
- Bei Gebäuden auf fremdem Grund und Boden:
  Eigentümerinnen oder Eigentümer des Grund und Bodens ggf. unter Mitwirkung der Eigentümerin oder des Eigentümers des Gebäudes.

Wichtiger Hinweis: Bitte reichen Sie keine Belege oder Unterlagen zu Ihrer Erklärung ein. Sollten Unterlagen erforderlich sein, wird das Finanzamt diese anfordern.

Weitere Informationen: Weitere Informationen finden Sie im Internet unter grundsteuer.hessen.de ☐.

Sie können ausgewählte Daten wie z. B. Informationen zu Ihrem Flurstück aus dem Liegenschaftskataster zum Stichtag 01. Januar 2022 **kostenlos** über das Internetportal der hessischen Katasterverwaltung abrufen:

für **Grundvermögen** unter https://gds.hessen.de/webshop/Flurstuecksnachweis ☐ oder

für **land- und forstwirtschaftliche Betriebe** unter https://gds.hessen.de/webshop /Grundsteuerauszug-LuF ☐.

Klicken Sie danach auf „Weiter", danach auf „Ohne Datenübernahme fortfahren". Nun müssen Sie die richtigen Formular-Anlagen auswählen. Wählen Sie das Hauptformular (HGrSt 1) und das Formular (HGrSt 2) für das Grundstück aus. (HGrSt 3 benötigen Sie, wenn Sie einen Betrieb der Land- und Forstwirtschaft haben; HGrSt 3A für Tierbestand). Treffen Sie die Auswahl durch Ankreuzen:

Anlagenauswahl   Welche Anlagen brauche ich ❓

Hauptvordruck (HGrSt 1)	☑
Anlage Grundstück (HGrSt 2)	☑
Anlage Land- und Forstwirtschaft (HGrSt 3)	☐
Anlage Tierbestand (HGrSt 3A)	☐

Sie können Ihre Auswahl auch später noch anpassen. Klicken Sie dazu auf der nächsten Seite auf die Schaltfläche "Anlagen hinzufügen/entfernen".

Weiter

Regelmäßig ist die Wahl des Hauptvordruckes und der Anlage Grundstück ausreichend. Klicken Sie danach auf „Weiter".

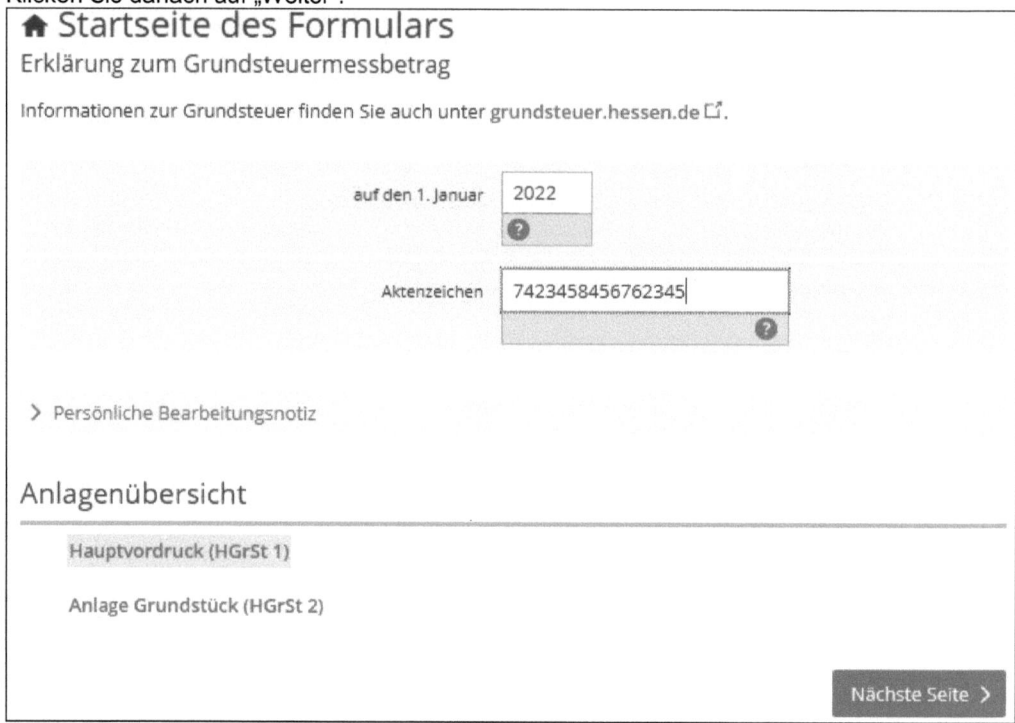

Der Stichtag für die Hauptfeststellung lassen Sie auf 1.Januar 2022 eingestellt. Tragen Sie nun Ihr 16-stelliges Aktenzeichen ohne Schrägstriche ein. Das Aktenzeichen können Sie dem Informationsschreiben des Finanzamtes, dem alten Einheitswertbescheid bzw. Grundsteuermessbescheid oder ggf. dem Grundsteuerbescheid der Gemeinde entnehmen. Notfalls müssen Sie es beim zuständigen Finanzamt erfragen.

Unter dem Punkt „Persönliche Bearbeitungsnotiz" haben Sie die Möglichkeit einen Freitext an den Bearbeiter im Finanzamt zu schreiben. Nutzen Sie das Feld, wenn Sie sich bei einer Eingabe unsicher sind. Eine Texteingabe führt regelmäßig dazu, dass der Bearbeiter im Finanzamt Ihre Steuererklärung genauer anschaut.

Klicken Sie anschließend auf „Weiter".

Nun gelangen Sie auf die Startseite des Hauptvordrucks (HGrSt 1). Dieser Hauptvordruck besteht aus 6 Unterseiten.

Hauptvordruck (HGrSt 1) ❓

Zu den Teilseiten

- 1 - Angaben zur Festsetzung / Feststellung
- 2 - Lage des Grundstücks / Betriebs der Land- und Forstwirtschaft
- 3 - Angaben zu Eigentümer(innen) und Beteiligten
- 4 - Ergänzende Angaben zur Erklärung
- 5 - Empfangsvollmacht
- 6 - Mitwirkung bei der Anfertigung dieser Erklärung

Klicken Sie auf „Nächste Seite".

Auf **Unterseite 1** wählen Sie bei Grund der Feststellung „Hauptfeststellung" aus. Bei Art der wirtschaftlicher Einheit müssen Sie differenzieren, ob es sich um ein unbebautes oder bebautes Grundstück bzw. um ein land- o. forstwirtschaftlich genutztes Grundstück handelt.

1 - Angaben zur Festsetzung / Feststellung

⁴ **Grund der Festsetzung / Feststellung** 14 ❓

- ◉ Hauptveranlagung / Hauptfeststellung
- ○ Nachveranlagung / Nachfeststellung
- ○ Neuveranlagung / Fortschreibung(en)

⁴ **Art der wirtschaftlichen Einheit** 10 ❓

- ○ Keine Angabe
- ○ unbebautes Grundstück (wirtschaftliche Einheit des Grundvermögens)
- ◉ bebautes Grundstück (wirtschaftliche Einheit des Grundvermögens)
- ○ Betrieb der Land- und Forstwirtschaft (auch einzelne land- und forstwirtschaftlich nutzbare Flächen)

Ein **unbebautes Grundstück** ist ein Grundstück, auf dem sich kein benutzbares Gebäude[108] befinden (§ 246 Abs. 1 BewG) und das nicht zu einem Betrieb der Land- und Forstwirtschaft gehört. Die Benutzbarkeit beginnt im Zeitpunkt der Bezugsfertigkeit. Gebäude sind als bezugsfertig anzusehen, wenn den zukünftigen Bewohnern oder sonstigen Benutzern zugemutet werden kann, sie zu benutzen.

Aber Achtung: Abweichend zu einigen anderen Bundesländern gilt in Hessen ein Grundstück dann als bebaut, wenn sich auf dem Grundstück Kleinstgebäude (z.B. Laube, Schuppen, etc.) mit einer Gesamtfläche bis zu 30m² befinden, die zwar nach Landesrecht grundsteuerlich unberücksichtigt bleiben, jedoch das Grundstück zu einem bebauten Grundstück qualifizieren[109].

Damit gelten auch **Garten- und Erholungsgrundstücke**, mit einer Gartenlaube und/oder einem Geräteschuppen als bebaut, auch wenn die Bauwerke (Laube/Geräteschuppen) nicht eine Gesamtnutzfläche von 30m² erreichen.

Ein **bebautes Grundstück** ist damit ein Grundstück, auf dem sich mindestens ein benutzbares Gebäude befindet.

Als **Betrieb der Land- und Forstwirtschaft** gelten auch einzelne land- und forstwirtschaftlich nutzbare Flächen, die ungenutzt, selbstgenutzt oder verpachtet sind. Land- und forstwirtschaftlich genutzte Flächen (mit Ausnahme der Hofstelle) gehören nicht zu einem Betrieb der Land- und Forstwirtschaft, wenn

- sie in einem Bebauungsplan als Bauland festgesetzt sind, die sofortige Bebauung möglich ist und die Bebauung innerhalb des Plangebiets in benachbarten Bereichen begonnen hat oder schon durchgeführt ist oder
- zu erwarten ist, dass sie innerhalb von sieben Jahren zu anderen Zwecken, wie z. B. als Bauland, Gewerbeland oder Industrieland genutzt werden.

Treffen Sie die Auswahl und klicken danach nun auf „Nächste Seite".

Auf der **2. Unterseite** müssen Sie nun die Adresse Ihres Grundstücks angeben. Tragen Sie nun in Zeile 5 die Straße, Hausnummer und ggf. Hausnummerzusatz ein. Falls das Grundstück

---

[108] Ein Gebäude ist ein Bauwerk auf eigenem oder fremdem Grund und Boden, das Menschen oder Sachen durch räumliche Umschließung Schutz gegen äußere Einflüsse gewährt, den Aufenthalt von Menschen gestattet, fest mit dem Grund und Boden verbunden, von einiger Beständigkeit und standfest ist (R 7.1 Abs. 5 EStR; H 7.1 [Gebäude] EStH).
[109] Dann ist allerdings das Gebäude (<30m²) bei den Gebäuden später mit 0 m² anzugeben, vgl. amtlicher Hinweis.

keine Hausnummer hat, dann müssen Sie hier eine „0" eintragen. In Zeile 6 können Sie Zusatzangaben machen, z.B. eine Wohnungsnummer. In Zeile 7 tragen Sie den Ort und die Postleitzahl Ihres Grundstücks ein.

2 - Lage des Grundstücks / Betriebs der Land- und Forstwirtschaft ❓

5	Straße, Hausnummer, Hausnummerzusatz	24 · 25 · 26
6	Zusatzangaben (zum Beispiel: "Wohnungsnummer 3")	31
7	Postleitzahl, Ort und gegebenenfalls Ortsteil	21 · 22

> Gemarkung und Flurstück (nur auszufüllen, sofern Straße / Hausnummer nicht vorhanden)

Mehrere hebeberechtigte Gemeinden ❓

10 ☐ Das Grundstück oder der Betrieb der Land- und Forstwirtschaft erstreckt sich über mehrere hebeberechtigte Gemeinden 90

Falls das Grundstück über keine genaue Adresse verfügt, weil z.B. kein Straßenname oder keine Hausnummer vorhanden ist, müssen Sie die Gemarkung und das Flurstück über die blaue Klappleiste eintragen. Öffen Sie dazu die Klappleiste.

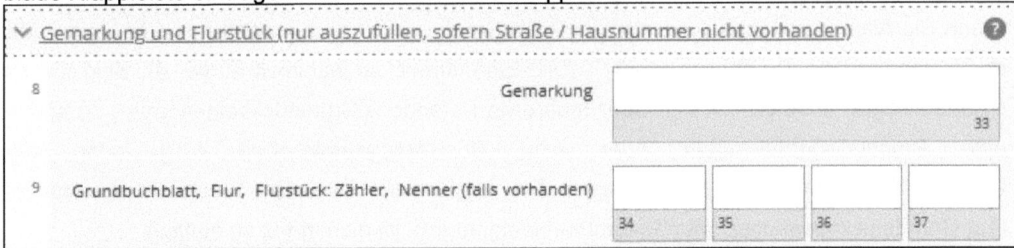

Nun können Sie in Zeile 8 die Gemarkung und in Zeile 9 das Grundbuchblatt und für das Flurstück die Flurstücksnummer (Zähler/Nenner) eintragen. Diese Angaben können Sie dem Grundbuchauszug entnehmen.

In Zeile 10 müssen Sie nur dann für einen Land- und forstwirtschaftlichen Betrieb und nur im ungewöhnlichen Fall ein Häkchen setzen, wenn sich das gesamte Grundstück über mehrere Orte (Gemeinden) erstreckt. Das wird jedoch regelmäßig nicht der Fall sein. Klicken Sie nun auf „Nächste Seite".

Auf **Unterseite 3** müssen Sie nun Angaben zu den Grundstückseigentümern machen. Hier haben Sie folgende Auswahlmöglichkeiten:

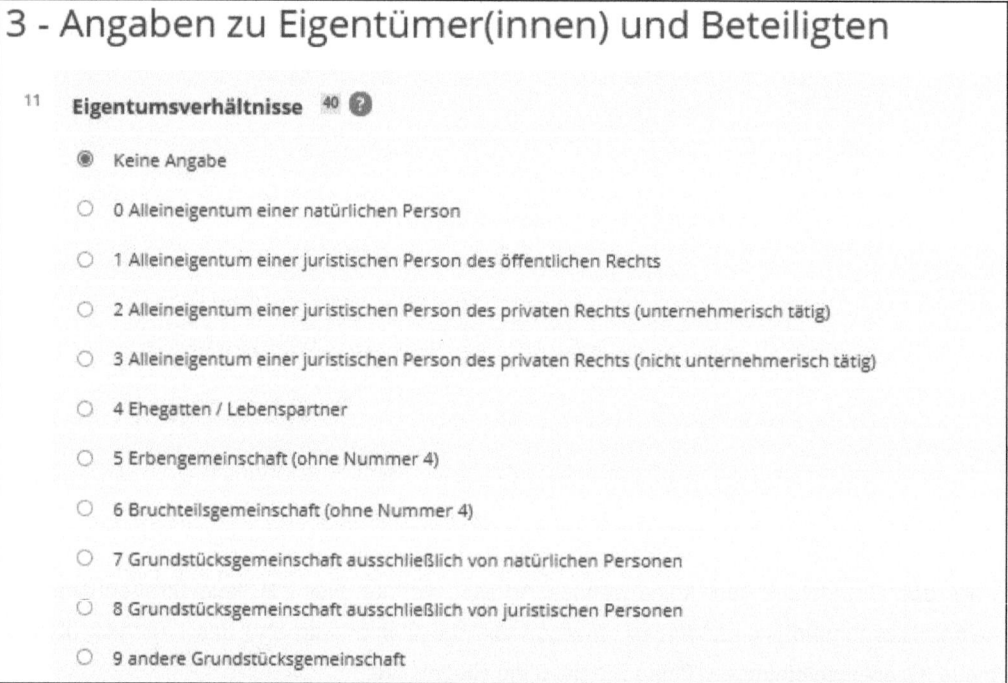

Wenn Sie Alleineigentümer sind, dann wählen Sie die „0". Sind Sie mit Ihrem Ehegatten oder dem (eingetragenem) Lebenspartner[110] (Mit)-Eigentümer, so wählen Sie die „4". Sind Sie mit einer sonstigen anderen Person (oder mehreren Personen) Grunstückseigentümer, so könnte eine Bruchteilsgemeinschaft oder eine Bruchteilsgemeinschaft („6") oder eine Grundstücksgemeinschaft („7") vorliegen. Die Abgrenzung zwischen Bruchteilsgemeinschaft und Grundstücksgemeinschaft (Gesamthandseigentum) ist nicht ganz so einfach.

Bei **Bruchteilseigentum** handelt es sich um eine Form des Miteigentums, bei der jeder Miteigentümer einen bestimmten Bruchteil oder einen zahlenmäßig definierten Anteil (auch

---

[110] Lebenspartner bedeutet eine eingetragene homosexuelle Lebenspartnerschaf nach dem Lebenspartnerschaftsgesetz.

Quote oder Bruchteil) an der Sache hat und über den jeder Miteigentümer frei verfügen darf. Bei der **Grundstücksgemeinschaft** (Gesamthandsgemeinschaft) hingegen, gehört allen beteiligten Personen ein gemeinsames Vermögen, welches einen gemeinsamen Zweck dient. Oftmals werden private Miteigentümer zu jeweils 1/2 im Grundbuch eingetragen. Im Zweifel ist von einer Bruchteilsgemeinschaft im Sinne von „6" auszugehen. Handelt es sich bei dem Grundstück um eine (noch nicht auseinandergesetzte) Erbschaft, bei der mehrere Personen Erbe geworden sind, so wählen Sie „5" aus.

Sofern Sie eine Erbengemeinschaft, Bruchteilsgemeinschaft oder sonstige Gemeinschaften ausgewählt haben, müssen Sie die Zeilen 12-18 ausfüllen, um weitere Angaben zur Gemeinschaft zu tätigen.

> Angaben zu Erbengemeinschaften, Bruchteilsgemeinschaften und Gemeinschaften ohne geschäftsüblichen Namen

Klicken Sie dazu auf o.g. Feld „Angaben zu Erbengemeinschaften....". Nun öffnen sich die Zeilen 12-18. Wenn das Grundstück einer Gemeinschaft ohne geschäftsüblichen Namen (zum Beispiel Erbengemeinschaft, Gesellschaft bürgerlichen Rechts, Bruchteilsgemeinschaft) gehört, tragen Sie bitte den Anredeschlüssel und eine Bezeichnung der Gemeinschaft ein, zum Beispiel "Erbengemeinschaft nach Max Muster" oder "Grundstücksgemeinschaft Muster/Musterstraße"[111]. Anderenfalls überspringen Sie die Zeilen 12-18.

---

[111] Amtlicher Hinweistext zu Zeile 33-39.

12	Anrede / Art der Gemeinschaft	Keine Angabe ▼
		10

13	Name der Gemeinschaft	
		91

14	Name der Gemeinschaft Fortsetzung	
		92

15	Straße, Hausnummer, Hausnummerzusatz			
		24	25	26

17	Postleitzahl, Ort und gegebenenfalls Ortsteil		
		40	22

17	Postfach	
		27

18	Postleitzahl (Ausland)	
		20

18	Land (bei Auslandsanschrift)	Keine Angabe ▼
		30

Tragen Sie jedoch auf jeden Fall jeden einzelnen Eigentümer/Miteigentümer der wirtschaftlichen Einheit (Grundstück) in die Zeilen 20 bis 31 ein. Diese Zeilen sind für jeden einzelnen Eigentümer auszufüllen. Legen Sie jeden Eigentümer einzeln an. Orientieren Sie sich dabei an den Eigentümern, die Sie dem Grundbuchauszug entnehmen können bzw. bei Erbengemeinschaften an Erben nach dem Erblasser.

Zum Anlegen der einzelnen Eigentümer bzw. Miteigentümer klicken Sie auf „+Eintrag hinzufügen". Nun können Sie den ersten Eigentümer eintragen.

146

Eigentümer(innen) / Miteigentümer(innen) / Erbbauberechtigte / Beteiligte

Vorname / Firma / geschäftsüblicher Name im Rechtsverkehr	Name / Firma / geschäftsüblicher Name im Rechtsverkehr Fortsetzung
Keine Einträge vorhanden	

+ Eintrag hinzufügen

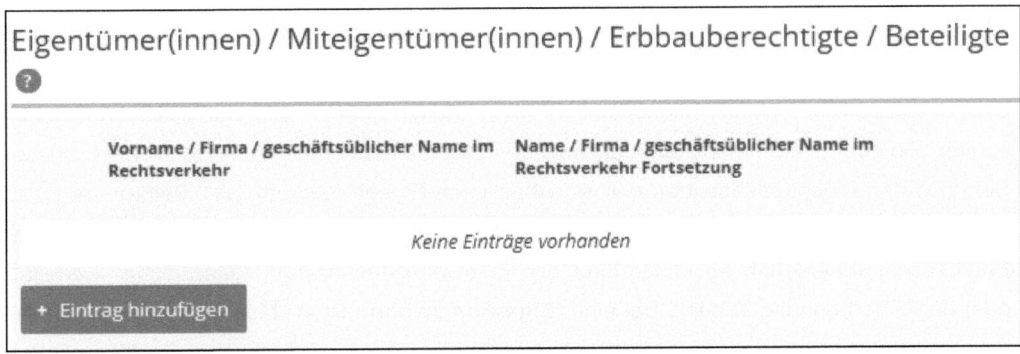

.In Zeile 20-22 tragen Sie den Namen, in Zeile 23 das Geburtsdatum, in Zeile 24-27 die Anschrift sowie in Zeile 29 dessen örtlich zuständiges Finanzamt ein.

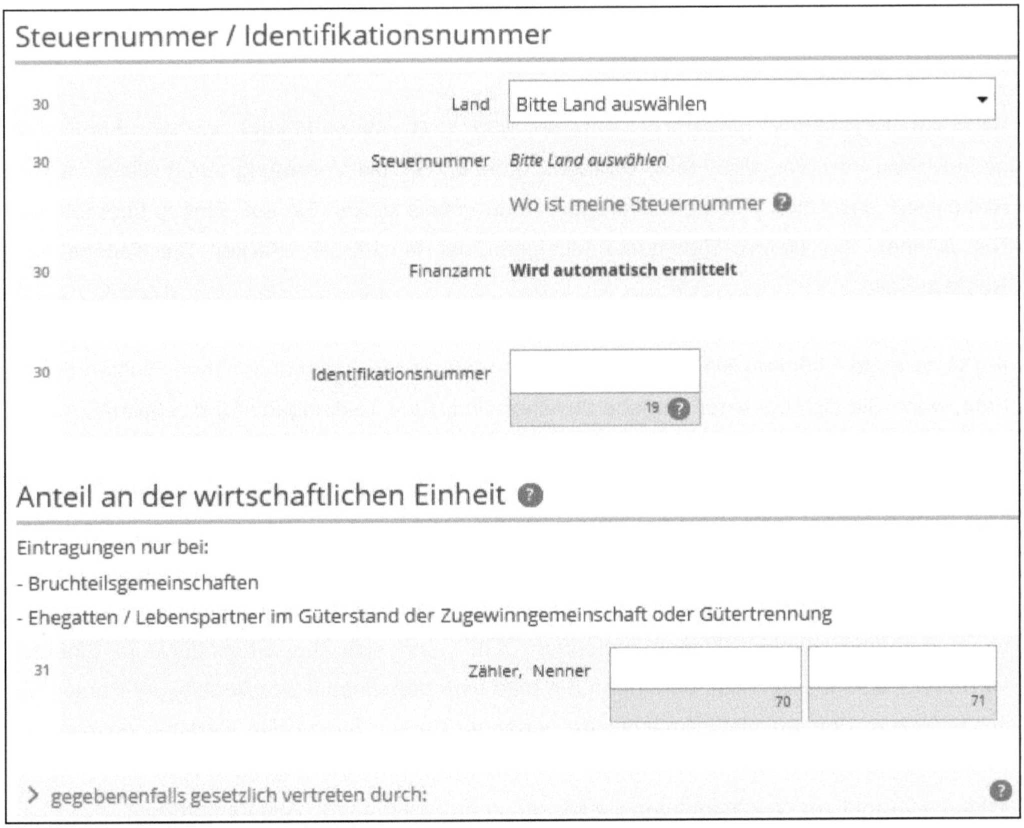

Steuernummer / Identifikationsnummer

30 Land: Bitte Land auswählen

30 Steuernummer: *Bitte Land auswählen*

Wo ist meine Steuernummer

30 Finanzamt: **Wird automatisch ermittelt**

30 Identifikationsnummer: 19

Anteil an der wirtschaftlichen Einheit

Eintragungen nur bei:

- Bruchteilsgemeinschaften
- Ehegatten / Lebenspartner im Güterstand der Zugewinngemeinschaft oder Gütertrennung

31 Zähler, Nenner: 70, 71

> gegebenenfalls gesetzlich vertreten durch:

In Zeile 30 tragen Sie dessen Steuernummer, sowie das Bundesland des Finanzamtes ein, in welchem der Eigentümer (einkommensteuerlich) geführt wird. Zudem tragen Sie in Zeile 30 dessen steuerliche Identifikationsnummer ein. Steuernummer und Identifikationsnummer können Sie dem Einkommensteuerbescheid des Eigentümers entnehmen. In Zeile 31 müssen Sie noch den Eigentumsanteil an der wirtschaftlichen Einheit (Grundstück / Betrieb der Land- und Forstwirtschaft) eintragen, wenn es sich um eine Bruchteilsgemeinschaft oder um eine Ehe/Lebenspartnerschaft im Güterstand der Zugewinngemeinschaft (gesetzlicher Regelfall) oder der Gütertrennung handelt. Bei einer **Eigentumswohnung** sind hier nur Angaben zu den Eigentümern der einzelnen Wohnung und nicht zu den übrigen Eigentümern der Wohnanlage zu machen. Gehört die wirtschaftliche Einheit einer Gemeinschaft ohne geschäftsüblichen Namen, z. B. einer Erbengemeinschaft, ist die Angabe der Anteile der Einzelpersonen nicht erforderlich[112]. Bei hälftigem Eigentum tragen Sie beispielsweise bei Zähler eine „1" und bei Nenner eine „2" ein.

Falls ein Eigentümer gesetzlich vertreten wird (z.B. Minderjährige werden durch Ihren gesetzlichen Vertreter, die Eltern, vertreten), können Sie die Vertretung durch Klicken auf die Klappleiste „gesetzlich vertreten" eintragen. Anderenfalls klicken Sie auf „Eintrag übernehmen". Nun können Sie weitere Eigentümer/Miteigentümer hinzufügen. Klicken Sie danach auf „ Nächste Seite".

Auf **Unterseite 4** können Sie mittels Freitextfeld ergänzende Angaben machen. Nutzen Sie das Feld, wenn Sie sich bei einer Eingabe unsicher sind. Eine Texteingabe führt regelmäßig dazu, dass der Bearbeiter im Finanzamt Ihre Steuererklärung genauer anschaut. Setzen Sie dazu in Zeile 60 ein Häkchen und tragen Sie Ihren Text ein. Klicken Sie danach auf „Nächste Seite".

Auf **Unterseite 5** können Sie eine Empfangsvollmacht für eine bevollmächtigte Person erteilen, d.h. der Steuerbescheid geht dann dieser Person zu. Bei Bruchteilsgemeinschaften sollten Sie einen Empfangsbevollmächtigten benennen, d.h. wenn sich das Grundstück im Eigentum mehrerer Personen befindet, benennen Sie bitte eine gemeinsam bevollmächtigte Person. Die zur oder zum Empfangsbevollmächtigten benannte Person nimmt den Feststellungsbescheid und alle anderen mit dem Feststellungsverfahren im Zusammenhang stehenden Schreiben mit Wirkung für und gegen alle anderen Beteiligten in Empfang, § 183 Abgabenordnung[113].

---

[112] Vgl. amtlicher Hinweistext.
[113] Amtlicher Hinweistext.

148

Tragen Sie in Zeile 62 die Anrede, ggf. den akademischen Titel, in Zeile 63 den Vornamen (oder Firmennamen), in Zeile 64 den Familiennamen, in Zeile 65 Straße, die Hausnummer und ggf. den Hausnummernzusatz und in Zeile 66 Ort und Postleitzahl und ggf. ein Postfach ein. Zeile 68 müssen Sie nur ausfüllen, sofern es sich um eine Auslandsanschrift handelt. In Zeile 69 müssen Sie noch ein Häkchen setzen, wenn Sie einen Empfangsbevollmächtigten eingesetzt haben, weil es § 183 AO bei mehreren Eigentümer (Grundstücksgemeinschaften, Erbengemeinschaften, Bruchteilsgemeinschaften, Gesellschaften) es verlangt. Im Zweifel setzen Sie hier das Häkchen. Klicken Sie danach „Nächste Seite".

Auf **Unterseite 6** können Sie (freiwillig) Angaben zu Personen machen, die Ihnen bei der Steuererklärung geholfen haben. Beachten Sie dabei, dass entgeltliche Hilfe in Steuersachen nur Steuerberater und Rechtsanwälte, etc. leisten dürfen. Ist dies der Fall, so setzen Sie ein Kreuzchen in Zeile 70. Daneben darf nur für Angehörige unentgeltlich Hilfe geleistet werden[114]. In Zeile 88-91 tragen Sie die Anschrift der Hilfsperson ein. Die restlichen Zeilen auf Unterseite 6 können Sie ignorieren. Klicken Sie danach auf „Nächste Anlage".

Nun gelangen Sie zur **„Anlage Grundstück (HGrSt 2)"**. Diese Anlage besteht aus sieben Unterseiten.

Anlage Grundstück (HGrSt 2) ⑦

zur Erklärung zum Grundsteuermessbetrag

Zu den Teilseiten

- 1 - Angaben zum Grund und Boden
- 2 - Angaben zu Gebäuden / Gebäudeteilen
- 3 - Angaben zu Grundsteuerbefreiungen
- 4 - Angaben zu Grundsteuerermäßigungen
- 5 - Zivilschutz
- 6 - Zusätzliche Angaben bei Wohnungs- / Teileigentum
- 7 - Gebäude auf fremdem Grund und Boden / Erbbaurecht

---

[114] Vgl. § 6 Nr. 2 StBerG i.V.m. § 15 AO.

Auf **Unterseite 1** müssen Sie Angaben **zum Grund und Boden machen**. Wenn Sie auf „Nächste Seite" klicken gelangen Sie zur **Unterseite 1**.

Zunächst müssen Sie alle Ihre Flurstücke einzeln anlegen. Beginnen Sie mit dem ersten Flurstück. Nehmen Sie sich dazu den Grundbuchauszug bzw. Wohnungsgrundbuch (bei Eigentumswohnungen) zum Flurstück zur Hand.

Beachten Sie, dass sich das Sondereigentum bei Eigentumswohnen regelmäßig auf mehrere Flurstücke erstrecken kann. Hier müssen Sie ebenfalls jedes Flurstück einzeln anlegen. Folgendes Beispiel:

..d. Nr. der Grund-stücke	Bisherige lfd. Nr. d. Grund-stücke	Bezeichnung der Grundstücke und der mit dem Eigentum verbundenen Rechte		Größe
		Gemarkung (nur bei Abweichung vom Grundbuchbezirk angeben) Flurstück	Wirtschaftsart und Lage	m²
		a/b	c	
1	2	3		4
1	198/10.000 - Miteigentumsanteil an dem Grundstück			8 04
	Flst. 1642 b	Mustergasse 3		3 25
	Flst. 1642 c	Mustergasse 3a		

verbunden mit dem Sondereigentum an der Wohnung nebst Kellerraum, im Aufteilungsplan mit Nr. 37 bezeichnet.

Für jeden Miteigentumsanteil ist ein Grundbuchblatt angelegt (Blatt 10378 bis Blatt 10443); der hier eingetragene Miteigentumsanteil ist durch die zu den anderen Miteigentumsanteilen gehörenden Sondereigentumsrechte beschränkt.

Veräußerungsbeschränkung: Zustimmung durch Verwalter;

Hier müssen Sie also das Flurstück 1642/b und 1642/c jeweils extra anlegen. Die Grundstücksdaten können Sie dem Grundbuchauszug bzw. dem Wohnungsgrundbuch entnehmen.

In Zeile 4 tragen Sie Gemarkung ein. Diese finden Sie auf der ersten Seite des Grundbuchauszugs bzw. in der Kopfzeile. Das Flurstück tragen Sie in Zeile 5 ein. In Feld Nr. 13 können Sie eine Flur eintragen, wenn vorhanden. In Feld Nr. 14 tragen Sie das Flurstück mit dem Zähler (erster Teil der Flurstücksbezeichnung) und ggf. in Feld Nr. 15 mit dem Nenner (zweiter Teil der Flurstücksbezeichnung, nicht immer vorhanden) ein. Die Fläche des Flurstücks tragen Sie ebenfalls in Zeile 5, das Grundbuchblatt (in Kopfzeile des Grundbuchauszugs) in Zeile 6 sowie den (Mit-)Eigentumsanteil laut Grundbuch ein.

Beachten Sie:

Achtung Verwechslungsgefahr! In Zeile 6 ist nicht Ihr Eigentumsanteil an der wirtschaftlichen Einheit (Grundstück) gemeint (Bsp: Ihnen gehört das Flurstück zusammen mit Ihrer Ehefrau. Dieser Eigentumsanteil ist auf auf dem Hauptvordsruck HGrSt 1- Unterseite 3, Zeile 31 einzutragen). Hier geht es ausschließlich bei Wohneigentum und Teileigentum nach der Eigentumszurechnung.

Im o.g. Beispiel wären 198/10.000 einzutragen. Diesen Anteil können Sie bei Wohnungseigentum aus dem Wohnungsgrundbuch entnehmen. Bei allen anderen Grundstücken wird der Anteil regelmäßig 1/1 betragen.

Beachten Sie außerdem: Bei Eigentumswohnungen sind teilweise Tiefgaragen-, Stellplätze und Verkehrsflächen auf gesonderten Grundbuchblättern aufgeführt. In Erbbaurechtsfällen tragen Sie bitte die Nummer des Grundbuchblatts des bzw. der Erbbauberechtigten ein[115].

Nach Abschluss Ihrer Eingaben zum Flurstück klicken Sie auf „Eintrag übernehmen". Nun können Sie weitere Flurstücke anlegen, indem Sie auf „+ Weiteres Flurstück hinzufügen" klicken. Anderenfalls könnten Sie noch eine Steuerbefreiung Verwendung eines räumlich abgrenzbaren Teils des Grund und Bodens für steuerbefreite Zwecke beantragen. Grundsteuerbefreiungen haben jedoch bei Privatpersonen keine praktische Relevanz. Daher müssen Sie hier keine Angaben machen. Klicken Sie daher auf „Nächste Seite.

Auf **Unterseite 2** müssen Sie Angaben **Gebäuden und Gebäudeteilen** machen, sofern es sich nicht um ein unbebautes Grundstück handelt. Klicken Sie dazu auf „+ Objekt hinzufügen".

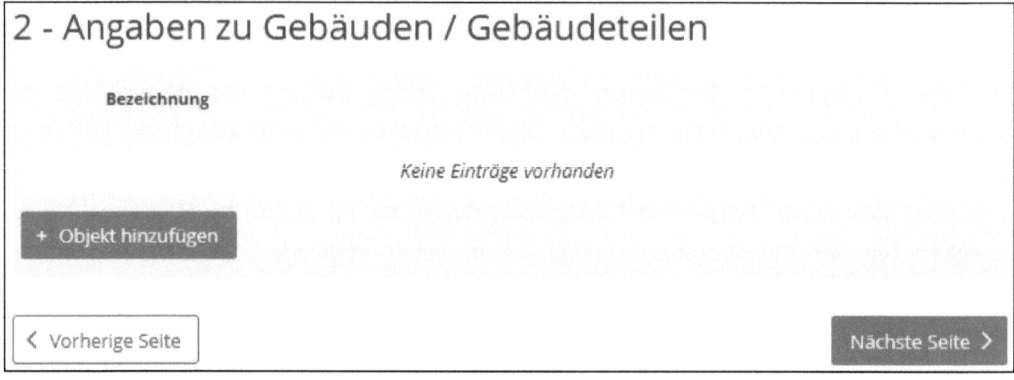

Tragen Sie dazu die Bezeichnung, die Wohnfläche und die Nutzungsfläche (für andere außer Wohnzwecke) in Zeile 11 ein.

---

[115] Vgl. amtlicher Hinweistext.

11	Bezeichnung (zum Beispiel Wohn- oder Bürogebäude, Lagerhalle)	Einfamilienhaus 11
11	Wohnfläche (Wohnzwecke)	120 15 ❓
11	Nutzungsfläche (andere Zwecke)	0 16 ❓

> Verwendung eines räumlich abgrenzbaren Teils des Gebäudes / Gebäudeteils für steuerbefreite Zwecke ❓

> Verwendung von Teilen des Gebäudes / Gebäudeteils für steuerermäßigte Zwecke ❓

Wohnflächen sind Flächen, die zu Wohnzwecken dienen inkl. dem häuslichen Arbeitszimmer[116]. Schauen Sie dazu in den Mietvertrag, Bauunterlagen, Nebenkostenabrechnung, Hausratsversicherungsvertrag oder in das (Kauf-) Exposé. Ist keine Wohnfläche bekannt, muss diese nach der Wohnflächenverordnung ermittelt werden. Sie können diese Wohnfläche selbst händisch ausmessen und ermitteln. Nicht zur Wohnfläche zählen Räume in Keller und Dachgeschoss, die nicht als Wohnraum dienen.

Nutzungsflächen sind alle Flächen, die nicht zu Wohnzwecken genutzt werden. Zu den Nutzungsflächen zählen Flächen, die gewerblichen, betrieblichen (z. B. Werkstätten, Verkaufsläden, Büroräume), öffentlichen oder sonstigen Zwecken (z. B. Vereinsräume) dienen und keine Wohnflächen sind. Die Nutzungsfläche umfasst sämtliche Grundflächen der nutzbaren Räume. Nicht dazu gehören allerdings Technikflächen (Heizungsraum, Maschinenräume, technische Betriebsräume) sowie Verkehrsflächen (Eingangsbereiche, Treppenräume, Aufzüge, Flure).

Flächen von **Garagen** bleiben unberücksichtigt, wenn sie Wohngebäuden dienen oder wenn die Grundfläche 100 Quadratmeter nicht überschreitet[117]. Andere **Nebengebäude** (z.B. Lauben, Schuppen, etc) bleiben ebenfalls unberücksichtigt, wenn sie Wohngebäuden dienen und ihre Gebäudefläche weniger als 30 Quadratmeter beträgt[118].

Weiter unten können Sie Angaben machen, wenn Sie abgrenzbare Gebäude- oder Gebäudeteile für steuerbefreite oder steuerermäßigte Zwecke nutzen.

---

[116] Siehe § 5Abs. 2, S.4. HGrStG.
[117] Siehe § 5 Abs. 2, S.5 HGrStG.
[118] Siehe § 5 Abs. 2, S.7. HGrStG.

153

Eine Grundsteuerbefreiung hat bei Privatpersonen keine praktische Relevanz, da hauptsächlich nur Körperschaften des öffentlichen Rechts und Religionsgesellschaften diese beantragen können. Eine Grundsteuerermäßigung bei einzelnen (von mehreren) Gebäuden bzw. Gebäudeteilen kommt jedoch im wesentlichen in Betracht, wenn sich auf dem Grundstück ein Gebäude befindet,

- das ein Bau-/Kulturdenkmal ist oder
- das wohnraumgefördert wird.

Eintragungen müssen Sie hier nur dann vornehmen, wenn bei <u>mehreren Gebäuden nur ein Teil der Gebäude die Voraussetzungen für die Grundsteuerermäßigung</u>[119] erfüllen. Erfüllen alle Gebäude auf dem Grundstück, so müssen Sie die Grundsteuerermäßigung auf Unterseite 4 beantragen.

Wird die Grundsteuerermäßigung nur für einen Teil der Gebäude/des Gebäudes beantragt, so müssen Sie auf „Verwendung von Teilen des Gebäudes / Gebäudeteils für steuerermäßigte Zwecke" klicken.

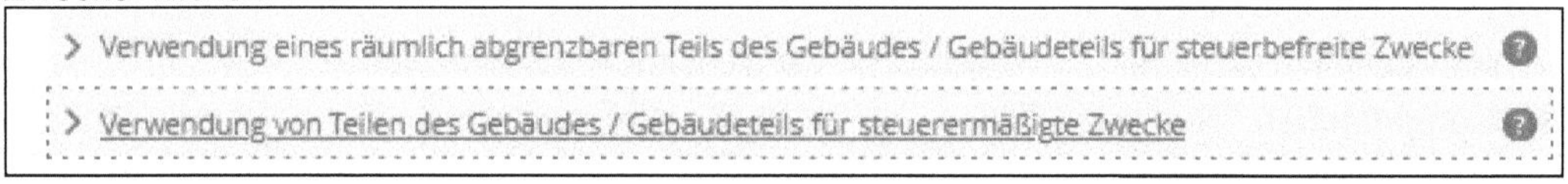

> Verwendung eines räumlich abgrenzbaren Teils des Gebäudes / Gebäudeteils für steuerbefreite Zwecke ❓

> Verwendung von Teilen des Gebäudes / Gebäudeteils für steuerermäßigte Zwecke ❓

In Zeile 14 müssen Sie dann die ermäßigte Wohn- bzw. Nutzungsfläche angeben und sich aus dem Katalog einen entsprechenden Ermäßigungsgrund raussuchen, der auf Ihr Gebäude passt.

---

[119] Vgl. § 6 Abs. 3 HGrStG.

154

○ Keine Angabe

○ 1 Für das Grundstück wurde eine Förderzusage nach § 13 Absatz 3 des Wohnraumförderungsgesetzes erteilt (Abschlag nach § 6 Absatz 4 Hessisches Grundsteuergesetz in Verbindung mit § 15 Absatz 2 Grundsteuergesetz).

○ 2 Für das Grundstück wurde eine Förderzusage nach § 12 des Hessischen Wohnraumfördergesetzes erteilt (Abschlag nach § 6 Absatz 4 Hessisches Grundsteuergesetz in Verbindung mit § 15 Absatz 3 Grundsteuergesetz).

○ 3 Das Grundstück wird einer Wohnungsbaugesellschaft zugerechnet. Die Anteile der Wohnungsbaugesellschaft werden mehrheitlich von einer oder mehreren Gebietskörperschaft/en gehalten, und es besteht ein Gewinnabführungsvertrag zwischen der Wohnungsbaugesellschaft und der Gebietskörperschaft beziehungsweise den Gebietskörperschaften (Abschlag nach § 6 Absatz 4 Hessisches Grundsteuergesetz in Verbindung mit § 15 Absatz 4 Satz 1 Nummer 1 Grundsteuergesetz).

○ 4 Das Grundstück wird einer Wohnungsbaugesellschaft zugerechnet. Die Wohnungsbaugesellschaft ist als gemeinnützig im Sinne des § 52 der Abgabenordnung anerkannt (Abschlag nach § 6 Absatz 4 Hessisches Grundsteuergesetz in Verbindung mit § 15 Absatz 4 Satz 1 Nummer 2 Grundsteuergesetz).

○ 5 Das Grundstück wird einer Genossenschaft oder einem Verein zugerechnet. Die Genossenschaft oder der Verein beschränkt seine Geschäftstätigkeit auf Bereiche, die in § 5 Absatz 1 Satz 1 Nummer 10 Buchstabe a) und b) des Körperschaftsteuergesetzes genannt sind, und ist von der Körperschaftsteuer befreit (Abschlag nach § 6 Absatz 4 Hessisches Grundsteuergesetz in Verbindung mit § 15 Absatz 4 Satz 1 Nummer 3 Grundsteuergesetz).

○ 6 Auf dem Grundstück befindet sich ein Kulturdenkmal im Sinne des Hessischen Denkmalschutzgesetzes (Abschlag nach § 6 Absatz 3 Hessisches Grundsteuergesetz).

○ 7 Die Voraussetzungen der Nummern 1 und 6 liegen gemeinsam vor (Abschlag nach § 6 Absatz 3 Hessisches Grundsteuergesetz und nach § 6 Absatz 4 Hessisches Grundsteuergesetz in Verbindung mit § 15 Absatz 2 Grundsteuergesetz).

○ 8 Die Voraussetzungen der Nummern 2 und 6 liegen gemeinsam vor (Abschlag nach § 6 Absatz 3 Hessisches Grundsteuergesetz und nach § 6 Absatz 4 Hessisches Grundsteuergesetz in Verbindung mit § 15 Absatz 3 Grundsteuergesetz).

○ 9 Die Voraussetzungen der Nummern 3 und 6 liegen gemeinsam vor (Abschlag nach § 6 Absatz 3 Hessisches Grundsteuergesetz und nach § 6 Absatz 4 Hessisches Grundsteuergesetz in Verbindung mit § 15 Absatz 4 Satz 1 Nummer 1 Grundsteuergesetz).

○ 10 Die Voraussetzungen der Nummern 4 und 6 liegen gemeinsam vor (Abschlag nach § 6 Absatz 3 Hessisches Grundsteuergesetz und nach § 6 Absatz 4 Hessisches Grundsteuergesetz in Verbindung mit § 15 Absatz 4 Satz 1 Nummer 2 Grundsteuergesetz).

○ 11 Die Voraussetzungen der Nummern 5 und 6 liegen gemeinsam vor (Abschlag nach § 6 Absatz 3 Hessisches Grundsteuergesetz und nach § 6 Absatz 4 Hessisches Grundsteuergesetz in Verbindung mit § 15 Absatz 4 Satz 1 Nummer 3 Grundsteuergesetz).

Nachdem Sie alle Angaben zur Ermäßigung gemacht haben, klicken Sie auf „Objekt übernehmen". Nun können Sie weitere Gebäude eintragen, indem Sie auf „+Objekt hinzufügen" klicken und die oben dargestellten Schritte wiederholen. Anderenfalls klicken Sie auf „Nächste Seite".

Die **3. Unterseite** behandelt erneut Steuerbefreiungen, die für Privatpersonen zumeist irrelevant sind. Klicken Sie daher auf „Nächste Seite".

Auf der **4. Unterseite** können Sie die Grundsteuerermäßigung beantragen, wenn alle Gebäude die Voraussetzungen für die Ermäßigung einheitlich erfüllen. (Auf Unterseite 2 müssen Sie hingegen den Ermäßigungsantrag stellen, wenn nur ein Teil der Gebäude die Voraussetzungen erfüllen.). Öffnen Sie dazu die Klappleiste und kreuzen Sie eine der 19 vorgegebenen Begründungen für die Ermäßigung an.

5 **Nummer der Ermäßigung/en** 70

◉ Keine Angabe

○ 1 Für das Grundstück wurde eine Förderzusage nach § 13 Absatz 3 des Wohnraumförderungsgesetzes erteilt (Abschlag nach § 6 Absatz 4 Hessisches Grundsteuergesetz in Verbindung mit § 15 Absatz 2 Grundsteuergesetz).

○ 2 Für das Grundstück wurde eine Förderzusage nach § 12 des Hessischen Wohnraumfördergesetzes erteilt (Abschlag nach § 6 Absatz 4 Hessisches Grundsteuergesetz in Verbindung mit § 15 Absatz 3 Grundsteuergesetz).

○ 3 Das Grundstück wird einer Wohnungsbaugesellschaft zugerechnet. Die Anteile der Wohnungsbaugesellschaft werden mehrheitlich von einer oder mehreren Gebietskörperschaft/en gehalten, und es besteht ein Gewinnabführungsvertrag zwischen der Wohnungsbaugesellschaft und der Gebietskörperschaft beziehungsweise den Gebietskörperschaften (Abschlag nach § 6 Absatz 4 Hessisches Grundsteuergesetz in Verbindung mit § 15 Absatz 4 Satz 1 Nummer 1 Grundsteuergesetz).

○ 4 Das Grundstück wird einer Wohnungsbaugesellschaft zugerechnet. Die Wohnungsbaugesellschaft ist als gemeinnützig im Sinne des § 52 der Abgabenordnung anerkannt (Abschlag nach § 6 Absatz 4 Hessisches Grundsteuergesetz in Verbindung mit § 15 Absatz 4 Satz 1 Nummer 2 Grundsteuergesetz).

○ 5 Das Grundstück wird einer Genossenschaft oder einem Verein zugerechnet. Die Genossenschaft oder der Verein beschränkt seine Geschäftstätigkeit auf Bereiche, die in § 5 Absatz 1 Satz 1 Nummer 10 Buchstabe a) und b) des Körperschaftsteuergesetzes genannt sind, und ist von der Körperschaftsteuer befreit (Abschlag nach § 6 Absatz 4 Hessisches Grundsteuergesetz in Verbindung mit § 15 Absatz 4 Satz 1 Nummer 3 Grundsteuergesetz).

○ 6 Auf dem Grundstück befindet sich ein Kulturdenkmal im Sinne des Hessischen Denkmalschutzgesetzes (Abschlag nach § 6 Absatz 3 Hessisches Grundsteuergesetz).

○ 7 Die Voraussetzungen der Nummern 1 und 6 liegen gemeinsam vor (Abschlag nach § 6 Absatz 3 Hessisches Grundsteuergesetz und nach § 6 Absatz 4 Hessisches Grundsteuergesetz in Verbindung mit § 15 Absatz 2 Grundsteuergesetz).

○ 8 Die Voraussetzungen der Nummern 2 und 6 liegen gemeinsam vor (Abschlag nach § 6 Absatz 3 Hessisches Grundsteuergesetz und nach § 6 Absatz 4 Hessisches Grundsteuergesetz in Verbindung mit § 15 Absatz 3 Grundsteuergesetz).

○ 9 Die Voraussetzungen der Nummern 3 und 6 liegen gemeinsam vor (Abschlag nach § 6 Absatz 3 Hessisches Grundsteuergesetz und nach § 6 Absatz 4 Hessisches Grundsteuergesetz in Verbindung mit § 15 Absatz 4 Satz 1 Nummer 1 Grundsteuergesetz).

○ 10 Die Voraussetzungen der Nummern 4 und 6 liegen gemeinsam vor (Abschlag nach § 6 Absatz 3 Hessisches Grundsteuergesetz und nach § 6 Absatz 4 Hessisches Grundsteuergesetz in Verbindung mit § 15 Absatz 4 Satz 1 Nummer 2 Grundsteuergesetz).

○ 11 Die Voraussetzungen der Nummern 5 und 6 liegen gemeinsam vor (Abschlag nach § 6 Absatz 3 Hessisches Grundsteuergesetz und nach § 6 Absatz 4 Hessisches Grundsteuergesetz in Verbindung mit § 15 Absatz 4 Satz 1 Nummer 3 Grundsteuergesetz).

Danach klicken Sie auf „Nächste Seite".

Auf **Unterseite 5** können Sie Gebäudeflächen eintragen, die dem Zivilschutz dienen (z.B. Bunker, Hausschutzräume, Druckkammern, Gasschleusen und Luftschutzkeller).

Die **Unterseite 6** hat für Privatpersonen ebenfalls keine praktische Relevanz. Hier müssen nur Eintragungen erfolgen, wenn Wohngrundstücke oder sonstige Grundstücke gerade geteilt werden und die Eintragungen noch nicht im Grundbuch erfolgt sind. Bei Wohnungseigentum wird die Teilung regelmäßig durch den Bauträger vorgenommen, bevor die Eigentumswohnungen an Käufer veräußert werden. Klicken Sie daher auf „Nächste Seite".

Auf **Unterseite 7** müssen Sie ein Häkchen in Zeile 17 setzen, wenn Gebäude auf fremden Grund und Boden errichtet wurden[120] bzw. in Zeile 18 wenn ein Erbbaurecht[121] bestellt wurde.

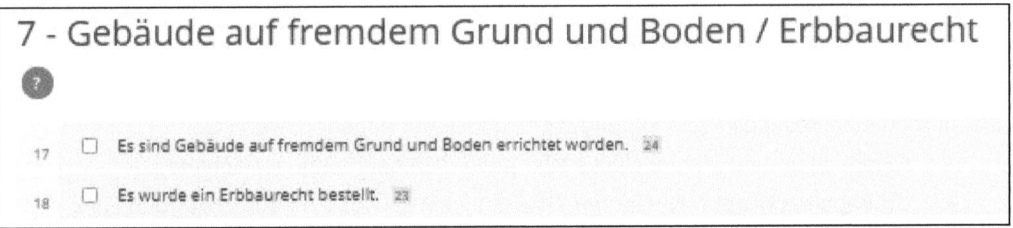

Wenn Sie alle Eintragungen gemacht haben, klicken Sie auf „Alles prüfen". Nun wird Ihre Feststellungserklärung zur Grundsteuer auf Fehler überprüft. Unplausible Eingaben werden Ihnen angezeigt und Sie werden zur Korrektur aufgefordert. Sofern keine Fehler gefunden wurden, wird Ihnen folgendes angezeigt:

---

[120] Bei einem Gebäude auf fremdem Grund und Boden bilden das Gebäude und der dazugehörende Grund und Boden eine wirtschaftliche Einheit. DieFeststellungserklärung ist in diesem Fall vom Eigentümer des Grund und Boden abzugeben, vgl. amtlicher Hinweistext.
[121] Beim Erbbaurechts muss die Erbbauberechtigte (=Nutzer des Grundstücks) die Feststellungserklärung abgeben.

Klicken Sie nun auf „Weiter". Jetzt werden Ihnen nochmal alle Ihre Angaben tabellenförmig angezeigt. Nun können Sie die Erklärung „Absenden", indem Sie auf die gleichnamige Schaltfläche klicken. Nun sind Sie fertig.

6.6. Die Feststellungserklärung für Niedersachsen

Sie müssen eine Feststellungserklärung zur Grundsteuer abgeben, wenn Sie:

- Eigentümer eines Grundstücks sind (außer Erbbaurechtsverpflichtete)
- Erbbauberechtigte (=Nutzer des Grundstücks) für das Erbbaurechtsgrundstück
- Eigentümer eines Betriebs der Land- und Forstwirtschaft
- Bei Gebäuden auf fremdem Grund und Boden:
    - für den Grund und Boden: die Eigentümer des Grund und Bodens und
    - für die Gebäude: die (wirtschaftlichen) Eigentümer

Sind mehrere Personen Eigentümer (Miteigentümer), so muss eine gemeinsame Erklärung zusammen abgeben werden (Miteigentümer, Grundstücksgemeinschaften, Bruchteilsgemeinschaften, Erbengemeinschaften, etc). .

Welche Unterlagen benötigen Sie regelmäßig:

- Aktenzeichen des Grundstücks (16 Ziffern)[122]
- Adresse des Grundstücks[123] und der Eigentümer

---

[122] Sie haben in 2022 von Ihrem Finanzamt ein Schreiben erhalten, wo Sie zur Abgabe der Feststellungserklärung zur Grundsteuer für Ihr Grundstück/Eigentumswohnung aufgefordert worden sind. Diesem Schreiben können Sie ggf. das Aktenzeichen entnehmen. Alternativ können Sie das Aktenzeichen dem alten Einheitswertbescheid oder dem Bescheid über die Festsetzung des Grundsteuermessbetrags entnehmen. Auch auf dem Grundsteuerbescheid der Gemeinde können Sie das Aktenzeichen finden.

- Angaben zur Gemarkung/Flurstück[124]
- Fläche des Grundstücks[125]
- Wohnfläche der Gebäude[126]
- Nutzfläche der Gebäude[127]
- Eigentumsanteil beim Wohneigentum[128]

Sie können den Fußnoten entnehmen, woher Sie diese o.g. Angaben erhalten.

Sie müssen für jede **wirtschaftliche Einheit** (für jedes Grundstück) eine eigene Grundsteuererklärung abgeben. Vereinfacht ausgedrückt: Sie müssen für jedes Aktenzeichen vom Finanzamt für Ihr Grundstück eine Feststellungserklärung abgeben.

Ein Grundstück kann sich dabei allerdings mehreren Flurstücken zusammensetzen, d.h. Sie müssen dabei nur eine Erklärung abgeben. Orientieren Sie sich dabei am Aktenzeichen, welches Ihnen das Finanzamt mitgeteilt hat.

Loggen Sie sich zunächst bei www.elster.de ein, indem Sie auf „Login" klicken.

Nun werden Sie aufgefordert Ihr Zertifikat anzugeben. Dazu klicken Sie auf die Schaltfläche "Durchsuchen" und geben im Dateimanager den Speicherort an, an dem Sie die Zertifikatsdatei abgespeichert haben.

---

[123] Die Adresse des Grundstücks ist im Grundbuchauszug enthalten.
[124] Angaben zur Gemarkung, zur Flur und zum Flurstück sind dem Grundbuchauszug zu entnehmen.
[125] Auch die Fläche des Grundstücks ist der rechten Spalten des Grundbuchs auf den ersten Seiten zu entnehmen.
[126] Die Wohnfläche können Sie den Bauunterlagen, ggf. dem Exposé beim Kauf oder einem Mietvertrag entnehmen.
[127] Die Nutzflächen können Sie den Bauunterlagen, ggf. dem Exposé beim Kauf oder einem Mietvertrag entnehmen.
[128] Den Eigentumsanteil bei der Eigentumswohnung können Sie dem Wohnungsgrundbuch/Teileigentumsgrundbuch entnehmen.

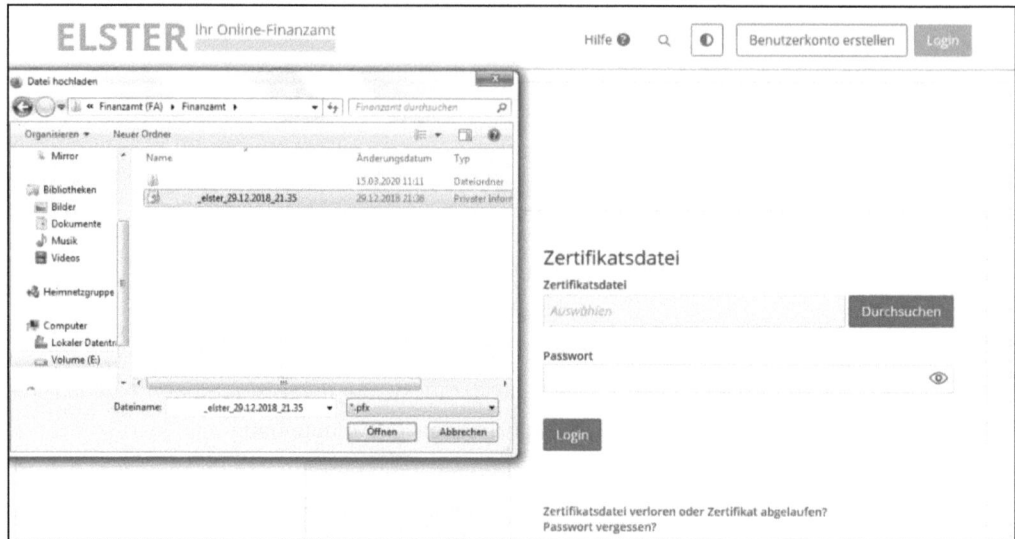

Klicken Sie dazu einfach die pfx-Datei mit Doppelklick an. Wie Sie die Datei nicht gleich finden, so nutzen Sie die Suchfunktion des Dateimanagers, indem Sie *.pfx in das Suchfeld eingeben. Nachdem Sie die pfx-Datei ausgewählt haben, müssen Sie nur noch das dazugehörige Passwort eintragen und auf die Schaltfläche "Login" klicken.

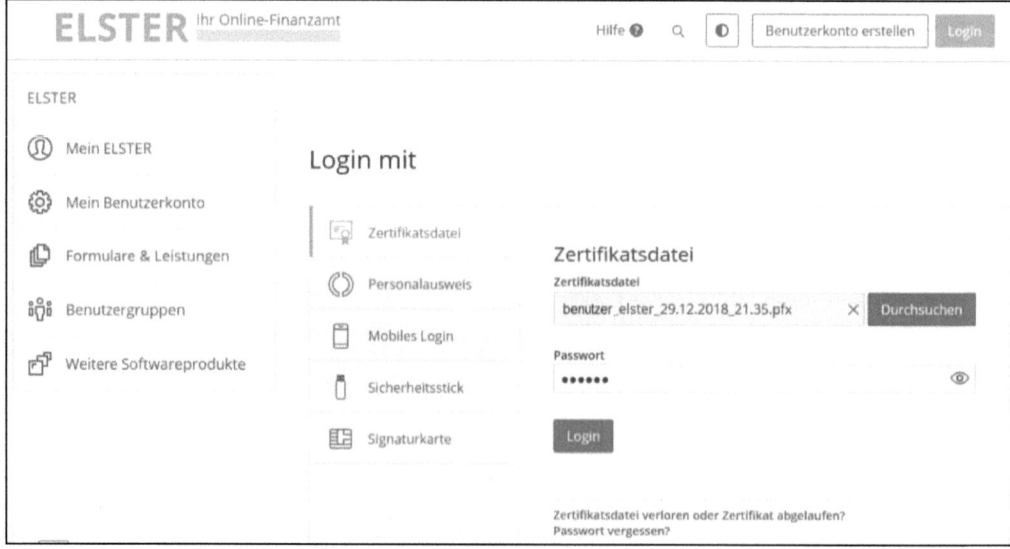

Falls Sie sich erstmals bei Elster eingeloggt haben, werden Sie aufgefordert Ihr Profil zu vervollständigen. Auch werden Sie gelegentlich über Neuerungen bei Mein ELSTER informiert. Diese Schritte können Sie allerdings überspringen. Danach gelangen Sie ins Hauptmenü.

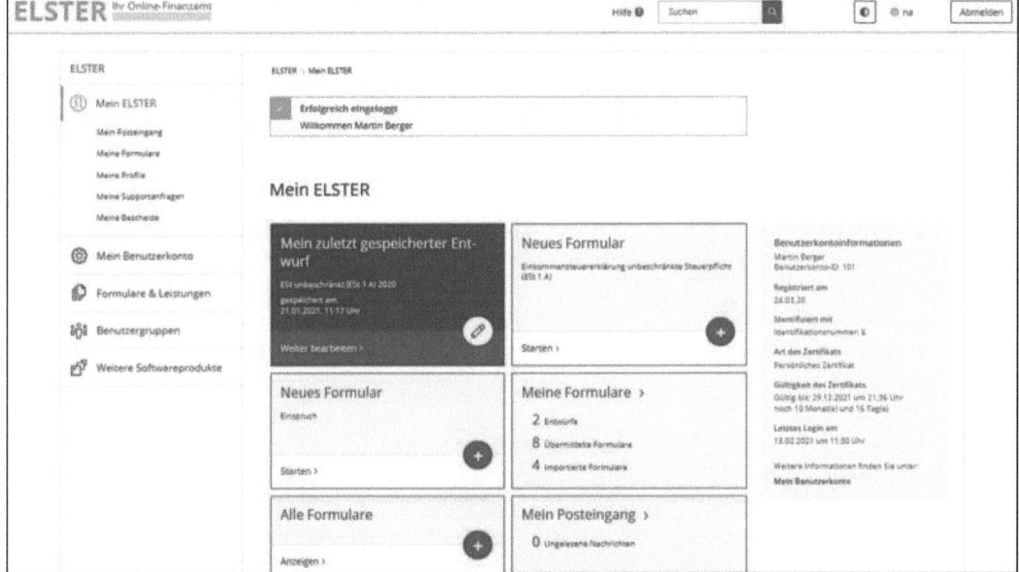

Klicken Sie nun in der linken Spalte auf die Schaltfläche „Formulare & Leistungen".

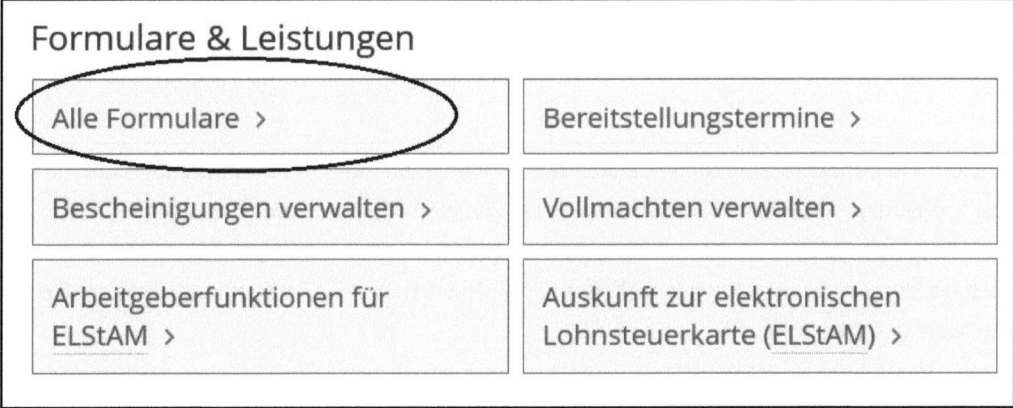

Wählen Sie nun „Grundsteuer" aus. Wählen Sie nun „Grundsteuer für Bayern" aus. Nun erhalten Sie erst wieder allgemeine Hinweise und weiterführende Hilfestellungen:

Grundsteuer für Niedersachsen

 Allgemeine Hinweise

Wer muss eine Grundsteuererklärung abgeben?

- Eigentümerinnen und Eigentümer eines Grundstücks
- Eigentümerinnen und Eigentümer eines Betriebs der Land- und Forstwirtschaft
- Bei Grundstücken, die mit einem Erbbaurecht belastet sind: die Erbbauberechtigten
- Bei Gebäuden auf fremdem Grund und Boden:
  - für den Grund und Boden: die Eigentümerinnen oder Eigentümer des Grund und Bodens und
  - für die Gebäude: die (wirtschaftlichen) Eigentümerinnen oder (wirtschaftlichen) Eigentümer des Gebäudes

Befindet sich das Grundstück bzw. der Betrieb der Land- und Forstwirtschaft im Eigentum mehrerer Personen bzw. Gemeinschaften (Miteigentum), müssen diese gemeinsam eine Grundsteuererklärung abgeben.

Wichtiger Hinweis:

Bitte reichen Sie Belege nur auf Anforderung des Finanzamts ein.

Weitere Informationen:

Jede Eigentümerin und jeder Eigentümer eines Grundstücks in Niedersachsen hat im Mai/Juni 2022 vom zuständigen Finanzamt ein Informationsschreiben erhalten, aus dem die wichtigsten Daten und Informationen kurz und kompakt für das Ausfüllen der Erklärung hervorgehen.

Für bebaute und unbebaute Grundstücke steht Ihnen ferner als Ausfüllhilfe der Grundsteuer-Viewer unter www.grundsteuer-viewer.niedersachsen.de ⌐ zur Verfügung.

Bitte nutzen Sie beim Ausfüllen des Formulars auch die Elster-Hilfetexte.

Die wichtigsten Fragen zur Grundsteuerreform finden Sie online unter www.grundsteuerreform.de ⌐ und insbesondere unter dem virtuellen Steuerchatbot unter www.steuerchatbot.de ⌐.

Klicken Sie danach auf „Weiter", danach auf „Ohne Datenübernahme fortfahren". Nun müssen Sie die richtigen Formular-Anlagen auswählen. Wählen Sie das Hauptformular (NiGrSt 1) und das Formular (NiGrSt 2) für das Grundstück aus. (NiGrSt 3 benötigen Sie, wenn Sie einen Betrieb der Land- und Forstwirtschaft haben; NiGrSt 3a für Tierbestand). Treffen Sie die Auswahl durch Ankreuzen:

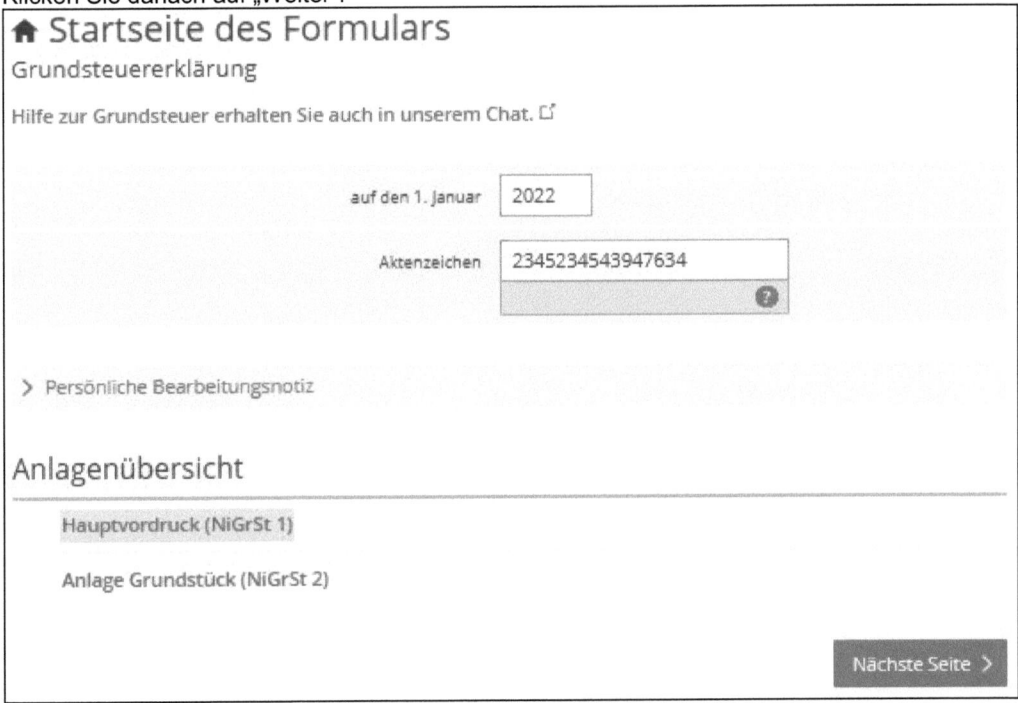

Anlagenauswahl Welche Anlagen brauche ich ❓

Hauptvordruck (NiGrSt 1)	☑
Anlage Grundstück (NiGrSt 2)	☑
Anlage Land- und Forstwirtschaft (NiGrSt 3)	☐
Anlage Tierbestand (NiGrSt 3A)	☐

Sie können Ihre Auswahl auch später noch anpassen. Klicken Sie dazu auf der nächsten Seite auf die Schaltfläche "Anlagen hinzufügen/entfernen".

Weiter

Klicken Sie danach auf „Weiter".

🏠 Startseite des Formulars
Grundsteuererklärung

Hilfe zur Grundsteuer erhalten Sie auch in unserem Chat. ↗

auf den 1. Januar   2022

Aktenzeichen   2345234543947634 ❓

❯ Persönliche Bearbeitungsnotiz

Anlagenübersicht

Hauptvordruck (NiGrSt 1)

Anlage Grundstück (NiGrSt 2)

Nächste Seite ❯

Der Stichtag für die Hauptfeststellung lassen Sie auf 1.Januar 2022 eingestellt. Tragen Sie nun Ihr 16-stelliges Aktenzeichen ohne Schrägstriche ein. Das Aktenzeichen können Sie dem Informationsschreiben des Finanzamtes, dem alten Einheitswertbescheid bzw. Grundsteuermessbescheid oder ggf. dem Grundsteuerbescheid der Gemeinde entnehmen.

Unter dem Punkt „Persönliche Bearbeitungsnotiz" haben Sie die Möglichkeit einen Freitext an den Bearbeiter im Finanzamt zu schreiben. Nutzen Sie das Feld, wenn Sie sich bei einer Eingabe unsicher sind. Eine Texteingabe führt regelmäßig dazu, dass der Bearbeiter im Finanzamt Ihre Steuererklärung genauer anschaut.

Klicken Sie anschließend auf „Weiter".

Nun gelangen Sie auf die Startseite des Hauptvordrucks (NiGrSt 1). Dieser Hauptvordruck besteht aus sieben Unterseiten.

Hauptvordruck (NiGrSt 1) ❓

Zu den Teilseiten

- 1 - Angaben zur Feststellung
- 2 - Lage des Grundstücks / Betriebs der Land- und Forstwirtschaft
- 3 - Angaben zu Eigentümer/innen
- 4 - Grundsteuerbefreiung/ -ermäßigung
- 5 - Ergänzende Angaben zur Grundsteuererklärung
- 6 - Empfangsvollmacht
- 7 - Mitwirkung

Klicken Sie auf „Nächste Seite".

Auf **Unterseite 1** wählen Sie bei Grund der Feststellung „Hauptfeststellung" aus. Bei Art der wirtschaftlicher Einheit müssen Sie differenzieren, ob es sich um ein unbebautes oder bebautes Grundstück bzw. um ein land- o. forstwirtschaftlich genutztes Grundstück handelt.

1 - Angaben zur Feststellung

⁴ **Grund der Feststellung** 13 ❓

   ◉ Hauptfeststellung

   ○ Nachfeststellung

   ○ Fortschreibung(en)

   ○ Aufhebung

⁴ **Art der wirtschaftlichen Einheit** 10 ❓

   ○ Keine Angabe

   ○ unbebautes Grundstück (wirtschaftliche Einheit des Grundvermögens)

   ◉ bebautes Grundstück (wirtschaftliche Einheit des Grundvermögens)

   ○ Betrieb der Land- und Forstwirtschaft (auch einzelne land- und forstwirtschaftlich nutzbare Flächen)

Ein **unbebautes Grundstück** ist ein Grundstück, auf dem sich kein benutzbares Gebäude[129] befinden (§ 246 Abs. 1 BewG) und das nicht zu einem Betrieb der Land- und Forstwirtschaft gehört. Untergeordnete Gebäude bis zu einer Gesamtgebäudefläche von 30m² bleiben außer Betracht[130]. Die Benutzbarkeit beginnt im Zeitpunkt der Bezugsfertigkeit. Gebäude sind als bezugsfertig anzusehen, wenn den zukünftigen Bewohnern oder sonstigen Benutzern zugemutet werden kann, sie zu benutzen. Ein **bebautes Grundstück** ist ein Grundstück, auf dem sich mindestens ein benutzbares Gebäude befindet.

Als **Betrieb der Land- und Forstwirtschaft** gelten auch einzelne land- und forstwirtschaftlich nutzbare Flächen, die ungenutzt, selbstgenutzt oder verpachtet sind. Treffen Sie die Auswahl und klicken danach nun auf „Nächste Seite".

Auf der **2. Unterseite** müssen Sie nun die Adresse Ihres Grundstücks angeben. Tragen Sie nun in Zeile 5 die Straße, Hausnummer und ggf. Hausnummerzusatz ein. Falls das Grundstück keine Hausnummer hat, dann müssen Sie hier eine „0" eintragen. In Zeile 6 können Sie

---

[129] Ein Gebäude ist ein Bauwerk auf eigenem oder fremdem Grund und Boden, das Menschen oder Sachen durch räumliche Umschließung Schutz gegen äußere Einflüsse gewährt, den Aufenthalt von Menschen gestattet, fest mit dem Grund und Boden verbunden, von einiger Beständigkeit und standfest ist (R 7.1 Abs. 5 EStR; H 7.1 [Gebäude] EStH).
[130] Siehe § 3 Abs. 4 S. 1 NdsGrStG.

Zusatzangaben machen, z.B. eine Wohnungsnummer. In Zeile 7 tragen Sie den Ort und die Postleitzahl Ihres Grundstücks ein.

2 - Lage des Grundstücks / Betriebs der Land- und Forstwirtschaft ❓

5	Straße, Hausnummer, Hausnummerzusatz	24 · 25 · 26
6	Zusatzangaben (zum Beispiel: "Wohnungsnummer 3")	31
7	Postleitzahl, Ort und gegebenenfalls Ortsteil	21 · 22

> Gemarkung und Flurstück (nur auszufüllen, sofern Straße / Hausnummer nicht vorhanden) 🔢

Mehrere hebeberechtigte Gemeinden ❓

10 ☐ Das Grundstück oder der Betrieb der Land- und Forstwirtschaft erstreckt sich über mehrere hebeberechtigte Gemeinden 90

Falls das Grundstück über keine genaue Adresse verfügt, weil z.B. kein Straßenname oder keine Hausnummer vorhanden ist, müssen Sie die Gemarkung und das Flurstück über die blaue Klappleiste eintragen. Öffen Sie dazu die Klappleiste.

⌄ Gemarkung und Flurstück (nur auszufüllen, sofern Straße / Hausnummer nicht vorhanden) ❓

8	Gemarkung	11
9	Grundbuchblatt, Flur, Flurstück: Zähler, Nenner (falls vorhanden)	12 · 13 · ❓ 14 · 15

Nun können Sie in Zeile 8 die Gemarkung und in Zeile 9 das Grundbuchblatt, ggf. die Flur (sofern vorhanden) und für das Flurstück die Flurstücksnummer (Zähler/Nenner) eintragen. Diese Angaben können Sie dem Grundbuchauszug entnehmen.

166

In Zeile 10 müssen Sie nur dann für den ungewöhnlichen Fall ein Häkchen setzen, wenn sich das gesamte Grundstück über mehrere Orte (Gemeinden) erstreckt. Das wird jedoch regelmäßig nicht der Fall sein. Klicken Sie nun auf „Nächste Seite".

Auf **Unterseite 3** müssen Sie nun Angaben zu den Grundstückseigentümern machen. Hier haben Sie folgende Auswahlmöglichkeiten:

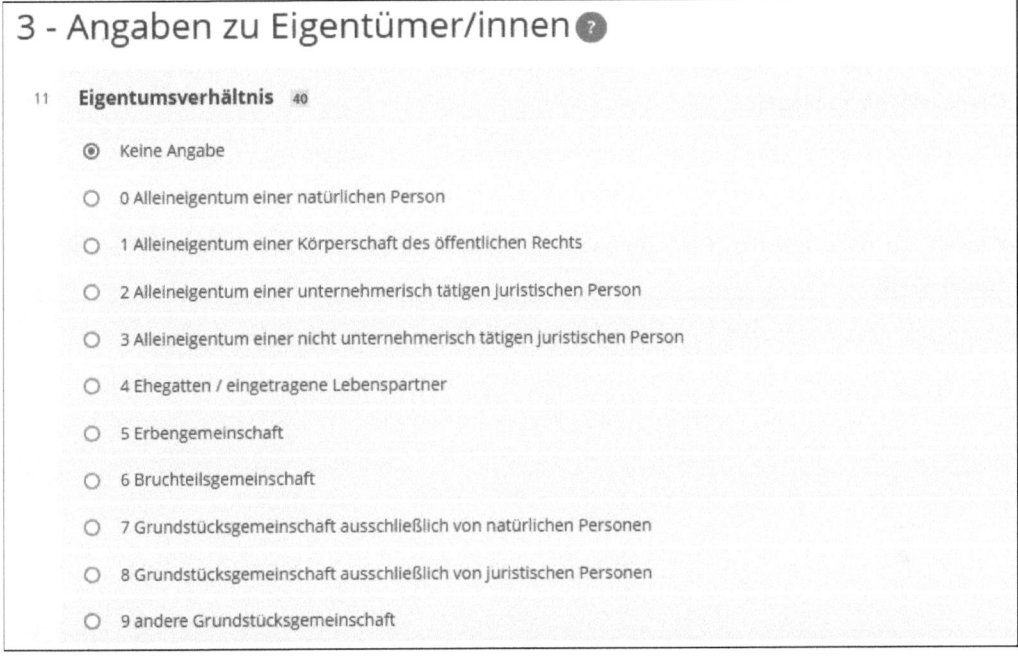

Wenn Sie Alleineigentümer sind, dann wählen Sie die „0". Sind Sie mit Ihrem Ehegatten oder dem (eingetragenem) Lebenspartner[131] (Mit)-Eigentümer, so wählen Sie die „4". Sind Sie mit einer sonstigen anderen Person (oder mehreren Personen) Grunstückseigentümer, so könnte eine Bruchteilsgemeinschaft oder eine Bruchteilsgemeinschaft („6") oder eine Grundstücksgemeinschaft („7") vorliegen. Die Abgrenzung zwischen Bruchteilsgemeinschaft und Grundstücksgemeinschaft (Gesamthandseigentum) ist nicht ganz so einfach.

Bei **Bruchteilseigentum** handelt es sich um eine Form des Miteigentums, bei der jeder Miteigentümer einen bestimmten Bruchteil oder einen zahlenmäßig definierten Anteil (auch Quote oder Bruchteil) an der Sache hat und über den jeder Miteigentümer frei verfügen darf.

---

[131] Lebenspartner bedeutet eine eingetragene homosexuelle Lebenspartnerschaf nach dem Lebenspartnerschaftsgesetz.

Bei der **Grundstücksgemeinschaft** (Gesamthandsgemeinschaft) hingegen, gehört allen beteiligten Personen ein gemeinsames Vermögen, welches einen gemeinsamen Zweck dient. Oftmals werden private Miteigentümer zu jeweils 1/2 im Grundbuch eingetragen. Im Zweifel ist von einer Bruchteilsgemeinschaft im Sinne von „6" auszugehen. Handelt es sich bei dem Grundstück um eine (noch nicht auseinandergesetzte) Erbschaft, bei der mehrere Personen Erbe geworden sind, so wählen Sie „5" aus.

Sofern Sie eine Erbengemeinschaft, Bruchteilsgemeinschaft oder sonstige Gemeinschaften ausgewählt haben, müssen Sie die Zeilen 12-18 ausfüllen, um weitere Angaben zur Gemeinschaft zu tätigen.

> ❯ Angaben zu Erbengemeinschaften, Bruchteilsgemeinschaften und Gemeinschaften ohne geschäftsüblichen Namen ❷

Klicken Sie dazu auf o.g. Feld „Angaben zu Erbengemeinschaften....". Nun öffnen sich die Zeilen 12-18.

⌄ Angaben zur Erbengemeinschaft, Bruchteilsgemeinschaft und Gemeinschaft ohne geschäftsüblichen Namen ❷				
12	Anrede / Art der Gemeinschaft	Keine Angabe ▾ 10		
13	Name der Gemeinschaft	91		
14	Name der Gemeinschaft Fortsetzung	92		
15	Straße, Hausnummer, Hausnummerzusatz	24	25	26
17	Postleitzahl, Ort und gegebenenfalls Ortsteil	40	22	
17	Postfach	27		
18	Postleitzahl (Ausland)	20		
18	Land (bei Auslandsanschrift)	Keine Angabe ▾ 30		

Wenn das Grundstück einer Gemeinschaft ohne geschäftsüblichen Namen (zum Beispiel Erbengemeinschaft, Gesellschaft bürgerlichen Rechts, Bruchteilsgemeinschaft) gehört, tragen Sie bitte den Anredeschlüssel und eine Bezeichnung der Gemeinschaft ein, zum Beispiel "Erbengemeinschaft nach Max Muster" oder "Grundstücksgemeinschaft Muster/Musterstraße"[132]. Anderenfalls überspringen Sie die Zeilen 12-18.

Tragen Sie jedoch auf jeden Fall jeden einzelnen Eigentümer/Miteigentümer der wirtschaftlichen Einheit (Grundstück) in die Zeilen 20 bis 30 ein. Diese Zeilen sind für jeden einzelnen Eigentümer auszufüllen. Legen Sie jeden Eigentümer einzeln an. Orientieren Sie sich dabei an den Eigentümern, die Sie dem Grundbuchauszug entnehmen können.

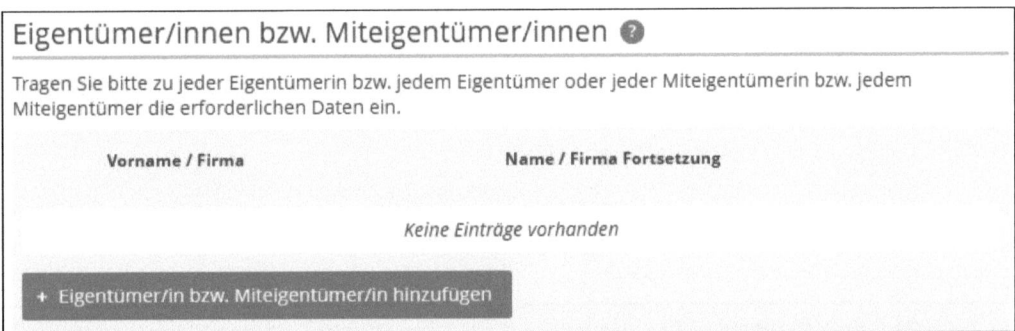

Zum Anlegen der einzelnen Eigentümer bzw. Miteigentümer klicken Sie auf „+Eigentümer/in bzw. Miteigentümer/in hinzufügen". Nun können Sie den ersten Eigentümer eintragen. In Zeile 20-22 tragen Sie den Namen, in Zeile 23 das Geburtsdatum, in Zeile 24-27 die Anschrift, in Zeile 20 ggf. die Telefonnummer (freiwillige Angabe) sowie in Zeile 28 dessen örtlich zuständiges Finanzamt ein.

---

[132] Amtlicher Hinweistext zu Zeile 33-39.

Steuernummer / Identifikationsnummer

29	Land	Bitte Land auswählen ▼
29	Steuernummer	*Bitte Land auswählen*
		Wo ist meine Steuernummer ❓
29	Finanzamt	**Wird automatisch ermittelt**
23	Identifikationsnummer	
		19 ❓

Anteil an der wirtschaftlichen Einheit (Grundstück / Betrieb der Land- und Forstwirtschaft) ❓

30	Zähler, Nenner		
		70	71

> ❯ gegebenenfalls gesetzlich vertreten durch: ❓

In Zeile 29 tragen Sie dessen Steuernummer, sowie das Bundesland des Finanzamtes ein, in welchem der Eigentümer (einkommensteuerlich) geführt wird. Zudem tragen Sie in Zeile 23 dessen steuerliche Identifikationsnummer ein. Steuernummer und Identifikationsnummer können Sie dem Einkommensteuerbescheid des Eigentümers entnehmen. In Zeile 30 müssen Sie noch den Eigentumsanteil an der wirtschaftlichen Einheit (Grundstück / Betrieb der Land- und Forstwirtschaft) eintragen. Bei einer Eigentumswohnung sind hier nur Angaben zu den Eigentümern der einzelnen Wohnung und nicht zu den übrigen Eigentümern der Wohnanlage zu machen. Bei Alleineigentümern tragen Sie bei Zähler und Nenner jeweils eine „1" ein. Bei hälftigem Eigentum bei Zähler eine „1" und bei Nenner eine „2".

Falls ein Eigentümer gesetzlich vertreten wird (z.B. Minderjährige werden durch Ihren gesetzlichen Vertreter, die Eltern, vertreten), können Sie die Vertretung durch Klicken auf die Klappleiste „gesetzlich vertreten" eintragen. Anderenfalls klicken Sie auf „Eigentümer/in bzw. Miteigentümer/in übernehmen". Nun können Sie weitere Eigentümer/Miteigentümer hinzufügen. Klicken Sie danach auf „ Nächste Seite".

170

Auf der **Unterseite 4** müssen Sie in Zeile 58 ein Häkchen setzen, wenn Sie eine Grundsteuerbefreiung oder eine Grundsteuerermäßigung beantragen wollen. Die allgemeine Ermäßigung der Grundsteuermesszahl für Wohnflächen von 100 % auf 70 %[133] wird von Ihrem Finanzamt automatisch vorgenommen. In diesem Fall müssen Sie dieses Feld nicht ankreuzen und auch keine gesonderten Angaben zu Grundsteuerermäßigungen machen. Grundsteuerbefreiungstatbestände sind für Privatpersonen nicht relevant. Grundsteuerermäßigungen sind bei Wohnraumförderung sowie bei denkmalgeschützten Gebäuden möglich. Einzelheiten können Sie der Anlage NiGrSt 2 entnehmen.

Klicken Sie nun auf „Nächste Seite".

Auf **Unterseite 5** können Sie mittels Freitextfeld ergänzende Angaben machen. Nutzen Sie das Feld, wenn Sie sich bei einer Eingabe unsicher sind. Eine Texteingabe führt regelmäßig dazu, dass der Bearbeiter im Finanzamt Ihre Steuererklärung genauer anschaut. Setzen Sie dazu in Zeile 59 ein Häkchen und tragen Sie Ihren Text ein. Klicken Sie danach auf „Nächste Seite".

Auf **Unterseite 6** können Sie eine Empfangsvollmacht für eine bevollmächtigte Person erteilen, d.h. der Steuerbescheid geht dann dieser Person zu. Bei Bruchteilsgemeinschaften sollten Sie einen Empfangsbevollmächtigten benennen, d.h. wenn sich das Grundstück im Eigentum mehrerer Personen befindet, benennen Sie bitte eine gemeinsam bevollmächtigte Person. Die zur oder zum Empfangsbevollmächtigten benannte Person nimmt den Feststellungsbescheid und alle anderen mit dem Feststellungsverfahren im Zusammenhang stehenden Schreiben mit Wirkung für und gegen alle anderen Beteiligten in Empfang, § 183 Abgabenordnung[134].
Tragen Sie in Zeile 60 die Anrede, ggf. den akademischen Titel, in Zeile 61 den Vornamen (oder Firmennamen), in Zeile 62 den Familiennamen, in Zeile 63 Straße, die Hausnummer und ggf. den Hausnummernzusatz und in Zeile 65 Ort und Postleitzahl und ggf. ein Postfach ein. Zeile 66 müssen Sie nur ausfüllen, sofern es sich um eine Auslandsanschrift handelt. In Zeile 67 müssen Sie noch ein Häkchen setzen, wenn Sie einen Empfangsbevollmächtigten eingesetzt haben, weil es § 183 AO bei mehreren Eigentümer (Grundstücksgemeinschaften, Erbengemeinschaften, Bruchteilsgemeinschaften, Gesellschaften) es verlangt. Im Zweifel setzen Sie hier das Häkchen. Klicken Sie danach „Nächste Seite".

---

[133] Siehe § 6 Abs.1, S.2 NdsGrSt.
[134] Amtlicher Hinweistext.

Auf **Unterseite 7** können Sie (freiwillig) Angaben zu Personen machen, die Ihnen bei der Steuererklärung geholfen haben. Beachten Sie dabei, dass entgeltliche Hilfe in Steuersachen nur Steuerberater und Rechtsanwälte, etc. leisten dürfen. Daneben darf nur für Angehörige unentgeltlich Hilfe geleistet werden[135]. In Zeile 69-72 tragen Sie die Anschrift der Hilfsperson ein. Die restlichen Zeilen auf Unterseite 7 können Sie ignorieren. Klicken Sie danach auf „Nächste Anlage".

Nun gelangen Sie zur „**Anlage Grundstück (NiGrSt 2)**". Diese Anlage besteht aus neun Teilseiten.

Anlage Grundstück (NiGrSt 2) ❓

zur Grundsteuererklärung

Zu den Teilseiten

- 1 - Angaben zum Grund und Boden
- 2 - Angaben zu Gebäuden / Gebäudeteilen
- 3 - Angaben bei vollständiger Grundsteuerbefreiung
- 4 - Angaben bei einheitlicher und vollständiger Grundsteuerermäßigung
- 5 - Zusätzliche Angaben bei Grundsteuerermäßigung
- 6 - Herrichtung für steuerbefreite Zwecke
- 7 - Zivilschutz
- 8 - Zusätzliche Angabe bei neuem Wohnungs- / Teileigentum
- 9 - Gebäude auf fremdem Grund und Boden / Erbbaurecht

Auf **Unterseite 1** müssen Sie Angaben **zum Grund und Boden machen**. Wenn Sie auf „Nächste Seite" klicken gelangen Sie zur **Unterseite 1**.

---

[135] Vgl. § 6 Nr. 2 StBerG i.V.m. § 15 AO.

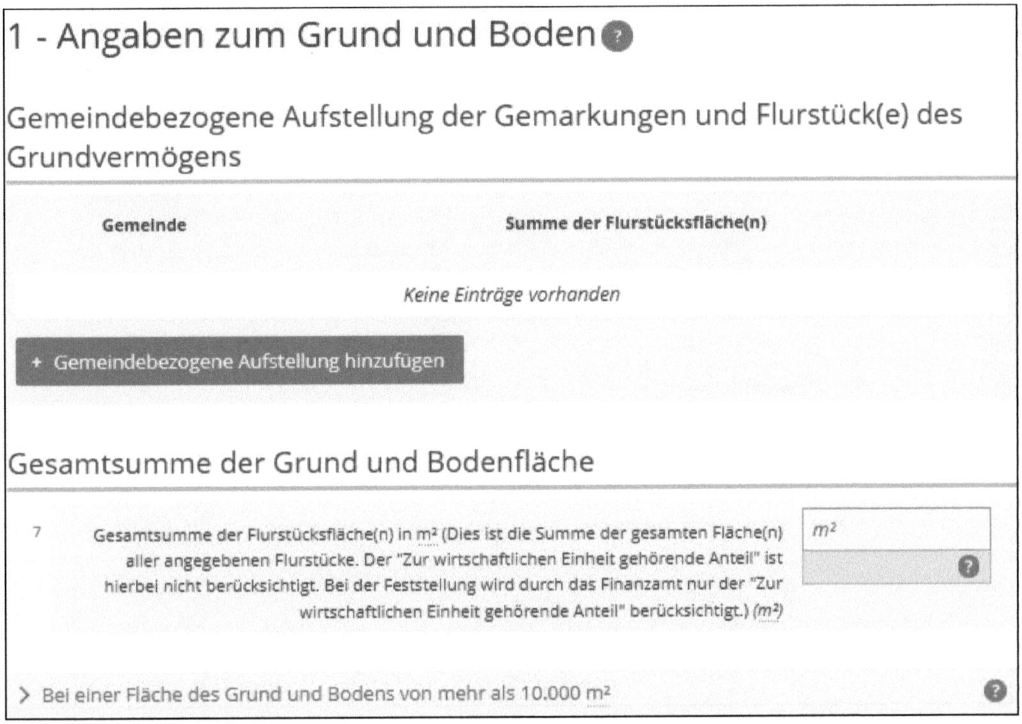

1 - Angaben zum Grund und Boden ❓

Gemeindebezogene Aufstellung der Gemarkungen und Flurstück(e) des Grundvermögens

Gemeinde	Summe der Flurstücksfläche(n)

Keine Einträge vorhanden

+ Gemeindebezogene Aufstellung hinzufügen

Gesamtsumme der Grund und Bodenfläche

7	Gesamtsumme der Flurstücksfläche(n) in m² (Dies ist die Summe der gesamten Fläche(n) aller angegebenen Flurstücke. Der "Zur wirtschaftlichen Einheit gehörende Anteil" ist hierbei nicht berücksichtigt. Bei der Feststellung wird durch das Finanzamt nur der "Zur wirtschaftlichen Einheit gehörende Anteil" berücksichtigt.) *(m²)*	m^2 ❓

❯ Bei einer Fläche des Grund und Bodens von mehr als 10.000 m² ❓

Zunächst müssen Sie alle Ihre Flurstücke, die sich innerhalb einer Gemeinde befinden, aufnehmen. Klicken Sie dazu auf „+Gemeindebezogene Aufstellung hinzufügen".

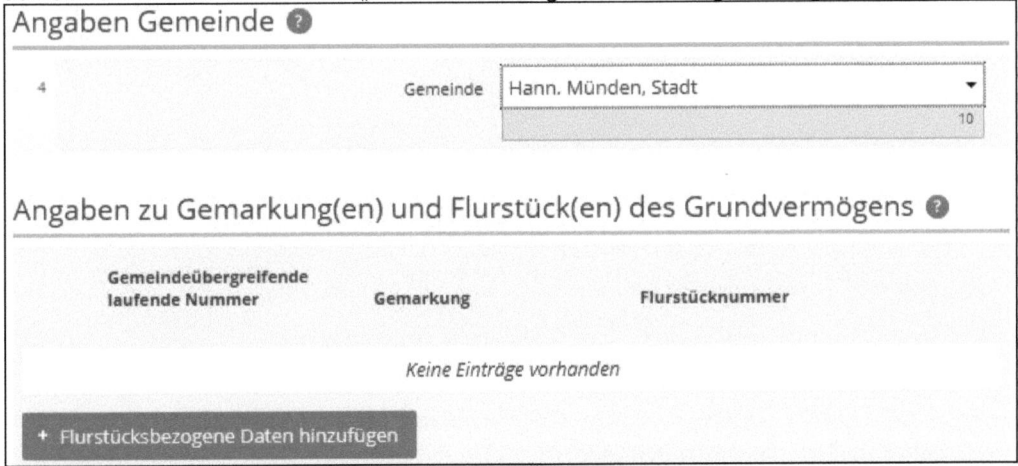

Angaben Gemeinde ❓

4	Gemeinde	Hann. Münden, Stadt ▾
		10

Angaben zu Gemarkung(en) und Flurstück(en) des Grundvermögens ❓

Gemeindeübergreifende laufende Nummer	Gemarkung	Flurstücknummer

Keine Einträge vorhanden

+ Flurstücksbezogene Daten hinzufügen

Wählen Sie nun über die Klappleiste die Gemeinde des Belegenheitsortes des Grundstücks aus. Klicken Sie danach auf „+Flurstücksbezogene Daten hinzufügen.

Beachten Sie, dass sich das Sondereigentum bei Eigentumswohnen regelmäßig auf mehrere Flurstücke erstreckt. Hier müssen Sie jedes Flurstück einzeln anlegen. Folgendes Beispiel:

Hier müssen Sie also das Flurstück 1642/b und 1642/c jeweils extra anlegen.

Gemarkung / Flurstück des Grundvermögens ❓

1. Eintrag

Meine Daten im Grundsteuer-Viewer ermitteln. ⌞⌝

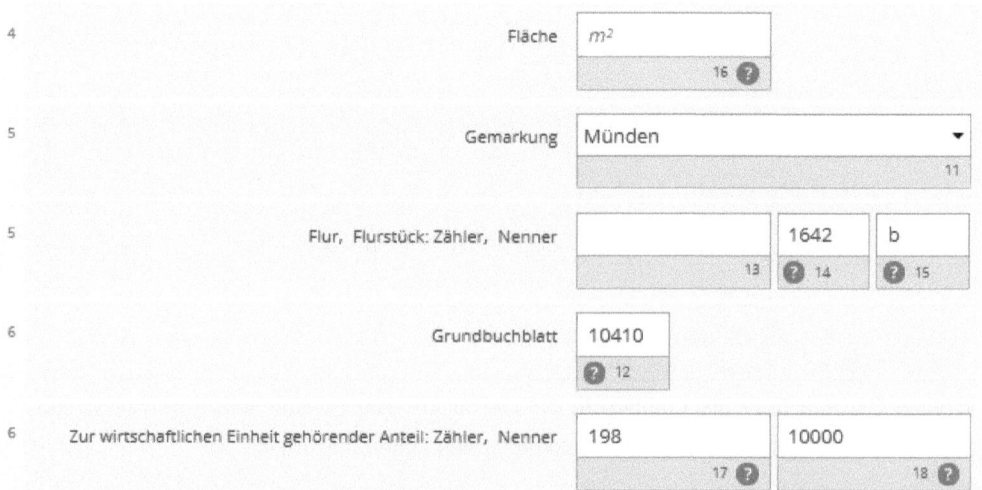

Die Grundstücksdaten können Sie dem Grundbuchauszug bzw. dem Wohnungsgrundbuch entnehmen. In Niedersachsen können Sie Ihr Grundstück(Flurstück) auch über den Grundsteuer-Viewer suchen. Öffnen Sie dazu www.grundsteuer-viewer.niedersachsen.de . Danach geben Sie die Adresse Ihres Flurstücks ein. Nun liegen Ihnen alle Kataster-Daten vor.

In Zeile 4 tragen Sie die Fläche des Flurstücks ein. Die Gemarkung können Sie in Zeile 5 über die Klappleiste auswählen. Die Gemarkung wird in der Kopfzeile des Grundbuchauszugs bzw. über den Grundsteuer Viewer genannt. Zudem müssen Sie die Flurstücksnummer, welche sich zumeist aus zwei Teilen (Zähler und Nenner) zusammensetzt eintragen. Zähler und Nenner können sowohl aus Ziffern als auch aus Buchstaben bestehen. Schauen Sie in Ihren Grundbuchauszug. Das Grundbuchblatt in Zeile 6 können Sie ebenfalls der Kopfzeile des Grundbuchauszugs entnehmen. In Zeile 6 müssen Sie zudem den zur wirtschaftlichen Einheit gehörender Anteil eintragen.

Beachten Sie:

Achtung Verwechslungsgefahr! In Zeile 11 ist nicht Ihr Eigentumsanteil an der wirtschaftlichen Einheit (Grundstück) gemeint (Bsp: Ihnen gehört das Flurstück zusammen mit Ihrer Ehefrau. Dieser Eigentumsanteil ist auf auf dem Hauptvordsruck BayGrSt 1- Unterseite 3 einzutragen). Hier geht es ausschließlich bei Wohneigentum und Teileigentum nach der Eigentumszurechnung.

Im o.g. Beispiel wären 198/10.000 einzutragen. Diesen Anteil können Sie bei Wohnungseigentum aus dem Wohnungsgrundbuch entnehmen. Bei allen anderen Grundstücken wird der Anteil regelmäßig 1/1 betragen.

Bei unbebauten Grundstücken mit teilweiser Grundsteuerbefreiung ❓

Ein räumlich abgrenzbarer Teil des Flurstücks wird für steuerbefreite Zwecke verwendet.

Bezeichnung / Verwendungsweise	steuerbefreite Fläche
Keine Einträge vorhanden	

+ Grundsteuerbefreiung hinzufügen

Flurstücksbezogene Daten übernehmen >

Grundsteuerbefreiungen haben bei Privatpersonen keine praktische Relevanz. Daher müssen Sie hier keine Angaben machen. Klicken Sie daher auf „Flurstücksbezogene Daten übernehmen". Nun können Sie weitere Flurstücke innerhalb der Gemeinde eintragen. Klicken Sie dazu auf „+Flurstücksbezogene Daten hinzufügen" oder klicken Sie auf „Gemeindebezogene Aufstellung übernehmen". Beträgt die Summe aller Flurstücksflächen der wirtschaftlichen Einheit mehr als 10.000 m², geben Sie bitte die Fläche des gesamten Grund und Bodens an, die bebaut oder befestigt ist. Klicken Sie dazu auf:

> Bei einer Fläche des Grund und Bodens von mehr als 10.000 m²

Tragen Sie dann die Fläche des gesamten zur wirtschaftlichen Einheit gehörenden Anteils des Grund und Bodens, die bebaut oder befestigt ist, in Zeile 19 ein. Klicken Sie danach auf die „Nächste Seite".

Auf **Unterseite 2** müssen Sie Angaben zu **Gebäuden bzw. Gebäudeteilen** machen, wenn es sich um ein bebautes Grundstück, eine Eigentumswohnung oder ein bebautes Erbbaurecht handelt. Falls Sie Eigentümer eines Grund und Bodens mit fremdem Gebäude sind, müssen Sie keine Angaben zu Gebäuden bzw. Gebäudeteilen machen. Klicken Sie dazu auf „+Gebäude / Gebäudeteil hinzufügen".

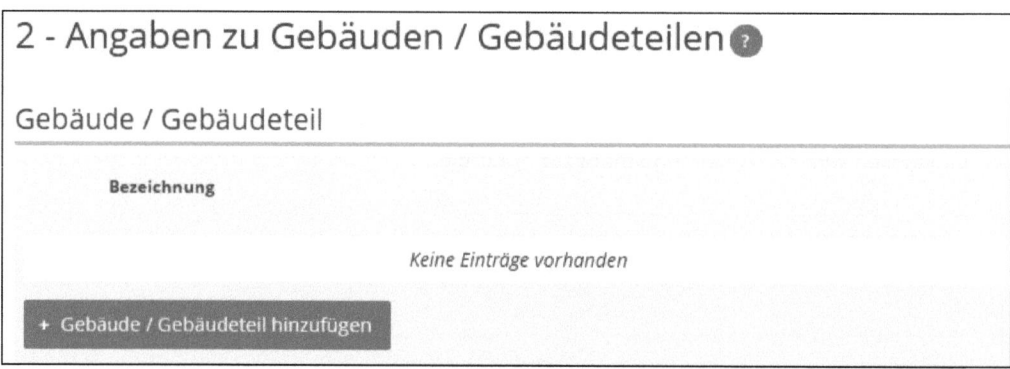

Nun müssen Sie jedes Gebäude auf der wirtschaftlichen Einheit (Grundstück) angeben. Falls Sie Eigentümer eines Grund und Bodens mit fremdem Gebäude sind, müssen Sie keine Angaben zu Gebäuden bzw. Gebäudeteilen machen.

Gebäude / Gebäudeteil
1. Eintrag

20	Bezeichnung	
		11 ❓

20	Wohnfläche	m^2
		15 ❓

20	Nutzfläche	m^2
		16 ❓

Informationen zu Freibeträgen für Garagen und Nebengebäuden ❓

> Bei teilweiser Grundsteuerbefreiung ❓

> Bei nicht einheitlicher Ermäßigung von steuerpflichtigen Gebäuden / Gebäudeteilen ❓

Gebäude / Gebäudeteil übernehmen ›

In Zeile 20 benennen Sie zunächst das Gebäude (z.B. Wohnhaus, Schuppen, Garage, etc.). Nun tragen Sie die Wohnfläche und die Nutzfläche ein. **Wohnflächen** sind Flächen, die zu Wohnzwecken dienen inkl. dem häuslichen Arbeitszimmer. Die Grundflächen von zur Wohnung gehörenden Zubehörräumen, die innerhalb des Wohngebäudes aber außerhalb des Wohnbereichs liegen, insbesondere Räume im Keller und Dachgeschoss, die nicht als Wohnraum dienen, brauchen Sie nicht in der Erklärung einzutragen.

Zubehörräume sind u.a. Kellerräume, Waschküchen und Trockenräume, Bodenräume und Heizungsräume. Dagegen sind Flure, Abstellräume und Hauswirtschaftsräume der Wohnfläche zuzurechnen, wenn sie innerhalb des Wohnbereichs liegen[136]. Nebengebäude mit einer Gebäudefläche von weniger als 30 m² (z. B. Laube, Schuppen, etc.) bleiben unberücksichtigt, wenn sie in räumlichen Zusammenhang zur Wohnnutzung stehen[137].

Schauen Sie dazu in den Mietvertrag, Bauunterlagen, Nebenkostenabrechnung, Hausratsversicherungsvertrag oder in das (Kauf-) Exposé. Ist keine Wohnfläche bekannt, muss diese nach der Wohnflächenverordnung ermittelt werden. Sie können diese Wohnfläche selbst händisch ausmessen und ermitteln. **Nutzflächen** sind alle Flächen, die insbesondere eigenen

---

[136] Vgl. amtlicher Hinweistext.
[137] § 3 Abs. 3 NGrStG.

177

oder fremden betrieblichen (selbstständigen/gewerblichen), öffentlichen oder sonstigen Zwecken dienen und die keine Wohnflächen sind (Büros, Werkstätten, Verkaufsflächen).

Garagen sind hingegen differenziert zu betrachten: Stellplätze im Freien und Carports können grundsätzlich unberücksichtigt bleiben und sind nicht einzutragen. Stehen Stellplätze in Garagen oder Tiefgaragen hingegen in räumlicher Nähe zur angegebenen Wohnfläche so bleibt diese Nutzfläche bis zu 50 m² außer Ansatz[138]. Sie müssen bei Garagen oder Stellplätzen in Tiefgaragen nur dann mit der Nutzfläche eintragen, die den Freibetrag von 50m² übersteigt. Gehören zu Ihrem Einfamilienhausgrundstück 3 Garagenstellplätze zu je 20m² (insgesamt 60m²), so müssen Sie bei der Nutzfläche nur 10m² angeben. Gehören Stellplätze in Garagen oder Tiefgaragen allerdings nicht zu einer Wohnfläche, sondern sind einer Nutzfläche zugeordnet, sind sie immer voll als Nutzfläche anzusetzen.

Der Freibetrag von 50m² für die Garage/Stellplatz kann nur gewährt werden, wenn die Garage/Stellplatz der Wohnung rechtlich zugeordnet ist, sofern die Fläche der Garage keine wirtschaftliche Einheit mit der Wohnfläche bildet. Eine rechtliche Zuordnung liegt dann vor, wenn der Stellplatz und die Wohnung entweder vertraglich (z. B. ein Eigentümer vermietet eine Wohnung zusammen mit einem Stellplatz an einen Mieter) oder dinglich mit einerander verbunden ist (z. B. Eigentümer gehört ein Einfamilienhaus mit Garage oder ein Wohnungseigentum mit Sondernutzungsrecht an einem Stellplatz)[139].

Nebengebäude, die eine untergeordnete Bedeutung haben und sich in der Nähe zur Wohnung befinden (z.B. Gartenlauben, Schuppen, etc.) sind nur bei der Nutzfläche zu berücksichtigen, wenn Sie eine Größe von 30m² überschreiten. Sind diese Nebengebäude größer als 30m², so ist nur die Fläche als Nutzfläche anzugeben, die 30m² übersteigt[140].

Eine (teilweise) Grundsteuerbefreiung hat bei Privatpersonen keine praktische Relevanz, da hauptsächlich nur Körperschaften des öffentlichen Rechts und Religionsgesellschaften diese beantragen können. Eine (teilweise) Grundsteuerermäßigung bei einzelnen (von mehreren) Gebäuden bzw. Gebäudeteilen kommt jedoch in Betracht, wenn sich auf dem Grundstück ein Gebäude befindet,

- das ein Baudenkmal ist oder
- das wohnraumgefördert ist.

---

[138] Siehe § 3 Abs. 2, S.1 NdsGrStG.
[139] Vgl. amtliche Hinweise.
[140] Siehe § 3 Abs. 3, S.1 NdsGrStG.

Eintragungen müssen Sie hier nur dann vornehmen, wenn bei mehreren Gebäuden nur ein Teil der Gebäude die Voraussetzungen für die Grundsteuerermäßigung erfüllen. Erfüllen alle Gebäude auf dem Grundstück (bis auf unbeachtliche Nebengebäude unter 30m²) die Voraussetzungen, so müssen Sie die Grundsteuerermäßigung auf Unterseite 4 beantragen.

Sollte das der Fall sein, so klicken Sie auf die Klappleiste „Bei teilweiser Grundsteuerermäßigung" und klicken danach auf „+Ermäßigung hinzufügen"

> Bei teilweiser Grundsteuerbefreiung   ?

> Bei teilweiser Grundsteuerermäßigung   ?

                                        Gebäude / Gebäudeteil übernehmen >

In Zeile 20 müssen Sie dann das Gebäude bezeichnen und die ermäßigte Wohn- und Nutzfläche des Gebäudes angeben.

Bei teilweiser Grundsteuerermäßigung
1. Eintrag

20	Bezeichnung / Verwendungsweise	
		11 ?

20	ermäßigte Wohnfläche	m^2
		12 ?

20	ermäßigte Nutzfläche	m^2
		13 ?

In Zeile 21 müssen Sie den passenden Grund für die Ermäßigung auswählen. Sofern das Gebäude unter Denkmalschutz steht, haben Sie sicherlich einen Bescheid der Denkmalschutzbehörde vorliegen, aus dem sich der Grund für die Ermäßigung anhand der denkmalschutzrechtlichen Paragraphen ergibt. Nachdem Sie alle Angaben zur Ermäßigung gemacht haben, klicken Sie auf „Ermäßigung übernehmen".

Danach klicken Sie auf „Gebäude / Gebäudeteil übernehmen". Nun können Sie weitere Gebäude eintragen, indem Sie auf „+Gebäude / Gebäudeteil hinzufügen" und die oben dargestellten Schritte wieder holen. Anderenfalls klicken Sie auf „Nächste Seite".

Die **3. Unterseite** behandelt erneut Steuerbefreiungen, die für Privatpersonen zumeist irrelevant sind. Klicken Sie daher auf „Nächste Seite".

Auf der **4. Unterseite** können Sie die vollständige Grundsteuerermäßigung beantragen, wenn alle Gebäude die Voraussetzungen für die Ermäßigung einheitlich erfüllen. (Auf Unterseite 2 müssen Sie hingegen den Ermäßigungsantrag stellen, wenn nur ein Teil der Gebäude die Voraussetzungen erfüllen.). Öffnen Sie dazu die Klappleiste und kreuzen Sie eine der 19 vorgegebenen Begründungen für die Ermäßigung an.

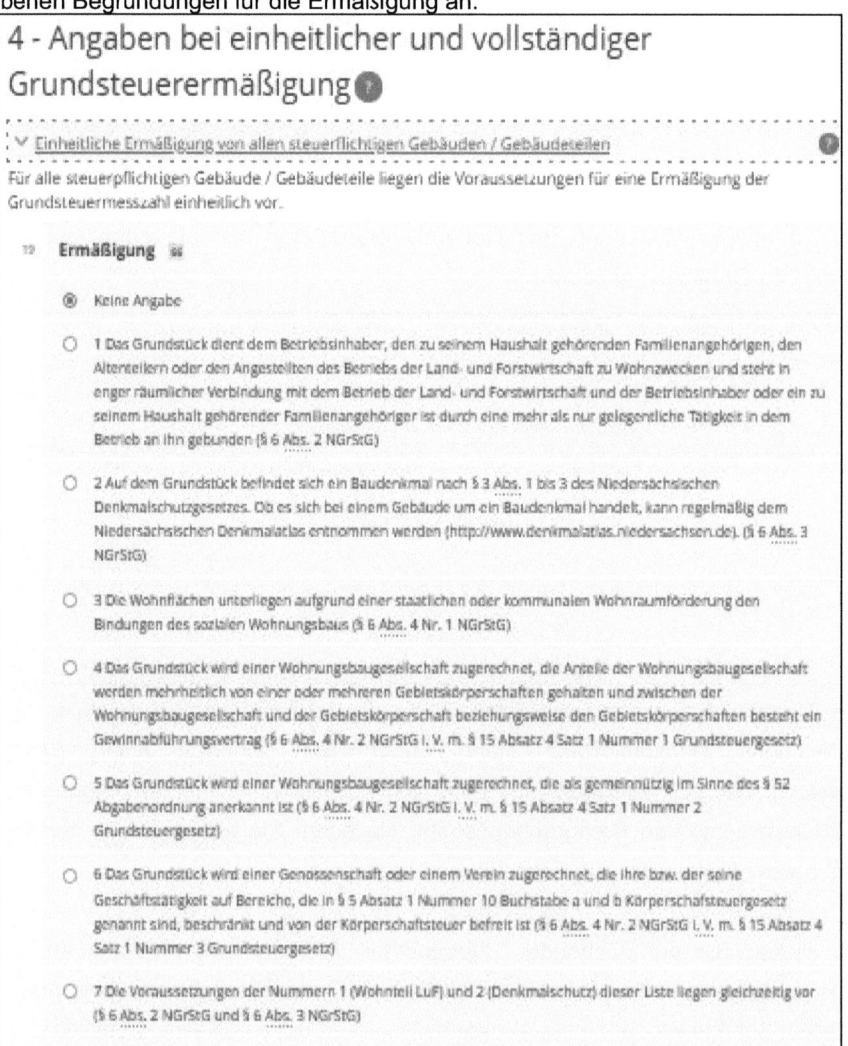

- 8 Die Voraussetzungen der Nummern 1 (Wohnteil LuF) und 3 (Wohnraumförderung) dieser Liste liegen gleichzeitig vor (§ 6 Abs. 2 NGrStG und § 6 Abs. 4 Nr.1 NGrStG)

- 9 Die Voraussetzungen der Nummern 1 (Wohnteil LuF) und 4 (Wohnungsbaugesellschaft) dieser Liste liegen gleichzeitig vor (§ 6 Abs. 2 NGrStG und § 6 Abs. 4 Nr.2 NGrStG i. V. m. § 15 Absatz 4 Satz 1 Nummer 1 Grundsteuergesetz)

- 10 Die Voraussetzungen der Nummern 1 (Wohnteil LuF) und 5 (gemeinnützige Wohnungsbaugesellschaft) dieser Liste liegen gleichzeitig vor (§ 6 Abs. 2 NGrStG und § 6 Abs. 4 Nr.2 NGrStG i. V. m. § 15 Absatz 4 Satz 1 Nummer 2 Grundsteuergesetz)

- 11 Die Voraussetzungen der Nummern 1 (Wohnteil LuF) und 6 (körperschaftsteuerbefreite Genossenschaft oder Verein § 5 Absatz 1 Satz 1 Nummer 10 Körperschaftsteuergesetz) dieser Liste liegen gleichzeitig vor (§ 6 Abs. 2 NGrStG und § 6 Abs. 4 Nr.2 NGrStG i. V. m. § 15 Absatz 4 Satz 1 Nummer 3 Grundsteuergesetz)

- 12 Die Voraussetzungen der Nummern 2 (Denkmalschutz) und 3 (Wohnraumförderung) dieser Liste liegen gleichzeitig vor (§ 6 Abs. 3 NGrSt und § 6 Abs. 4 Nr.1 NGrStG)

- 13 Die Voraussetzungen der Nummern 2 (Denkmalschutz) und 4 (Wohnungsbaugesellschaf) dieser Liste liegen gleichzeitig vor (§ 6 Abs. 3 NGrSt und § 6 Abs. 4 Nr.2 NGrStG i. V. m. § 15 Absatz 4 Satz 1 Nummer 1 Grundsteuergesetz)

- 14 Die Voraussetzungen der Nummern 2 (Denkmalschutz) und 5 (gemeinnützige Wohnungsbaugesellschaft) dieser Liste liegen gleichzeitig vor (§ 6 Abs. 3 NGrSt und § 6 Abs. 4 Nr.2 NGrStG i. V. m. § 15 Absatz 4 Satz 1 Nummer 2 Grundsteuergesetz)

- 15 Die Voraussetzungen der Nummern 2 (Denkmalschutz) und 6 (körperschaftsteuerbefreite Genossenschaft oder Verein § 5 Absatz 1 Satz 1 Nummer 10 Körperschaftsteuergesetz) dieser Liste liegen gleichzeitig vor (§ 6 Abs. 3 NGrSt und § 6 Abs. 4 Nr.2 NGrStG i. V. m. § 15 Absatz 4 Satz 1 Nummer 3 Grundsteuergesetz)

- 16 Die Voraussetzungen der Nummern 1 (Wohnteil LuF), 2 (Denkmalschutz) und 3 (Wohnraumförderung) dieser Liste liegen gleichzeitig vor (§ 6 Abs.2 NGrStG und § 6 Abs. 3 NGrSt und § 6 Abs. 4 Nr.1 NGrStG)

- 17 Die Voraussetzungen der Nummern 1 (Wohnteil LuF), 2 (Denkmalschutz) und 4 (Wohnungsbaugesellschaft) dieser Liste liegen gleichzeitig vor (§ 6 Abs.2 NGrStG und § 6 Abs. 3 NGrSt und § 6 Abs. 4 Nr.2 NGrStG i. V. m. § 15 Absatz 4 Satz 1 Nummer 1 Grundsteuergesetz)

- 18 Die Voraussetzungen der Nummern 1 (Wohnteil LuF), 2 (Denkmalschutz) und 5 (gemeinnützige Wohnungsbaugesellschaft) dieser Liste liegen gleichzeitig vor (§6 Abs.2 NGrStG und § 6 Abs. 3 NGrSt und § 6 Abs. 4 Nr.2 NGrStG i. V. m. § 15 Absatz 4 Satz 1 Nummer 2 Grundsteuergesetz)

- 19 Die Voraussetzungen der Nummern 1 (Wohnteil LuF), 2 (Denkmalschutz) und 6 (Körperschaftsteuerbefreite Genossenschaft oder Verein § 5 Absatz 1 Satz 1 Nummer 10 Körperschaftsteuergesetz) dieser Liste liegen gleichzeitig vor (§6 Abs.2 NGrStG und § 6 Abs. 3 NGrSt und § 6 Abs. 4 Nr.2 NGrStG i. V. m. § 15 Absatz 4 Satz 1 Nummer 3 Grundsteuergesetz)

Danach klicken Sie auf „Nächste Seite".

Auf **Unterseite 5** können Sie zusätzliche Angaben zur Grundsteuerermäßigung im Zusammenhang mit einer Wohnraumförderung machen. Eintragungen müssen Sie hier nur vornehmen, wenn Sie die Steuerermäßigung wegen Wohnraumförderung beantragt haben. Dann müssen Sie in Zeile 35 und 36 Angaben zum Förderungszeitraum machen. Sollten Sie die Steuerermäßigung für einen Verein geltend machen, dann müssen Sie auf Zeile 37 noch

Angaben zum Art des Grundstücks bzw. dessen Bebauung machen[141]. Klicken Sie danach auf „Nächste Seite".

Auch **Unterseite 6** hat keine praktische Relevanz für Privatpersonen, da hier nur Angaben gemacht werden brauchen, wenn man ein unbebautes oder bebautes Grundstück für steuerbefreite Zwecke herrichtet. Klicken Sie daher auf „Nächste Seite".

Auf **Unterseite 7** können Sie Gebäudeflächen eintragen, die dem Zivilschutz nach § 1 des Zivilschutz- und Katastrophenhilfegesetzes bezeichneten Zwecke dienen. Die Flächen sind auf der Teilseite "2 - Angaben zu Gebäuden / Gebäudeteilen" nicht zu berücksichtigen. Klicken Sie danach auf „Nächste Seite".

Die **Unterseite 8** hat für Privatpersonen ebenfalls keine praktische Relevanz. Hier müssen nur Eintragungen erfolgen, wenn Wohngrundstücke oder sonstige Grundstücke gerade geteilt werden und die Eintragungen noch nicht im Grundbuch erfolgt sind. Bei Wohnungseigentum wird die Teilung regelmäßig durch den Bauträger vorgenommen, bevor die Eigentumswohnungen an Käufer veräußert werden. Klicken Sie daher auf „Nächste Seite".

Auf **Unterseite 9** müssen Sie ein Häkchen in Zeile 38 setzen, wenn Ihre Gebäude auf fremden Grund und Boden errichtet wurden oder in Zeile 39, wenn auf Ihrem Grundstück ein fremdes Gebäude errichtet wurde oder in Zeile 40, wenn Sie Erbbauberechtigter sind. Als Erbbauberechtigter müssen Sie neben Zeile 40 ein Häkchen setzen.

9 - Gebäude auf fremdem Grund und Boden / Erbbaurecht

38	☐ Ihr(e) Gebäude wurde(n) auf fremden Grund und Boden errichtet. 24	❓
39	☐ Auf Ihrem Grund und Boden wurde ein fremdes / wurden fremde Gebäude errichtet. 25	❓
40	☐ Sie sind Erbbauberechtigte/r. 23	❓

❯ In Fällen der Zeilen 39 und 40: Name und Anschrift des/der (wirtschaftlichen) Eigentümers/in des/der Gebäude(s) auf fremdem Grund und Boden beziehungsweise des/der Erbbauverpflichteten

---

[141] Bei den unterschiedlichen Grundstücksarten können Sie sich an den Ausführungen zum Bundesmodell orientieren.

Wenn Sie in Zeile 39 oder 40 ein Häkchen gesetzt haben, müssen Sie über die Klappleiste auch noch Angaben zum Eigentümer der Gebäude (bei Kreuzchen in Zeile 39) bzw. zum Erbbauverpflichteten (=Grundstückseigentümer bei Kreuzchen in Zeile 40). Klicken Sie auf die Klappleiste. Nun öffnen Sie die Zeilen 41 bis 47. Tragen Sie dort Name und Anschrift der o.g. Eigentümer ein.

Wenn Sie alle Eintragungen gemacht haben, klicken Sie auf „Alles prüfen". Nun wird Ihre Feststellungserklärung zur Grundsteuer auf Fehler überprüft. Unplausible Eingaben werden Ihnen angezeigt und Sie werden zur Korrektur aufgefordert. Sofern keine Fehler gefunden wurden, wird Ihnen folgendes angezeigt:

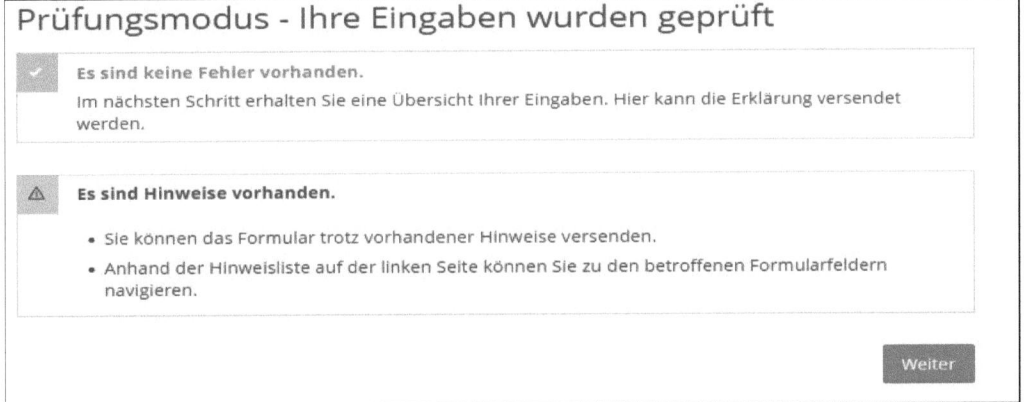

Klicken Sie nun auf „Weiter". Jetzt werden Ihnen nochmal alle Ihre Angaben tabellenförmig angezeigt. Nun können Sie die Erklärung „Absenden", indem Sie auf die gleichnamige Schaltfläche klicken. Nun sind Sie fertig.